KB242331

나도 기타 잘 치면
소원이 없겠네

나도 기타 잘 치면 소원이 없겠네

왕초보를 위한 4주 완성 기타 연주법

초판발행 2015년 6월 5일
6쇄발행 2020년 6월 15일

지은이 김우종 / **펴낸이** 김태헌
총괄 임규근 / **교정교열** 김지향
디자인 천승훈 / **사진** 이윤환
영업 문윤식, 조유미 / **마케팅** 박상용, 손희정, 박수미 / **제작** 박성우, 김정우

펴낸곳 한빛라이프 / **주소** 서울시 서대문구 연희로2길 62
전화 02-336-7129 / **팩스** 02-325-6300
등록 2013년 11월 14일 제25100-2017-000059호 / **ISBN** 979-11-85933-12-2 13670

한빛라이프는 한빛미디어(주)의 실용 브랜드로 우리의 일상을 환히 비추는 책을 펴냅니다.

이 책에 대한 의견이나 오탈자 및 잘못된 내용에 대한 수정 정보는 한빛미디어(주)의 홈페이지나 아래 이메일로 알려주십시오. 잘못된 책은 구입하신 서점에서 교환해 드립니다. 책값은 뒤표지에 표시되어 있습니다.

한빛미디어 홈페이지 www.hanbit.co.kr / 이메일 ask_life@hanbit.co.kr
한빛라이프 페이스북 facebook.com/goodtipstoknow / 포스트 post.naver.com/hanbitstory

지금 하지 않으면 할 수 없는 일이 있습니다.
책으로 펴내고 싶은 아이디어나 원고를 메일(writer@hanbit.co.kr)로 보내주세요.
한빛미디어(주)는 여러분의 소중한 경험과 지식을 기다리고 있습니다.

김우종 지음 | 이윤환 사진

HB 한빛라이프

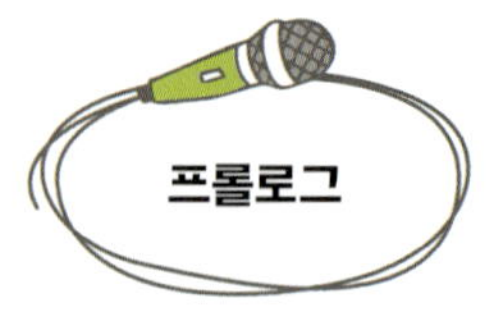

'치고 싶다'는 마음의 위대함

어떤 인연으로 이 책을 집어 들었든, 여러분은 이미 저와 공통점을 하나 갖고 있습니다. 바로 '기타'라는 더없이 멋진 악기에 대한 동경이지요. 얼른 기타를 사서 튕겨 보고 싶어 마음이 바쁜 분도 계시겠지만, 저는 그전에 독자 여러분께 잠깐 기억을 되짚어 보시길 권합니다.

당신의 삶 속에서 그 어떤 순간이 '나도 기타를 치고 싶다'는 마음을 갖게 했나요?

뚜렷하진 않더라도 분명 어떤 장면이 스쳐 갈 것입니다. 주변의 누군가가 기타를 치는 모습에서 질투나 부러움을 느꼈을 수도 있고, TV나 음반 혹은 공연장에서 들려온 기타 소리가 심장을 쿵쾅거리게 했을 수도 있습니다. 이제껏 변변한 취미 하나 없이 살아온 자신을 되돌아보던 중에 문득 기타라는 악기가 눈에 띄었을지도 모릅니다. 참, 이성에게 호감을 얻을 목적으로 기타를 시작하는 것도 아주 흔한 스토리지요.

저는 중학교 2학년 때의 어느 가을날 저녁이 떠오릅니다. 맞습니다. '중2병'으로 악명 높은 바로 그 나이입니다. 친구와 통화 중이었는데, 수화기 너머로 친구의 형이 기타를 치는 소리가 들렸습니다. 지금 생각해 보면 그저 어설프게 단순한 코드 몇 개를 치는 소리였음이 분명한데, 당시 저는 머릿속에서 오만 가지 멋진 심상이 한꺼번에 떠올라 폭발하는 경험을 했습니다. 최면에라도 걸린 듯했지요. 그날부터 악착같이 용돈을 아꼈고, 결국 두 달 만에 첫 기타를 사고야 말았습니다.

그리고 기타에 푹 빠져 살다가 마침내 멋진 뮤지션이 되었다… 면 좋았겠지만, 지금 저는 전혀 다른 일을 하고 있습니다. 어느 순간 저의 재능은 음악이 아니라 다른 데 있다는 걸 깨달았거든요. 게다가 제가 가장 좋아하는 블루스(Blues)는 음악 좀 듣는다 하는 사람들조차 낯설어하는 비주류 중의 비주류 장르여서 도무지 장래를 그려 볼 수가 없었던 것도 한 이유입니다.

저 자신이 전문연주자가 아닌 만큼, 이 책의 목적은 시중의 여느 기타 교본들과 좀 다릅니다. 실제로 어디까지 따라올 것인가는 독자의 몫으로 남겨 두고 가능한 한 많은 내용을 정석대로 빼곡히 담은 교본들과 달리, 이 책은 '단 한 곡만이라도 쳐 보자'는 왕초보 또는 기타 포기자들의 눈높이에 맞춰 만들어졌습니다. 그래서 기초적인 연주법밖에 다루지 못할지언정, 다른 교본들에서는 한두 쪽 설명하고 쓱쓱 넘어갈 내용을 여기서는 어린아이도 이해할 수 있을 만큼 낱낱이 해부하고 최대한 쉽게 풀어 전달할 것입니다. 더불어 제가 지난 20년간 독학으로 기타와 씨름하면서 겪은 시행착오와 여기저기서 주워들은 썰을 바탕으로 누구 앞에서든 '기타 좀 치는 척'할 수 있는 소양을 여러분께 쌓아 드리려 합니다.

모든 악기가 마찬가지겠지만, 기타도 진짜 제대로 치려고 들면 눈앞에 지옥이 펼쳐지기 시작합니다. 하지만 내가 좋아하는 노래를 기타 반주에 얹어 흥얼거리는 정도가 목표라면, 여러분은 약간의 노력만으로 그 목표를 이룰 수 있습니다. 이 책에서 본격 연습 과정에 해당하는 3부는 4주 동안 주 5일, 하루 30분의 시간이 필요합니다. 만만치 않아 보이시나요? 전부 합쳐야 열 시간밖에 안 됩니다. 고작 영화 몇 편을 볼 시간만 투자하면 된다는 뜻입니다.

그것만으로 정말 기타를 칠 수 있게 되느냐고요? 물론입니다. 기타를 사람에 비유하자면, 애인으로 만들기는 무척 어렵지만 친구가 되기는 쉬운 성격 같다고 할까요? 여간해서는 자신의 곁을 내주지 않는 까다로운 악기들에 비하면 만만하기 그지없지요. 그런데 왜 며칠도 못 버티고 기타를 포기해 버리는 사람이 많을까요? 불친절하고 비효율적인 교본 또는 강습의 문제도 있겠지만, 무엇보다도 첫 마음을 쉽게 망각해 버리는 것이 가장 큰 이유가 아닐까 합니다. '나도 기타를 치고 싶다'는 바로 그 마음 말입니다.

이제 여러분이 떠올린 바로 그 기억을 가슴속에 잘 간직하기 바랍니다. 그것만 있으면 이 책과 함께하게 될 연습 과정을 어렵지 않게 통과할 수 있습니다. 제가 지금 취미로나마 블루스 밴드의 기타리스트로서 즐겁게 연주할 수 있는 것도 처음 기타에 마음을 빼앗겼던 순간이 워낙 마법처럼 강렬했기 때문입니다. 마음의 준비가 되었나요? 그럼 지체 말고 새로운 여행을 시작합시다!

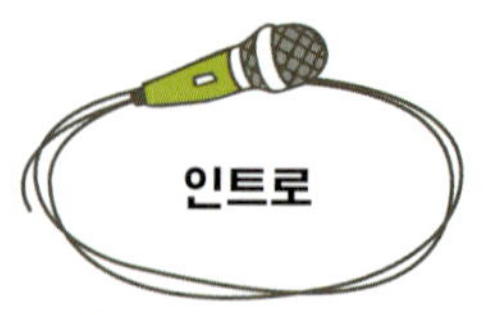

무엇에 쓰는 물건인고?

기타를 치려면 먼저 기타라는 악기와 친해져야 합니다. 새로운 친구를 사귀려면 이름이 뭔지도 알고, 어디에 사는지도 알고, 성격이 어떤지도 알아야 하지요. 그런데 사실 기타는 한 명의 친구라기보다 '친구들'에 가깝습니다. 용도와 취향에 따라 굉장히 많은 종류의 기타가 존재하니까요. 신발이 조깅화, 러닝화, 등산화, 구두, 부츠, 슬리퍼 등 여러 종류로 나뉘는 것과 마찬가지입니다.

아마도 처음에는 '뭔 놈의 기타 종류가 이렇게 쓸데없이 많아!'라는 생각이 들 겁니다. 저도 그랬으니까요. 물론 무난한 운동화 한 켤레로 등산도 가고, 마라톤도 뛰고, 경조사도 다닐 수 있습니다. 그러지 말라는 법 없지요. 같은 이치로, 통기타 한 대만으로 모든 장르의 음악을 멋지게 연주할 수 있습니다. 영화배우들이 후줄근한 옷을 빈티지 패션으로 승화시키듯이 우리의 손가락이 마법 같은 재능을 타고났다면 말이지요. 하지만 어디까지나 그건 욕심이고, 또 연주라는 게 상당 부분 듣는 사람들의 기호에도 맞춰야 할 필요가 있는 만큼 해당 장르의 격식에 따라야 할 때가 많습니다. 요컨대 록음악은 전기 기타로, 플라멩코는 클래식 기타로 연주해야 제맛이지요. 이 책은 소위 '통기타'라는 것을 출발점으로 삼고 있지만, 나중에 여러분이 각자 어떤 종류의 기타에 확 꽂히게 될지는 아무도 모를 일입니다.

기타의 세계는 항상 살아 움직입니다. 지금까지도 늘 변해 왔고, 앞으로도 계속 변해 갈 것입니다. 하드웨어(악기)의 측면에서도 그렇고 소프트웨어(연주법)의 측면에서도 그렇습니다. 새로운 것을 배우려면 나 자신이 먼저 한 발짝 내딛는 수밖에 없습니다. 몸도 다가서야 하고 마음도 다가서야 하지요. 그러니 이제부터는 TV의 음악 프로그램을 볼 때 가수 말고 뒤편의 기타 연주자가 어떤 기타를 들고 나왔는지 유심히 살펴보세요. 그가 전체 반주 중에서 어떤 역할을, 어느 정도의 비중으로 맡고 있는지 귀 기울여 들어 보세요. 이처럼 보고 듣는 경험의 초점을 기타라는 악기로 옮기는 것이야말로 기타와 친해지는 가장 쉽고 확실한 방법입니다.

이 책의 주인공인 통기타
ⓒmartinguitar.com

가깝고도 먼 친구 클래식 기타
ⓒyamaha.com

록음악의 역사와 동고동락한 전기 기타
ⓒfender.com

상대성이론만큼 어려운 재즈 기타
ⓒgibson.com

실력만큼 체력도 중요한 헤비메탈/속주용 전기 기타 ⓒibanez.com

덩치도 크고 기타줄도 두꺼운 베이스 기타
ⓒfender.com

앰프에 연결해서 터프하게 '쟝~쟈가쟝~' 소리를 낼 수 있는 일렉트릭 기타를 가끔 '전자 기타'라고 잘못 부르는 촌스러운 분들이 있는데, '전기 기타'라고 부르는 것이 맞습니다. 일렉트로닉(electronic) 기타가 아니라 일렉트릭(electric) 기타니까요. 전기회로가 들어 있긴 하지만 원리상 엄연한 아날로그 악기입니다.

이 책의 핵심 구성

기타를 안는 바른 자세

이제 기타 하단의 오목한 부분을 오른쪽 허벅지 위에 올리고, 기타 상단의 모서리 부근에 오른팔을 어깨동무하듯이 걸칩니다. 그리고 팔꿈치를 적당히 굽혀 오른손이 사운드 홀(구멍) 근처로 오게 합니다. 여기서 주의할 점이 세 가지 있습니다.

첫째로, 기타를 허벅지 위에 비스듬하게 얹는 것이 아니라 똑바로 세워서 얹어야 합니다. 처음에는 이렇게 시작했다가도 왼손이 지판을 제대로 누르고 있는지 확인하다 보면 자신도 모르게 기타가 점점 눕는 상황이 자주 발생합니다. 지판을 볼 때는 기타를 눕히는 것이 아니라 고개를 앞으로 빼서 확인한 후에 다시 원래 자세로 돌아와야 합니다.

● 기타가 거의 수직에 가깝게 잘 얹혀 있습니다.

● 기타가 뒤로 눕기 시작하네요. 옐로카드 받기 직전!

둘째로, 기타 바디는 배에 찰싹 붙이는 것이 아닙니다. 오른쪽 옆구리 근처에서 밀착되고 몸 중심으로 나올수록 공간이 벌어져야 합니다. 기타를 거의 오른쪽 옆구리에 낀다는 생각으로 자세를 잡아 보세요. 기타와 내 몸이 30~45도 정도의 각도를 이루게 하세요.

074 PART 02 기타도 샀고, 이제 뭐부터 하면 되지?

시작하는 기타리스트라면 꼭 알아야 할 기본기

PART 01에서는 왕초보도 쉽게 이해할 수 있도록 다양한 사진과 함께 반드시 알아야 하는 기타 이야기, 기타 고르는 법, 기타를 안고 치는 자세 등을 알려 줍니다. 누구에게도 차마 묻지 못했던 기본 중의 기본을 속 시원히 풀어 드립니다.

PART 02에서는 줄감개 돌리는 법, 조율하는 법, 악보를 읽는 방법 등 기타를 치기 전 준비하고 알아야 할 것들을 다양한 사진 및 그림과 함께 쉽게 설명합니다. 기타를 보기만 해도 흐뭇해지면서 모든 게 신기하고 재미있을 거예요.

보고 듣고 따라하는 동영상 03 _ 다운스트로크.mp4

● 두 번째 마디에는 반대로 위에서 아래로 화살 표시가 있습니다. 손가락 또는 피크를 1번줄부터 6번줄의 방향으로 움직여서 줄들을 튕기라는 뜻입니다. 이것을 업 스트로크(up stroke)라고 합니다. 업 스트로크는 오른손으로 위로(up) 올리면서 1번 → 6번의 순서로 기타줄을 튕깁니다.

보고 듣고 따라하는 동영상 04 _ 업스트로크.mp4

● 세 번째 마디에는 무슨 뚜껑 같은 모양(⊓)의 표시가 있습니다. 이것은 첫 번째 마디와 동일하게 오른손을 6번줄부터 1번줄의 방향으로 움직여서 줄들을 튕기라는 뜻입니다.

CHAPTER 06 악보를 읽어 보자 093

앗, 동영상까지. 정말 친절하구나. 너!

기타 연주 동영상이 덤이라고요? 사진과 설명 글만으로도 충분하지만, 그래도 아쉽다면 옆에서 친구가 가르쳐 주는 것처럼 생생한 동영상으로 한 번 더 배울 수 있습니다.

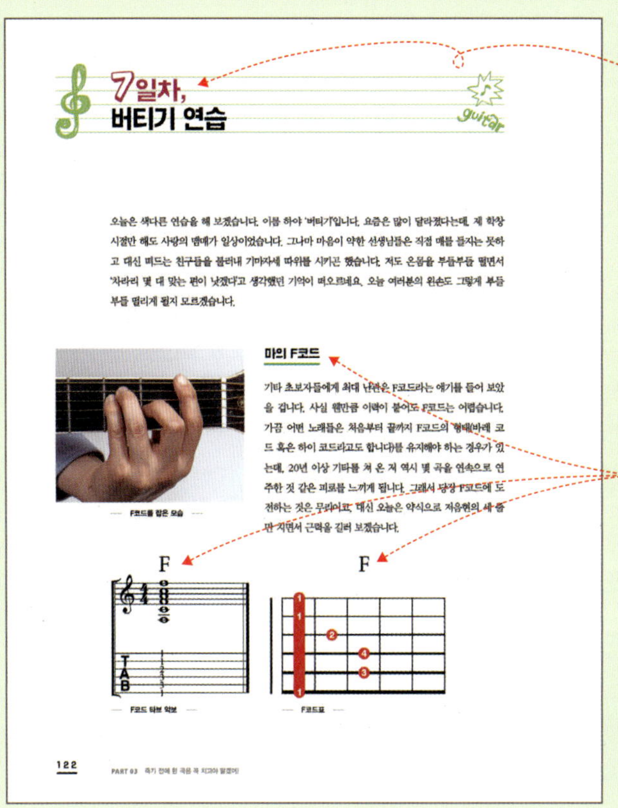

하루 30분씩 총 20일, 4주만 치면 정말 된다니까!

진짜로 해 보면 압니다. 4주, 총 20일에 걸쳐 한 곡을 완주하는 연주법이 제시됩니다. 하루하루 차근차근 30분씩만 따라 하면 어느새 당신도 노래 한 곡쯤 멋들어지게 연주해 내는 근사한 기타리스트로 변신!

이렇게 쉬워도 되는 거야? 세상에서 가장 쉬운 코드 잡는 법

사진, 타브 악보, 코드표를 보면서 연주법을 쉽게 배울 수 있습니다. 함께 제공하는 동영상까지 보면 금상첨화! 특히 이 책의 코드표는 여느 교본과 달리 실제 기타의 여섯 줄처럼 두께를 달리 그렸어요. 척하면 척! 바로 이해되는 직관적인 코드표랍니다.

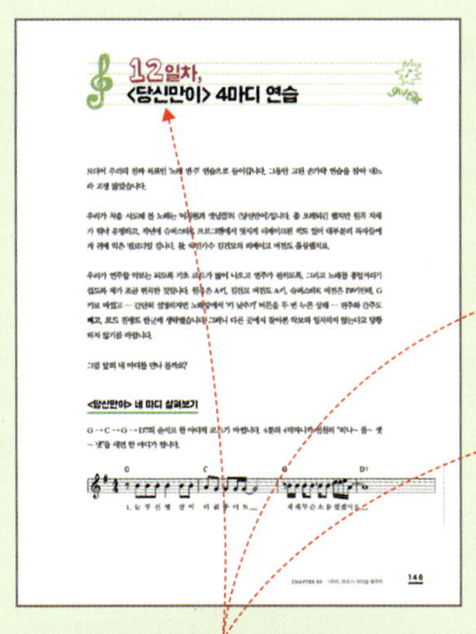

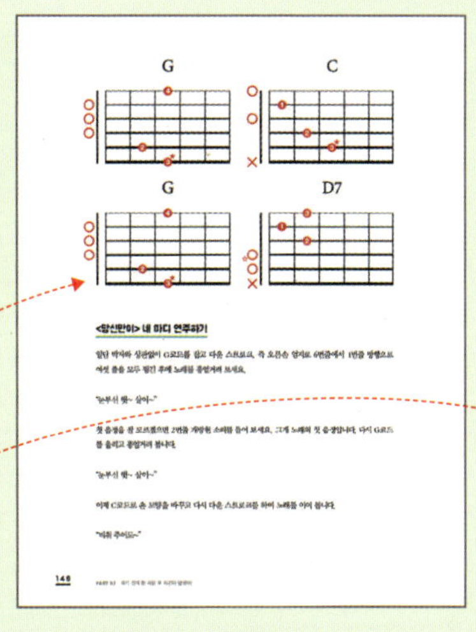

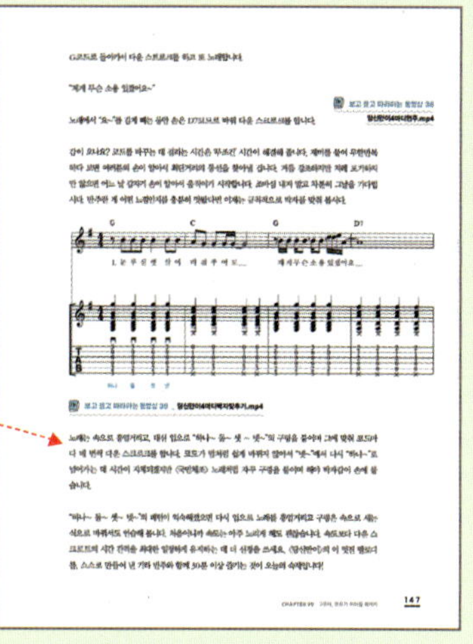

더도 말고 딱 한 곡만이라도 제대로 쳐 보고 싶어

이 책의 목표는 기타 왕초보가 중간에 포기하지 않고 한 곡이라도 제대로 완주할 수 있도록 하자는 것입니다. 첫째 날 코드 잡는 법부터 시작해 차츰차츰 4마디, 8마디, 한 곡을 완주하는 단계까지 밟아 나가다 보면 기타 연주가 쉽고 재미있게 손에 붙어요. 가이드도 친절해서 악보와 함께 코드 진행 순서를 알려주고 코드표를 크게 보여 줍니다. 설명은 또 어찌나 곰살맞은지요. 이 책의 20일 프로그램대로 따라 하면 어느새 기타의 매력에 푹 빠져 있는 당신을 발견할 수 있을 겁니다. 한 곡 떼고 난 당신, 어쩌면 당신은 누가 뭐라건 다음 곡 악보를 잡아먹을 듯이 보고 있을지도 몰라요.

이 책에 수록된 기타 연주법 동영상은 한빛출판네트워크 홈페이지에서 이용할 수 있습니다.

본문 내용의 기타 연주 자세, 코드 잡는 법, 주법 등의 노하우를 동영상으로 더 생생하게 배울 수 있습니다.

1 한빛출판네트워크 홈페이지(www.hanbit.co.kr)로 접속합니다. 메인 화면에서 [자료실] 버튼을 클릭합니다.

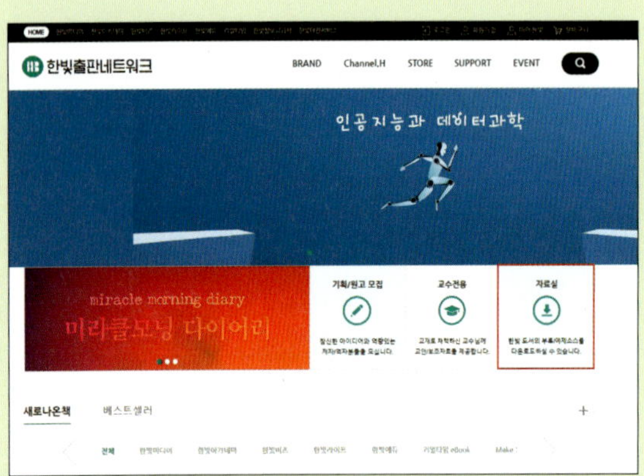

2 검색 창에서 도서명을 입력하고, 입력한 도서가 나타나면 [[본문관련] 기타 연주법 동영상 강의] 버튼을 클릭합니다.

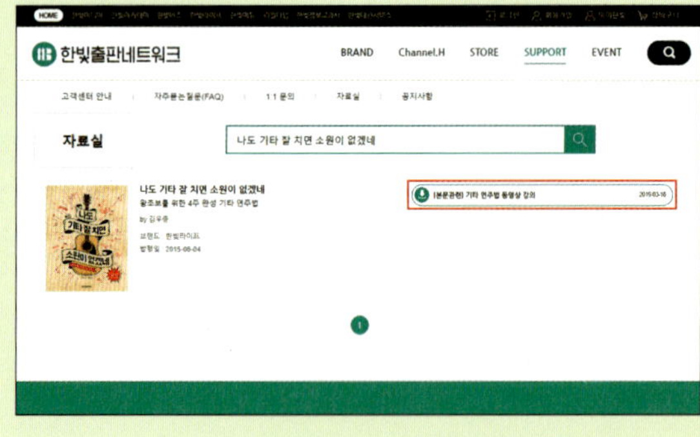

차 례

PART 03
죽기 전에 한 곡은 꼭 치고야 말겠어!

PART 04
이미 나는 기타의 노예

GUITAR
PART 01
MUSIC

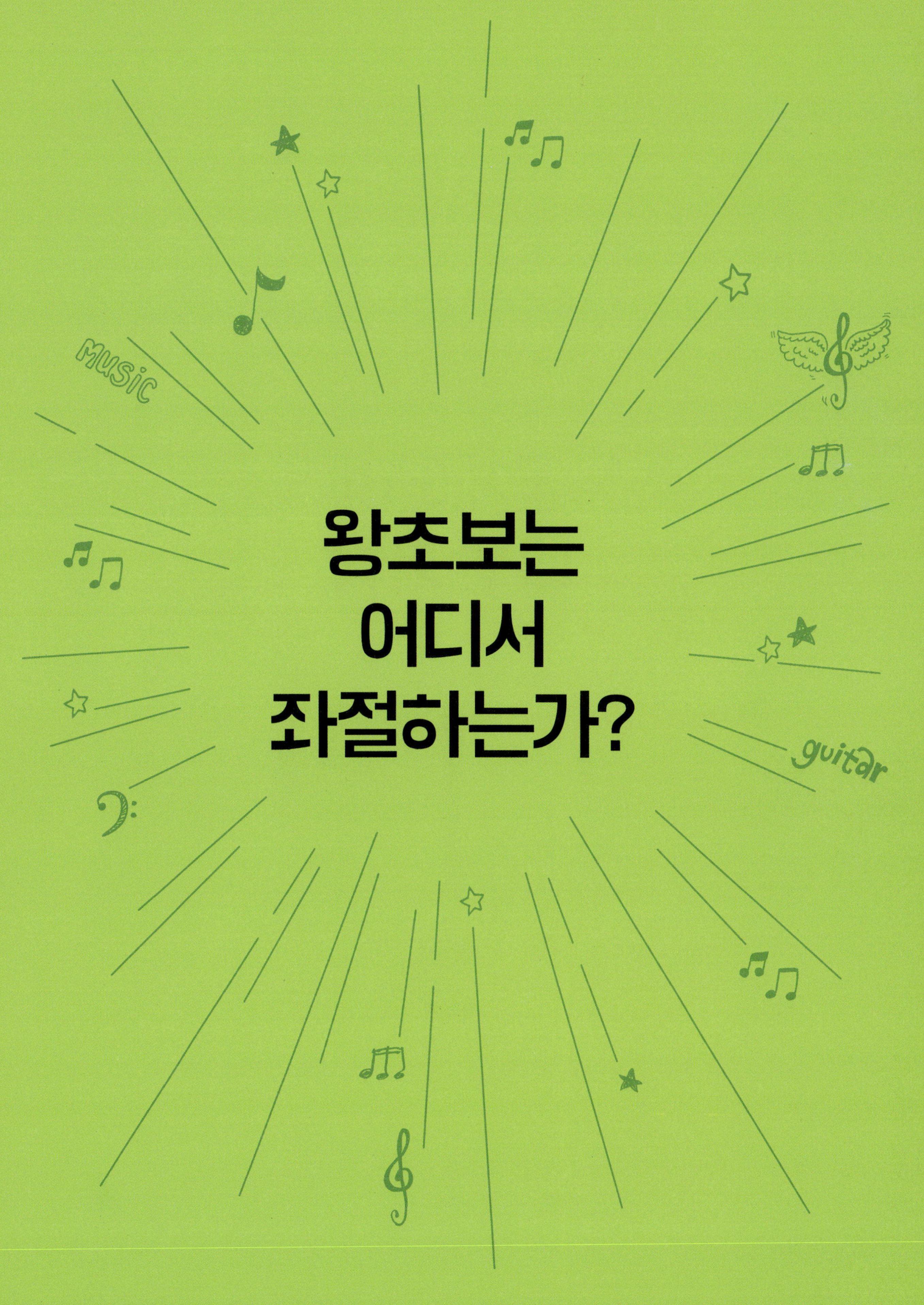

왕초보는 어디서 좌절하는가?

CHAPTER 01

굳세어라 내 손가락

기타를 치는 이유가 오직 기타가 너무나 좋기 때문이라면
실력은 저절로 늘게 되어 있다.

— 누노 베텐코트 —

기타는 체육이다

기타를 시작했다가 얼마 못 가 포기하신 분들의 이야기를 들어 보면 대개 그 이유가 비슷합니다.

"어휴, 손가락이 그렇게 아플지 몰랐어요."
"막상 해 보니까 힘만 들지 별로 재미가 없어서……."
"생각보다 외울 게 많던데요?"
"시키는 대로 열심히 해 봤는데 내 손이 기타랑 안 맞나 봐요."

마지막 유형의 이유를 대는 분들은 자기 손을 활짝 펼쳐 보여 주며 손가락 하나하나에 어떤 문제가 있는지 열정적인 설명을 덧붙이기도 합니다. 그러면 듣는 사람 입장에서는 '정말 그런가 보다' 하고 고개를 끄덕이게 되지요.

문제는 기타를 처음 시작한 사람이라면 한 명도 빠짐없이 위와 같은 생각을 하게 된다는 점입니다. 즉, 이것들은 우리를 가로막는 진짜 장애물이 아니라 그저 누구나 거쳐야 하는 일종의 통과의례입니다. 지금 기타를 칠 줄 아는 사람들은 '그럼에도 불구하고' 계속 연습을 해 나갔고, 중도에 포기한 사람들은 '그렇기 때문에' 연습을 멈췄다는 차이가 있을 뿐입니다.

혹시 뜨끔하신가요? 만약 그렇다 해도 자책할 필요는 없습니다. 사람들이 쉽게 기타를 포기하는 이면에는 그런 유혹에 어떻게 대처해야 할지 충분히 알려 주지 않는 기존의 교본, 교습법의 책임도 적지 않습니다. 저 역시 무뚝뚝한 투의 — 마치 버거운 상대를 만난 운동선수에게 정신력으로 이겨 내라고 다그치는 듯한 — 교본들만 접하며 자라왔기 때문에 기댈 데 없는 초심자의 마음을 누구보다 잘 알고 있습니다.

그래서 이 책에는 여러분이 포기하고픈 유혹에 넘어가지 않도록 중간중간 버팀목을 세워 놓았습니다. 하여 제가 더러 수다스러워지더라도 어여삐 보아 주시면 좋겠네요.

그럼 가장 먼저 등장하는 유혹부터 극복해 보겠습니다. 정말 많은 분들이 기타줄을 누를 때 손가락 끝이 아프다는 이유로 기타를 포기합니다. 그런데 정말 그렇게 심각한 통증이 실재하는 것일까요? 아프니까 아프다고 하지 뭔 헛소리냐고 따질 분도 있겠지만 저는 한 번 더 묻고 싶습니다. 정말 우리는 그 통증을 있는 그대로 느끼고 있는 것일까요?

잠깐 화제를 바꿔서, 어떤 운동이 됐든 그걸 처음 시작했던 때를 떠올려 보세요. 수영도 좋고, 테니스도 좋고, 피트니스도 좋습니다. 성인 남자분이라면 군대의 훈련소 시절을 기억해 봐도 좋겠네요. 안 쓰던 근육을 움직였더니 온몸이 욱신욱신 쑤셔서 다음 날 일어나기조차 힘겨웠던 적이 누구나 있을 겁니다. 하지만 상황이 그럴 수밖에 없거나 흥미를 느끼는 일이라면 우리는 상당한 신체적 고통도 기꺼이 이겨 냅니다. 그렇게 하루 이틀 견디다 보면 어느 순간, 이전에는 불가능해 보였던 능력을 발휘하게 되지요.

기타줄을 누를 때 손가락 끝의 통증을 그런 활동들과 비교해 보면 어떨까요? 저는 충분히 감당할 수 있는 수준이라고 생각합니다. 물론 아픈 것은 사실입니다. 하지만 그것 때문에 기타를 포기해야겠다고 생각한다면, 그 통증은 지금 우리 머릿속에서 실재보다 과장되어 있음이 분명합니다.

왜 그런 것일까요? 그 이유는 우리가 기타라는 악기를 대개 낭만적인 대상으로만 여기고 있기 때문입니다. 그래서 조금만 아파도 '엇, 내가 상상한 건 이게 아닌데…….' 하고 주춤하게 되는 것입니다. 참고 계속해 보려고 해도 낭만적인 상상이 깨진 틈새로 파고든 고통이 눈덩이처럼 덩치를 키워 가지요.

하지만 애초부터 악기를 배우는 과정이 운동과 별다를 바 없는 일임을 이해하고 어느 정도의 신체적 고통을 각오한다면, 상황은 완전히 달라집니다. 통증은 여전하지만 이제 그것은 내가 예상한 범위 내에 있습니다. 원래 기타줄을 누르는 통증은 누구나 견딜 수 있는 것입니다. 그리고 여러 다른 운동과 마찬가지로, 조금만 참고 견디다 보면 어느새 희미해져서 더 이상 우리를 괴롭히지 않습니다.

기타는 체육입니다. 적어도 최소한의 근력이 길러지기 전까지는 그렇습니다. 그러니 처음 한두 달은 운동을 한다는 마음으로, 뻐근한 근육과 송골송골 맺힌 땀방울을 예사로 여기며 기타를 잡아야 합니다. 이런 마음자세를 갖춘 사람과 그렇지 않은 사람은 배우는 속도에서도 두 배 이상 차이가 날 것이라고 감히 말씀드립니다.

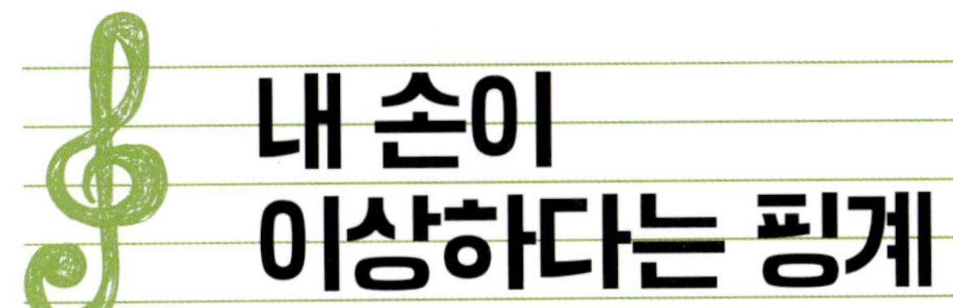

내 손이 이상하다는 핑계

앞에서도 잠깐 언급했다시피 애꿎은 자기 손에 누명을 씌우는 분들이 적지 않습니다. 손이 두툼한 사람은 손가락이 굵어서 잘 안된다고 하고, 손이 곱상한 사람은 힘이 약해서 잘 안된다고 하고, 손이 작은 사람은 손가락이 짧아서 문제라고 하고, 손이 큰 사람조차 어디가 휘었다는 둥 자신의 단점을 용케들 찾아냅니다.

저도 한때는 그런 생각에 젖어 있었습니다. 특히 긴 손가락을 자유자재로 놀리는 서양 기타리스트들의 연주 영상을 볼 때면 부럽기도 하고 좌절감이 들기도 했지요. 하지만 다양한 스타일의 연주자들을 더 많이 관찰할수록 생각은 조금씩 바뀌었습니다. 물론 지금도 손이 큰 사람들이 부럽기는 합니다. 하지만 냉정하게 따져 봤을 때, 선천적인 손의 크기나 모양이 기타 연주에 미치는 영향은 5퍼센트에도 채 미치지 못할 것입니다. 게다가 그 영향을 전문적 연주가 아닌 취미 수준에 맞춰 가늠해 보면 그 수치는 2~3퍼센트로 뚝 떨어집니다.

중요한 것은 근력입니다. 일상생활에 지장 없는 손을 가진 한, 누구나 대부분의 노래를 멋지게 칠 수 있습니다. 악보에 나온 대로 손가락이 넓게 벌려지거나 빨리 움직여지지 않는다면 그것은 내 손에 문제가 있는 게 아니라 아직 필요한 근력이 충분히 발달하지 않았다는 뜻입니다.

여기에는 누구도 부정할 수 없는 증거가 있습니다. 당장 인터넷에서 어린 학생들의 연주 영상을 찾아 보시기 바랍니다. 거의 기타에 매달려 있는 듯 보일 만큼 체구가 작은 친구들이 마치 서커스라도 하듯 앳된 손가락을 놀려 현란한 테크닉까지 구사하는 경우가 적지 않습니다.

예를 들어, 1996년생인 정성하는 아주 어릴 때부터 유튜브(youtube.com/user/jwcfree)에 연주 영상을 올려 유명세를 타다가 지금은 전 세계를 무대로 활동하고 있는 기타리스트입니다. 그의 열 살 무렵 연주를 보고 나면 자신의 손 크기나 모양을 핑곗거리로 삼을 생각이 쏙 들어갈 것입니다.

그러니 손의 크기와 모양에 관한 온갖 담론들은 진지하게 받아들이지 말고 그저 흥밋거리로만 여기세요. 일반론으로 얘기하자면 일단 손이 크고, 손가락이 길쭉하며 곧고, 관절이 유연하고, 손가락 끝에 살집이 도톰하며 손톱은 너무 크지 않고, 체질적으로 민첩성과 근력이 좋은 사람일수록 기타를 치는 데 유리합니다. 당연하고도 뻔한 이야기지요.

여기에 저의 생각을 덧붙이자면, 저는 단순한 손의 크기보다 손가락 간의 비율에 더 눈이 갑니다. 저도 약간 그런 편이지만 간혹 다른 손가락들에 비해 새끼손가락 길이가 유난히 짧은 분들이 있습니다. 이런 분들이 초보 수준을 넘어 좀 복잡한 코드를 잡으려면 자신만의 요령을 스스로 터득해야 합니다. 다른 사람들의 손 모양을 따라 해서는 답이 나오지 않거든요. 하지만 특수한 스타일의 연주를 지향하지 않는 한, 이렇게 저렇게 시도하다 보면 결국 어떻게든 극복할 수 있습니다.

그럼 실제 기타리스트들의 손 모양은 어떤지 한번 살펴보겠습니다. 사진 한 컷으로 제대로 알긴 어렵지만 재미 삼아 읽어 주시기 바랍니다.

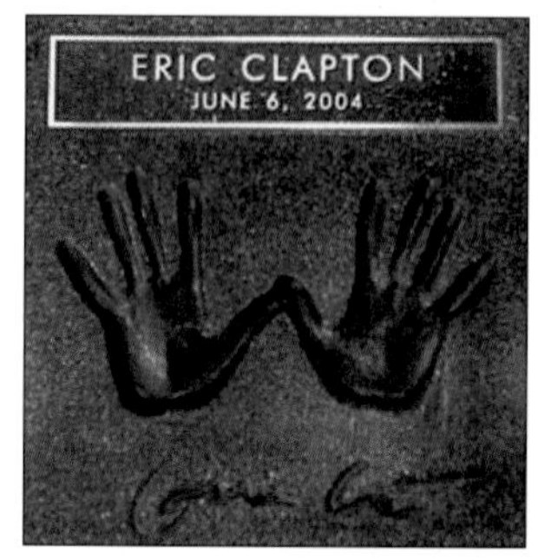

기타의 신이라 불리는 에릭 클랩튼(Eric Clapton)의 손입니다. 손가락이 시원하게 길쭉하고 곧은 데다 실제 연주를 보면 힘과 민첩성까지 모두 갖춰 과연 타고난 연주자라는 생각이 듭니다. 에릭 클랩튼의 별명은 슬로 핸드(slow hand)인데, 그렇다고 클랩튼이 손이 느리다고 생각하면 오산입니다. 절대 과시하는 법이 없지만 엄청나게 빠른 연주도 능수능란하게 구사하니까요. 언젠가 공연 도중에 기타줄이 끊어졌는데, 클랩튼의 연주에 혼이 쏙 빠진 관객들이 기타줄을 새로 끼울 때까지 자발적으로 느린 박수(slow handclap)를 계속 쳐 주며 흥분된 분위기를 이어간 데서 비롯된 별명이라고 합니다.

에릭 클랩튼에 비하면 새카만 후배지만 역시나 어느덧 중년이 되어 버린 건즈 앤 로지스(Guns N' Roses)의 기타리스트 슬래쉬(Slash)입니다. 불편하지 않을까 싶을 정도로 투박하고 두껍고 큰 손을 갖고 있습니다. 확실히 에릭 클랩튼의 손과는 두께가 다르지요? 실제 연주도 정교함보다는 거친 남성미를 추구합니다. 커다란 모자와 가죽바지가 트레이드마크인데, 워낙 오랫동안 보다 보니 이제는 좀 물리기도 합니다.

아주 찐한 블루스 음악을 연주하는 기타리스트 지미 본(Jimmie Vaughan)입니다. 서양인치고는 상당히 작은 손을 갖고 있습니다. 1980년대 미국의 기타 영웅 중 한 명인 스티비 레이 본(Stevie Ray

Vaughan)의 형으로 더 많이 알려졌지만, 이미 동생이 뜨기 전부터 착실하게 커리어를 쌓고 있던 훌륭한 연주자였습니다. 나이가 들어서인지 스타일이 바뀐 건지, 요즘은 기타 연주의 비중을 줄이고 보컬이나 프로듀서 역할에 더 집중하는 것 같아 팬으로서 약간 아쉽습니다.

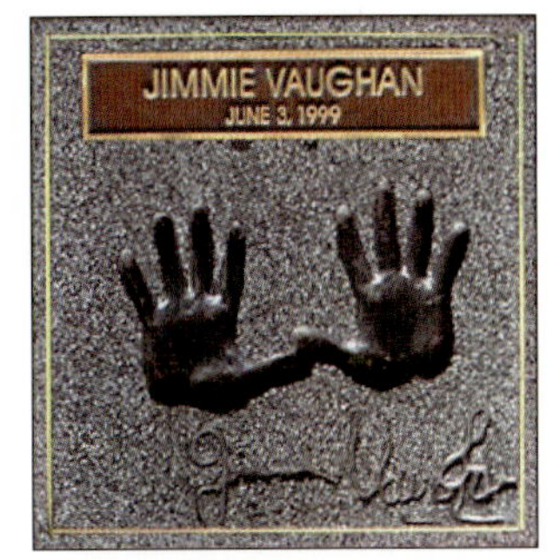

넘사벽의 테크니션, 소위 외계에서 온 기타리스트로 불리는 스티브 바이(Steve Vai)의 손입니다. 연주 영상을 보면 거의 현실감이 없을 정도로 엄청나게 손가락이 깁니다. 자기 캐릭터에 맞게 핸드 프린팅도 왼손 손가락이 여섯 개인 것처럼 장난을 쳐 놨습니다. 요즘은 복고풍이 대세라서 많이 달라졌는데, 화려한 테크닉에 열광했던 제 세대의 락 키즈(Rock Kids)들에게는 단연 첫손에 꼽히는 롤모델이었습니다.

화재 사고로 장애를 입어 거의 검지와 중지만 사용해 연주했음에도 재즈 기타의 전설이 된 장고 라인하르트(Django Reinhardt)입니다. 좀 극단적인 예이지만 모든 기타 연주자들에게 '손가락 핑계 대지 말라'는 분명한 교훈을 주고 있습니다. 1930~40년대에 활동했는데 다행히 흑백 영상 몇 개가 남아 있어 신기(神技)에 가까운 실제 연주 모습을 볼 수 있습니다. 그러나 따라 쳐 볼 생각 같은 것은 안 하는 편이 정신 건강에 이롭습니다.

사진만으로는 제 설명이 잘 이해되지 않을 테니 유튜브(youtube.com)에서 이 기타리스트들의 연주 영상을 찾아 감상해 보기 바랍니다. 순전히 제 개인 취향의 추천곡은 다음과 같습니다. 에릭 클랩튼의 〈River of Tears〉(Live on Tour 2001), 건즈 앤 로지스의 〈Paradise City〉(Freddie Mercury Tribute Concert), 지미 본의 〈Motorhead〉, 장고 라인하르트의 〈J'attendrai Swing〉, 끝으로 말도 안 되게 아름다운 연주와 말도 안 되게 조잡한 영상이 기묘하게 결합되어 있는 스티브 바이의 〈For the Love of God〉 공식 뮤직비디오!

하루 30분, 총 열 시간이면 된다

그럼 실제로 기타를 연습할 때 우리는 어떤 일들을 하게 되는 것일까요? 기본 음계와 코드를 외우는 지적 활동도 약간은 필요하지만, 역시나 대부분의 시간은 새로운 근육을 단련하는 데 쓰이게 될 것입니다.

우리의 뇌는 지금껏 그런 식으로 손을 움직이라는 명령을 내려 본 적이 없어서 처음에는 '내 맘대로 손이 움직여지지 않는' 경험을 하게 됩니다. 마치 젓가락질이나 글씨를 배울 때와 비슷한 느낌이지요. 참고로 덧붙이자면, 기타라는 것이 대단한 근력을 요구하는 악기는 아니라서 사실 근육을 단련한다는 말보다 새 신경회로가 자리 잡게 한다는 말이 과학적으로 더 적절한 표현일지도 모르겠습니다.

어쨌든 우리의 몸이 기타라는 악기에 적응하는 데는 시간이 필요합니다. 그리고 간과하기 쉬운 문제지만 적절하게 쉬어 주는 것도 꼭 필요합니다. 그래서 이 책의 3부에는 하루 30분씩 주 5회, 총 4주간의 훈련이 제시되어 있습니다.

하루 30분이면 너무 짧은 것 아니냐는 분들도 계실 듯합니다. 하지만 TV도 보고 과자도 먹어 가며 보내는 30분이 아닙니다. 제대로 집중해서 30분을 꽉 채우는 것은 결코 쉬운 일이 아닙니다. 그렇게 며칠을 하고 나면, 열정이 아무리 뜨겁게 타오르더라도 지친 근육들이 회복할 수 있도록 하루쯤 쉬어 주는 편이 좋습니다.

이런 식으로 4주 정도의 시간이 흐르면 연습곡을 반주할 수 있는 기본기를 갖추게 됩니다. 일단 한 곡을 떼고 나면 두 곡, 세 곡은 훨씬 수월하지요. 4부에서는 이처럼 레퍼토리를 늘려 가는 방법에 대해 이야기할 것입니다.

그럼 구체적으로 앞으로의 연습 과정에서 여러분의 몸이 어떤 변화를 겪게 될지 자세히 살펴보겠습니다.

첫째로, 기타줄을 누르는 왼손의 경우입니다

손가락 끝의 통증을 참아 나가는 동안 굳은살이 박입니다

사람의 몸이 참 신기한 것이 굳은살이 생기는 속도나 그 모양이 모두 제각각입니다. 금방 생기는 사람도 있고 천천히 생기는 사람도 있습니다. 딱 만져 보면 알 만큼 피부가 딱딱해지기도 하고, 겉으론 별 차이 없어 보이지만 피부 안쪽으로 못이 박이는 체질도 있습니다.

저의 경우에는 손가락 끝에 여러 번 허연 각질 같은 것이 생겼다가 떨어져 나가길 반복했는데, 그러다가 유달리 두껍게 붙은 각질을 뜯어내고 나니 피부 안쪽이 단단해져 있었고 더 이상은 변화가 없었습니다. 함께 기타를 시작했던 친구의 경우에는 각질 같은 것은 없었고 그냥 차차 피부 겉면이 단단해졌다고 하더군요. 그러니 기타 치는 사람들끼리 서로 굳은살을 만져 보며 그 두께로 실력을 가늠한다는 게 사실 의미 없는, 게다가 좀 유치한 행동입니다.

한번 굳은살이 생겼다고 해서 그것이 영원히 그대로 유지되지는 않습니다. 오랫동안 기타를 놓으면 점점 물러지고, 다시 기타를 잡으면 또 단단해집니다. 하지만 썩어도 준치라고, 완전히 예전 상태로 되돌아가서 그간의 노력이 물거품 되는 일은 벌어지지 않습니다. 그러니 길어야 한두 달이면 끝날 아픔이라 생각하고 당당하게 마주하시길 바랍니다.

그동안 쓰지 않던 손바닥의 근육이 단련됩니다

기타를 시작하고서 여러분이 가장 먼저 뻐근함을 느끼게 될 부분은 아마도 손바닥일 것입니다. 앞으로 여러분의 왼손이 할 일을 단순하게 표현하면 '누른다'라고 할 수 있습니다. 검지, 중지, 약지, 소지가 기타줄을 누를 때 그 반대편에 버티고 있는 것은 엄지입니다. 따라서 기타를 칠 때 왼손이 사용하는 것은 '쥐는 힘', 즉 악력입니다. 그런데 손바닥과 손가락 안쪽의 면적을 다 활용하여 주먹을 쥐거나 물건을 단단히 잡을 때와는 달리 손가락 끝으로 힘을 발휘해야 한다는 점에서 차이가 있습니다.

기타를 꽤 치신 분들도 흔히 하는 착각이 있습니다. 우리는 기타를 칠 때 손가락을 훈련한다고 생각합니다. 하지만 손가락에는 별로 의미 있는 근육이 없습니다. 뼈와 인대, 힘줄이 주된 구성요소여서 그 자체로는 힘을 발휘하지 못하고 팔뚝과 손바닥의 근육에 의해 수동적으로 움직여질 뿐입니다.

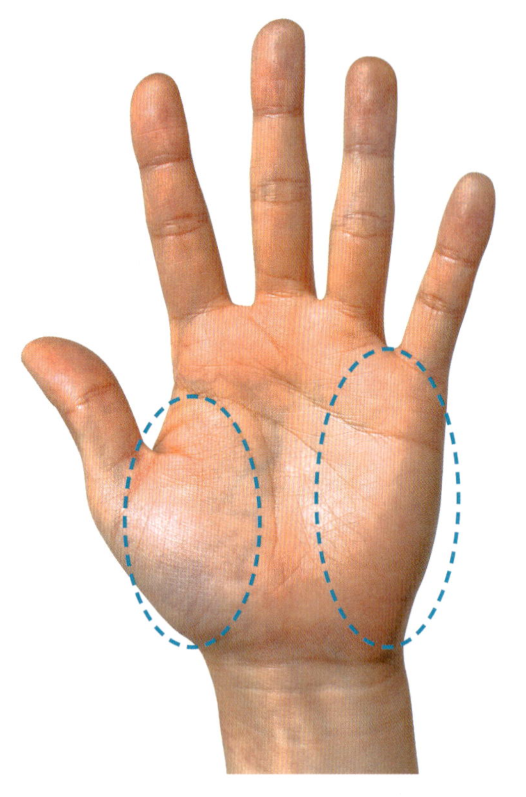

그러므로 왼손 손바닥을 기준으로 보면, 그림과 같이 특히 엄지와 소지 아래의 근육이 수시로 뻐근해질 것입니다. 엄지는 악력의 한 축을 담당하느라 가장 많은 힘을 써야 하는 부위이고, 소지는 그 외의 손가락들보다 기본적으로 근력이 약한 데다 평소 잘 쓰지 않던 부위이기 때문입니다.

그동안 쓰지 않던 팔뚝 근육이 단련됩니다

앞서 얘기했듯이, 기타를 칠 때 실제로 왼손의 움직임은 손바닥과 팔뚝의 근육에 의존합니다. 지금 오른손으로 왼손의 팔뚝을 잡고 왼손을 쥐었다 폈다 해 보세요. 팔뚝의 근육들이 움직이는 게 느껴지나요? 우리는 바로 이 근육들을 사용해서 기타를 치게 됩니다.

팔뚝의 근육은 손바닥처럼 선명하게 뻐근하거나 아픈 느낌을 주지는 않습니다. 조금 얼얼한 정도랄까요? 다만 이 근육들의 힘을 최대한 끌어내야 할 때 왼손이 덜덜 떨리는 현상이 나타나곤 합니다. 특히 초보자들의 최대 난관인 F코드를 잡을 때는 누구라도 예외가 아니지요. 아! 생각만 해도 괴롭습니다. 그래서 많은 분들이 심리적인 장벽을 느끼게 되는데, 전혀 그럴 필요가 없습니다. 다른 운동과 마찬가지로 근력의 한계를 넘어서려 할 때 반드시 겪게 되는 자연스러운 현상이니까요. 포기만 하지 않으면 어느 날 문득 F코드를 잡고 있는 자신을 발견하게 됩니다. 아! 생각만 해도 즐겁습니다.

피트니스 코치들이 운동을 시키면서 몸의 어느 부위에 힘이 들어가는지를 확인하듯이, 여러분도 지금 나의 어떤 근육들이 단련되고 있는지 구체적으로 이해한다면 한결 마음이 편해지고 인내심도 강해질 것입니다.

둘째로, 기타줄을 튕기는 오른손의 경우입니다

오른손은 기타줄을 튕기는 역할을 합니다. 우리는 피크(picks)라는 도구를 쓰는 법과 맨손으로 튕기는 법을 모두 익혀야 하는데, 어쨌든 오른손은 왼손보다 신체적 부담이 한결 덜하다고 볼 수 있습니다. 기본적으로 왼손만큼 큰 힘을 써야 하는 경우가 별로 없기 때문입니다.

하지만 원하는 줄을 원하는 타이밍에 적절한 힘으로 튕기기 위해서는 섬세한 움직임이 필요하고, 그런 의미에서 그동안 쓰지 않던 근육을 단련시켜야 한다는 기본 전제는 왼손과 같습니다.

오른손은 손등을 기준으로 할 때 엄지와 검지가 가장 많이 쓰이므로, 기타를 연습할 때 바로 그 아래 근육의 느낌에 집중해 보기 바랍니다.

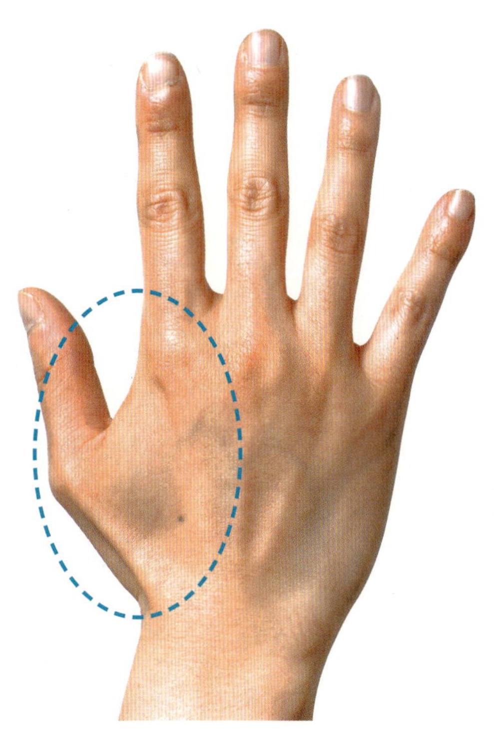

목이 길어
슬픈 기타

상체를 살짝 기울여서 기타가 가슴에 닿게 하라.
그러면 우아한 음악이 당신의 심장 안에서 메아리칠 것이다.

— 안드레스 세고비아 —

기타는 과학이다

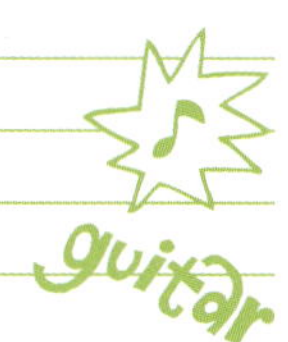

솔직히 말하면, 저도 연주를 시작한 지 여러 해가 지날 때까지 기타가 소리를 내는 원리를 제대로 이해하지 못했습니다. 설명이 잘되어 있는 교본을 만나지 못한 것도 이유이지만, 잘 치기만 하면 됐지 뭐 그런 것까지 알아야 하느냐는 생각도 컸습니다. 이런 게으른 성격 탓에 기타라는 악기를 충분히 이해하기까지 많은 시행착오를 겪어야 했습니다. 하지만 인간은 호기심의 동물인지라 악기의 원리 자체를 이해하지 못한 상태에서 곧장 연습 과정으로 들어가는 것을 부담스럽게 느끼는 분들도 있습니다. 땀 흘려 노력하고는 있는데, 정작 그 노력이 무얼 위한 것이고 어떤 의미가 있는지 알 수 없으니 답답한 마음이 좀체 가시지 않는다고들 합니다.

현악기의 기본 원리

그래서 이번 장에서는 기타가 소리를 내는 원리를 대략적이나마 설명해 보려 합니다. 세부사항은 조금씩 다르지만 현악기라면 대개 비슷비슷한 구조로 만들어지기 마련이니 어디 가서 잘난 척할 때도 요긴하게 써먹기 바랍니다.

제가 좋아하는 블루스 음악의 초창기 연주자들은 돈이 없어서 시가(cigar) 상자에 각목을 붙이고 철사를 매달아 직접 기타를 만들어 썼다고 합니다. 서글픈 사연이지만 악기의 원리만큼은 기똥차게 이해하는 계기가 되었을 겁니다. 왜 하필 시가 상자냐면, 그게 당시에 가장 쉽게 구할 수 있는 울림통 재료였기 때문입니다. 만약 우리나라였다면, 제 생각에는 국민 대다수의 첫 목공예 작품인 국기함이 훌륭하게 재활용됐을 것 같습니다.

요즘에도 멋으로, 취미로 시가 상자를 가지고 기타를 만드는 사람들이 있습니다. 보기엔 그럴듯한데 과연 소리는 어떨지 궁금합니다.

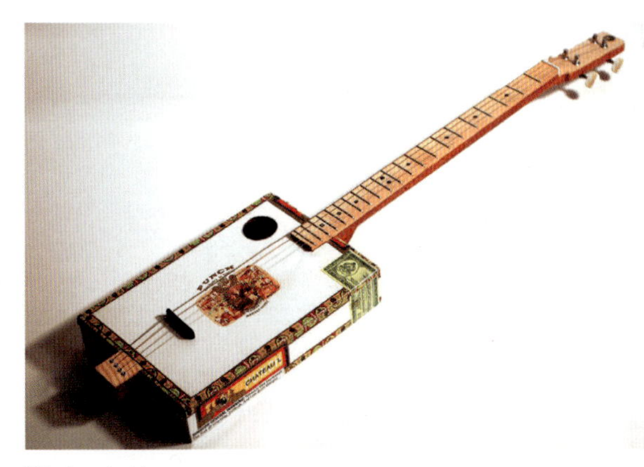

ⓒladymuleskinnerpress.com

먼저 머릿속에서 철사줄 하나를 상상하고, 그것을 어느 정도 팽팽한 상태로 당겨 양쪽 끝을 못과 같은 지지대에 묶어 둡니다. 이것은 세상에서 가장 단출한 형태의 현악기입니다.

이 줄을 튕기면 그 떨림에 의해 특정한 음이 한동안 들리다가 서서히 잦아들 것입니다. 편의를 위해 이 음을 '도'라고 가정해 봅시다.

줄의 길이로 음에 변화 주기

이 구조를 유지한 상태에서 '도'보다 높은 음을 만들고자 한다면 어떤 변화를 주어야 할까요? 물리적 지식이 뛰어난 분들은 금방 답을 찾을 겁니다. 여러분은 몇 개의 답을 찾았나요? 얼마나 많은 가능성이 존재하는지는 저도 잘 모르겠지만, 실용적인 측면에서 현악기들이 사용하고 있는 답은 세 가지입니다.

그중 첫 번째는 줄의 길이를 짧게 하는 것입니다. 다른 조건이 동일할 때, 줄이 짧아질수록 음은 높아집니다. 음이라는 것은 줄이 떨리는 속도에 의해 정해지는데, 줄이 짧아진 만큼 무게가 가벼워져 더 빨리 진동하게 되기 때문입니다.

예컨대, 서양의 음계에서 말하는 옥타브는 진동수가 두 배가 되기까지의 구간을 뜻합니다. 그러니까 한 옥타브 높은 음을 내려면 줄을 두 배 빠르게 진동시키면 됩니다. 아까의 그림에 적용시킨다면, 줄의 길이를 반으로 줄이면 종전보다 한 옥타브 높은 '도'가 들리게 됩니다.

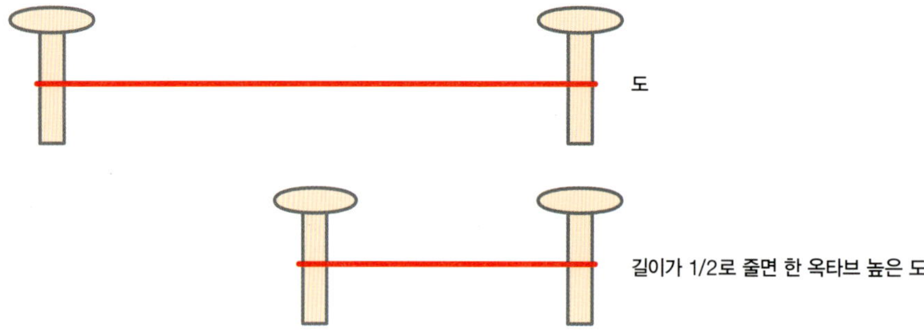

그럼 그 외의 음들은 어떨까요? '솔'의 음을 내려면 종전보다 줄의 길이를 2/3로 줄이면 됩니다.

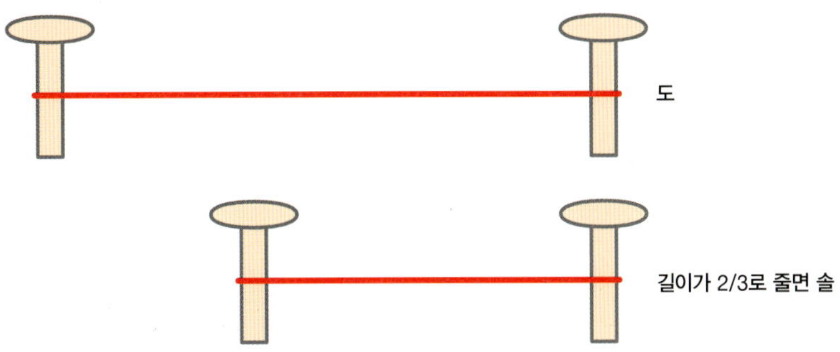

'파'를 내려면 3/4으로 줄이면 됩니다.

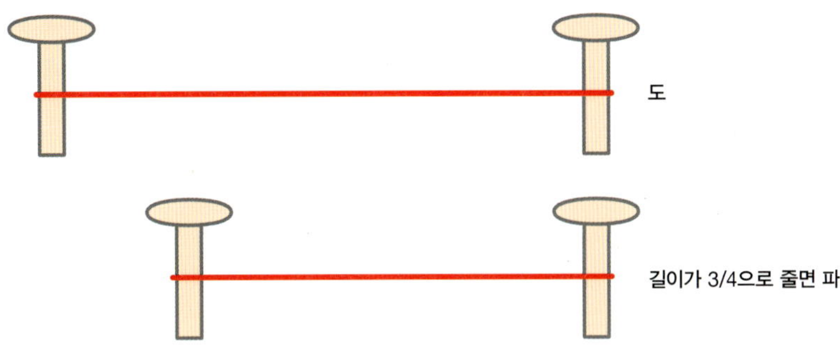

'미'를 내려면 4/5로 줄이면 됩니다. 이런 식으로 우리는 '도 레 미 파 솔 라 시 도'에 해당하는 줄의 길이를 알아낼 수 있습니다. 요컨대 '레'는 '도'보다 약간만 줄을 짧게 하면 되지만 '시'는 거의 1/2에 가까울 정도로 줄의 길이를 확 줄여야 합니다.

그러나 음을 변화시킬 때마다 매번 줄의 길이를 바꾸는 것은 무척 번거로운 작업입니다. 그래서 기타의 경우에는 편법을 사용합니다. 실제로 줄의 길이를 줄이진 않지만, 원하는 지점에 금속바를 갖다 대서 동일한 효과를 내는 것입니다.

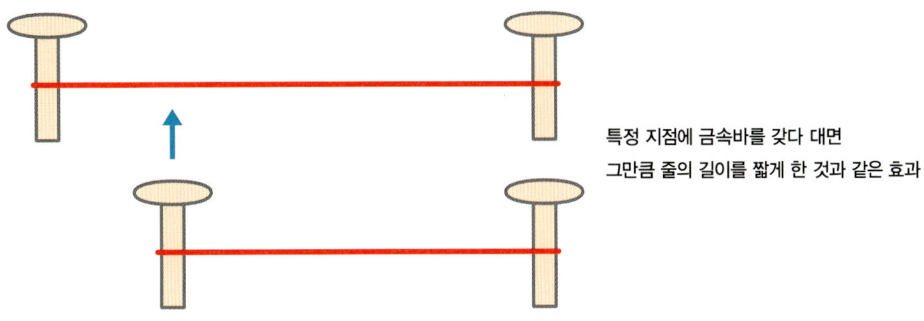

그림의 화살표와 같이 특정 위치에 금속바를 갖다 대고 오른쪽에서 줄을 튕기면, 오른쪽 못부터 금속바까지의 줄은 정상적으로 떨리지만 금속바 왼쪽의 줄은 변화가 없습니다. 금속바가 그 떨림을 중간에서 차단하니까요. 즉 일시적으로 줄의 길이가 짧아진 효과가 나는 것입니다. 만약 정확히 전체 길이의 1/2 위치에 금속바를 갖다 댔다면, 정확히 종전보다 한 옥타브 높은 음이 나겠지요.

이런 이유로 기타에는 기타줄과 직각 방향으로 이런 금속바가 촘촘히 박혀 있습니다. 그래서 손가락으로 줄을 눌러 특정 금속바에 닿게 함으로써 원하는 음을 낼 수 있습니다. 이것이 우리가 애써 기타줄을 눌러야만 하는 이유입니다. 만약 손가락으로 누르지 않는다면, 하나의 기타줄은 그 전체 길이에 해당하는 하나의 음밖에 내지 못합니다.

이제 머릿속에 기타의 구조가 대충 그려지나요? 지금까지 살펴본 그림 아래에 금속바가 박힌 각목과 울림통이 될 만한 나무 상자만 갖다 붙이면 됩니다. 중고등학교의 과학수업 시간에 이런 식으로 한 줄짜리 기타 만들기 실습이 있다면 정말 한 명도 졸지 않고 열심히 참여할 것 같습니다. 어쩌면 세계적인 기타 장인(匠人)이 탄생할지도 모르는 일이지요.

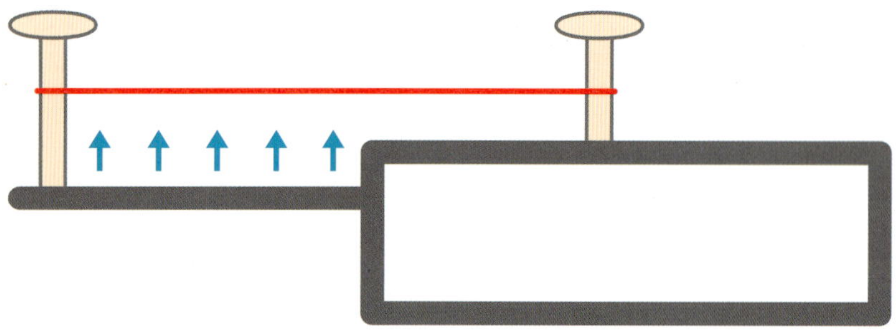

나머지 두 방법에 대해서는 뒤에서 알아보도록 하지요.

왜 여섯 줄이나 필요할까

그럼 왜 기타에는 여섯 개의 줄이 걸려 있을까요? 그건 바로 음정을 변화시키는 방법으로 굵기가 다른 줄을 이용하기 위해서입니다. 앞에서 음을 변화시키는 방법이 세 가지라고 말씀드렸지요. 그 두 번째 방법이 바로 줄의 굵기를 변화시키는 것입니다.

줄의 굵기로 음에 변화 주기

줄의 길이를 변화시키는 것은 무척 유용한 방법이지만, 그렇다고 해도 하나의 줄로 낼 수 있는 음의 개수는 제한적입니다. 이론상으로는 무한대로 음을 높일 수 있지만, 줄의 길이가 너무 짧아지면 음량이나 음색이 음악적으로 쓸모가 없을 만큼 초라해집니다. '둥~' 하는 소리가 아니라 '틱'이나 '픽' 같은 소리가 날 테니까요. 또한 하나의 줄로는 동시에 여러 개의 음(화음)을 연주할 수 없다는 것도 큰 단점입니다.

그래서 기타에는 굵기가 서로 다른 여섯 개의 줄이 있습니다. 사진을 보면 아래로 갈수록 점점 기타줄의 굵기가 가늘어지는 것을 알 수 있습니다. 또한 기타줄과 직각 방향으로 박혀 있는 금속바의 모양도 잘 살펴보기 바랍니다. 아까 얘기했던 바로 그놈입니다.

줄이 굵을수록 그 무게 탓에 천천히 떨리므로 음이 낮습니다. 줄이 가늘수록 무게가 가벼워서 빠르게 떨리므로 음이 높습니다. 기타는 여섯 개의 줄을 사용함으로써 대략 3~4옥타브 범위에 해당하는 음들을 풍성한 음량으로 낼 수 있고, 최대 여섯 개의 음을 한 번에 울릴 수 있는 구조로 되어 있습니다.

줄의 장력을 조절하여 음에 변화 주기

그럼 음을 변화시키는 마지막 방법은 무엇일까요? 바로 줄의 장력을 조절하는 것입니다. 굵기와 길이가 동일한 조건일 때는, 줄을 더 팽팽히 당길수록 높은 음이 나고 느슨히 풀수록 낮은 음이 납니다. 이 방법도 어느 정도 한계가 있습니다. 줄이 너무 느슨해지면 아예 떨림 자체가 사라지고, 줄이 너무 팽팽해지면 끊어지기 때문입니다.

당연히 기타에는 각 줄의 장력을 조절할 수 있는 줄감개가 달려 있습니다. 하지만 편의상 이것을 연주에 직접 활용하지는 않고 미리 각 줄의 기준음을 정확히 맞춰 고정시키는 용도로 씁니다. 그 과정을 조율(tuning)이라고 합니다. TV의 오디션 프로그램에서 조율이 제대로 안된 기타를 들고 나온 참가자들이 타박당하는 모습을 보셨지요? 이승철 심사위원에게 혼나지 않으려면 늘 연주 전에 칼같이 조율을 해 두어야 합니다.

왜 가운데에 구멍을 뚫었을까

이 책을 준비하면서 출판사의 편집부장님에게 "기타에는 왜 구멍이 뚫려 있는 거죠?"라는 질문을 받았습니다. 본인은 "무식한 질문을 해서 미안하다"고 겸손하게 얘기했지만, 집에 돌아오는 길에 생각해 보니 기타의 구조를 상세히 이해하고 있는 연주자가 과연 얼마나 될까 싶었습니다. 오히려 기타를 잘 치는 사람일수록 이런 측면에는 크게 관심을 두지 않는 경우가 많습니다. 오직 연주에만 집중하고 그 외의 하드웨어적인 문제는 전문가에게 맡겨 버리지요. 반면 선무당이 사람 잡는다고, 저처럼 실력이 어설퍼서 이리저리 기웃거리는 애호가들이 더 많은 지식을 알고 있습니다. 그래서 부디 여러분은 저처럼 되지 마시라고, 이참에 기타라는 악기의 구조를 부족함 없이 설명하고 넘어가려 합니다.

기타의 기본 구성과 명칭

곤충은 머리, 가슴, 배로 이루어져 있지만 기타는 머리, 목, 몸통의 세 부분으로 이루어져 있습니다. 보통은 번역하지 않고 헤드(head/headstock), 넥(neck), 바디(body)라고 부릅니다. 언뜻 봐도 인체에 비유하기엔 목이 너무 길지요? 혹 명칭이 헷갈릴 때는 간단히 기린을 상상해 보면 됩니다.

헤드

그럼 이 세 부분을 좀 더 자세히 살펴보겠습니다. 헤드의 앞뒤 사진입니다. 여섯 개의 줄감개가 가장 먼저 눈에 띕니다. 영어로는 페그(peg), 머신 헤드(machine head), 튜너(tuner) 등으로 부릅니다. 줄감개를 위에서 내려다본다고 가정했을 때 시계방향으로 돌리면 줄이 느슨해지고, 반시계방향으로 돌리면 줄이 팽팽해집니다. 몇 번만 해 보면 저절로 알게 될 테니 외울 필요는 없습니다.

대개 기타 제조사들은 헤드의 로고와 디자인으로 정체성을 나타냅니다. 사실 기타에는 독창적인 디자인을 시도할 만한 부분이 헤드 말고는 별로 없습니다.

너트

헤드와 넥의 경계에는 하얀 띠가 보입니다. 이것을 너트(nut)라고 합니다. 원래는 동물의 뼈로 만들었다고 하는데, 요즘은 주로 합성 플라스틱이 쓰입니다. 너트(nut)는 독일어로 홈(slot)을 뜻합니다. 너트에 파인 여섯 개의 홈이 각 기타줄을 일정한 간격을 두고 고정시킵니다.

《 넥 》

헤드와 바디 사이에는 기린의 목처럼 기나긴 넥이 있습니다. 사진에서 보이는 넥의 앞쪽이 바로 우리가 본격적으로 손가락을 놀려야 할 부분인 지판(指板)입니다. 영어로는 핑거보드(fingerboard) 또는 프렛보드(fretboard)라고 합니다. 기타줄과 직각 방향으로 박혀 있는 금속바들은 프렛(fret)이라고 합니다. 프렛들 사이에 하나 혹은 두 개씩 찍힌 점이 보이시죠? 별게 아니라 그저 몇 번째 프렛인지를 빨리 파악하도록 돕는 포지션 마크(position mark)입니다. 헤드에 가까운 순서로 헤아렸을 때 3번, 5번, 7번, 9번, 12번 프렛을 표시하는 것이 일반적입니다. 특히 12번 프렛은 전체 줄 길이의 절반에 해당하는 중요한 위치라서 포지션 마크도 꼭 두 개를 찍습니다.

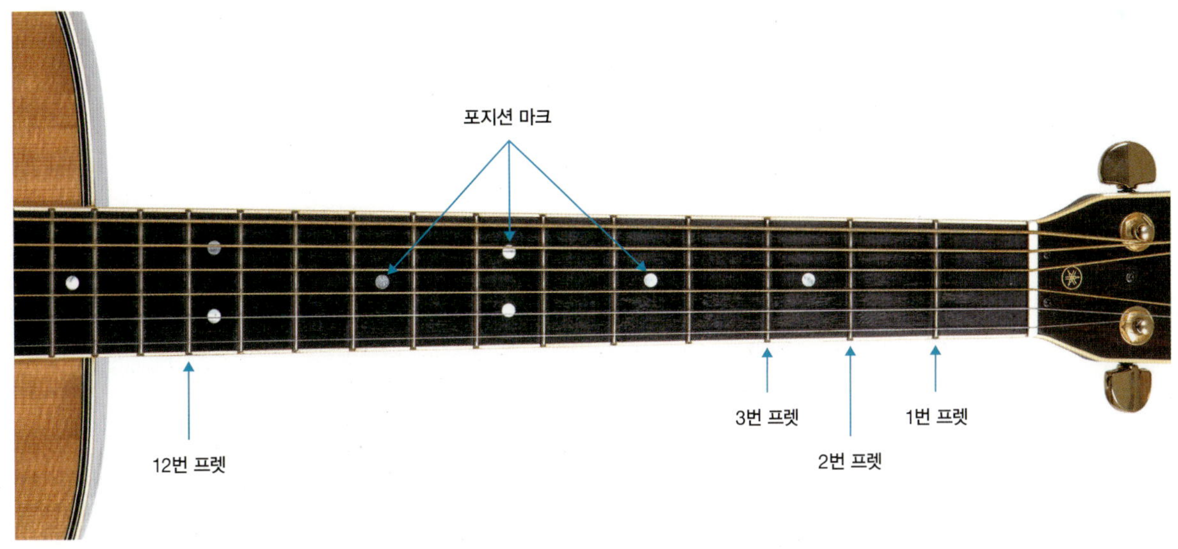

이 사진은 넥의 단면입니다. 보시다시피 원통을 반으로 자른 모양입니다. 베이스 기타의 넥 사진이라 비율이 조금 다르긴 하지만 구성요소는 같습니다. 평평한 부분이 기타줄과 맞닿는 지판이고 둥그스름한 부분이 넥의 뒷면입니다. 이처럼 통기타의 경우엔 대개 지판에 다른 종류의 목재를 덧댑니다. 사진에도 짙은 색의 목재가 결합된 모습이 보이죠?

곰똘히 생각해 봤지만 넥의 뒷면을 따로 지칭하는 용어는 없는 듯합니다. 넥의 한가운데 보이는 철심(truss rod)은 내구성을 높여 주는 역할도 하고, 간혹 넥이 휘는 경우에 그것을 바로잡는 장치의 역할도 합니다. 원리가 복잡한 것은 아닌데, 그것까지 설명하자니 너무 샛길로 빠지는 느낌이라 건너뛰겠습니다. 기타 안에 숨겨진 부위에서 — 나중에 직접 찾아보세요! — 육각 렌치로 조절이 가능하게 되어 있지만 연주에 문제가 없는 한 건드리지 않는 편이 좋고, 문제가 있어도 경험자 또는 전문가에게 맡기는 편이 안전합니다. 볼트나 너트 조이듯이 한 바퀴, 두 바퀴씩 훽훽 돌렸다가는 기타가 한낱 인테리어 소품으로 전락해 버리는 불상사가 생길 수 있기 때문입니다.

〈 바디 〉

드디어 에스라인을 자랑하는 기타의 바디를 소개할 차례입니다. 사진처럼 얇은 나무판으로 만들어진 울림통 한가운데 구멍이 뚫려 있습니다. 구멍 근처까지 지판이 연장되어 올라와 있고요.

구멍 오른쪽에는 정체 모를 검은 영역이 보입니다. 픽가드(pickguard)라고 하는데, 피크로 연주를 하다 보면 해당 부위에 흠집이 생기기 쉬워 미리 보호막을 덧대어 둔 것입니다. 하지만 픽가드 없이 출시되는 기타도 적지 않습니다. 취향 따라 선택하면 되는데, 저는 솔직히 픽가드가 있는지 없는지 한 번도 신경 써 본 적이 없습니다.

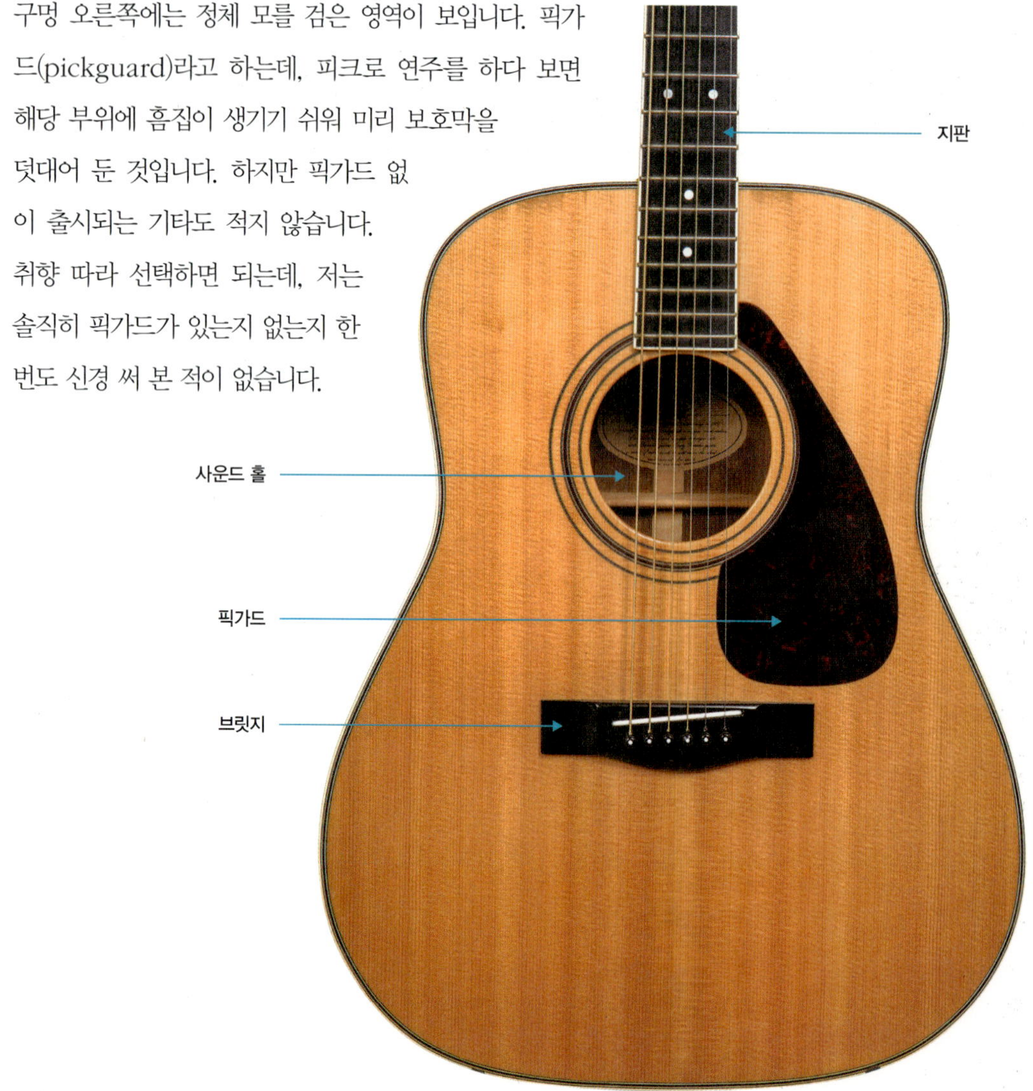

브릿지

사진은 기타줄을 기타 바디에 고정시켜 주는 브릿지(bridge)입니다. 헤드의 너트(nut)를 연상시키는 흰 띠가 여기에 박혀 있네요. 이것을 새들(saddle)이라고 부릅니다. 너트와 재질도 비슷하고 역할도 비슷합니다.

새들은 말에 얹는 안장을 뜻합니다. 여섯 개의 기타줄은 새들과 너트라는 양쪽 지지대에 의해 단단히 떠받쳐진 상태로 연주자의 손길을 기다리게 됩니다.

그 외에 동글동글하게 보이는 여섯 개의 부속을 브릿지 핀(bridge pin)이라고 하는데, 기타줄을 교체할 때 뽑아서 헌 줄을 빼내고 새 줄과 함께 다시 끼웁니다. 책의 부록에서 좀 더 설명하겠습니다.

기타의 다른 부위들은 명칭을 들으면 그런대로 그 의미가 짐작되는데, 브릿지는 조금 상상력이 필요합니다. 왜 다리(교량)를 뜻하는 브릿지라고 이름 붙였을까요? 바로 이 부위를 통해 기타줄의 진동이 울림통으로 전달되기 때문입니다. 말하자면 진동을 전달해 주는 '다리'인 셈입니다.

지금 기타가 주변에 있다면, 아무렇게나 기타줄을 튕긴 후에 브릿지 부근에 손바닥을 갖다 대 보세요. 부르르 하고 떨리는 것이 느껴질 겁니다. 이번엔 똑같이 튕긴 후에 기타 바디의 옆면이나 뒷면에 손바닥을 대 보세요. 아까보다는 떨림이 한결 약할 것입니다. 브릿지로부터 멀어질수록 떨림은 약해집니다.

브릿지가 설치되어 기타줄의 떨림을 가장 크게 전달받는 나무판을 상판(top)이라고 하고, 바디의 옆면과 뒷면의 나무판을 측후판(back & side)이라고 합니다. 이처럼 역할이 다르기 때문에, 기타 제조사들은 듣기 좋은 음색을 위해 상판과 측후판을 서로 다른 목재로 만드는 경우가 많습니다. 또한 상판은 잘 떨리도록 얇게 만들고 측후판은 내구성을 위해 꽤 두껍게 만듭니다.

©sixgunguitars.com

기타에 구멍이 뚫려 있는 이유

기타를 구석구석 뜯어본 끝에 드디어 애초의 질문, 즉 왜 기타에 구멍이 뚫려 있는지를 알아볼 때가 되었습니다.

기타줄 자체의 진동만으로는 음량과 음색이 너무 초라하기 때문에 별로 쓸모가 없습니다. 그래서 대부분의 현악기는 얇은 나무판으로 속이 빈 울림통을 만들어서 줄의 진동을 증폭시킵니다.

기타줄을 튕기면 그 진동은 울림통으로 전달되고, 울림통은 주변 공기를 움직여 음파를 만들어 냅니다. 특히 울림통 내부 공간에서는 어지럽게 교차한 음파들이 원래의 음에다 듣기 좋은 배음(倍音)까지 혼합된 풍성한 소리를 탄생시킵니다.

하지만 울림통에 구멍이 없다면 그 소리는 계속 내부에서만 맴돌 뿐이어서 우리는 불규칙하게 밖으로 새어 나오는 소리밖에 듣지 못하게 됩니다. 또한 소리가 방향성 없이 사방으로 퍼지게 되므로 사람들을 앞에 두고 연주할 때 비효율적인 측면도 있습니다. 그래서 울림통 내부의 소리가 앞쪽으로 우렁차게 뻗어 나오게끔 지금과 같은 형태로 구멍을 뚫게 된 것입니다.

정확한 비유는 아니겠지만, 기타의 구멍이 스피커와 같은 역할을 한다고 이해하면 무난합니다. 구멍은 평범한 원형이 가장 일반적이지만, 기타 제조사에 따라 타원형으로 뚫기도 하고 하나의 큰 구멍 대신 작은 구멍을 여러 개 뚫기도 합니다. 그 형태가 어떻든 간에, 기타 바디의 상판에 난 구멍은 '소리가 나오는 구멍'이라고 해서 사운드 홀(sound hole)이라고 부릅니다.

망하지 않고 기타 고르는 법

기타는 당신을 날아오르게 하는 날개다.
기타는 당신의 상상력과 꿈을 펼쳐 주기 위해 만들어진 악기다.

— 카를로스 산타나 —

초보자가 사면 절대 안 되는 기타들

제목이 좀 자극적인가요? 사실 고급 음악, 저급 음악이 따로 있는 게 아니듯이 악기도 뭐가 좋거나 나쁘다고 딱 잘라 말하기 어렵습니다. 일반적으로는 소리, 연주감, 내구성 등을 주로 따져서 왈가왈부하게 되지만 그보다 중요한 것은 각자의 취향입니다.

아래 사진은 미국 컨트리 음악의 거장 윌리 넬슨의 기타인데, 낙서투성이에다 다 해지고 구멍도 뚫려 있고 난리가 났습니다. 아마 우리나라 어느 골목의 전봇대 옆에 버려져 있다면 다들 망가져서 버린 쓸모없는 기타쯤으로 여기고 그냥 지나치겠지요. 윌리 넬슨이 1969년부터 한결같이 애지중지하고 있는 이 기타는 일명 '트리거(trigger)'라고 불리는데, 넬슨과 친했던 로이 로저스(영화배우, 가수)가 소유했던 말 이름에서 따왔다고 합니다.

넬슨은 한때 회계사의 잘못으로 엄청난 액수의 세금이 미납되어 재산을 차압당한 적이 있었는데, '트리거를 뺏기면 내 음악도 끝'이라며 2년 동안 이 기타를 매니저의 집에 숨겨 두었다는 일화가 있습니다. 넬슨의 유명세로 보아 당시 미국 국세청에서 가져다가 경매에 부쳤다면 아마 엄청난 금액으로 팔렸을 겁니다. 이쯤 되면 그저 음악을 위한 도구라기보다는 평생의 반려자로 봐 줘야겠지요?

이처럼 '어떤 기타가 좋아요?'라는 질문에는 딱 잘라 답하기가 조심스럽습니다. 하지만 그 반대의 질문에는 몇 가지 주의사항을 분명하게 말씀드릴 수 있습니다. 만약 가까운 사람이 제게 첫 기타 구입에 관해 조언을 구한다면, 저는 다음과 같은 기타는 절대 피하라고 얘기할 겁니다.

길이(scale)가 짧은 미니 기타

요즘 시중에는 체구가 작은 여성이나 학생들도 치기 쉬운 기타라고 광고하는 기타 모델들이 많이 나와 있습니다. 요컨대 기타 바디의 너비와 폭을 표준보다 조금 줄인 형태인데, 풍성한 소리를 기대하기는 어렵지만 품에 쏙 들어와서 연주가 편할 뿐 아니라 특유의 곱상한 음색을 선호하는 사람들도 많아서 그 인기가 쉽게 사그라지지는 않을 듯합니다.

문제는, 단순히 바디의 크기만 줄인 것이 아니라 넥의 길이까지 줄인 경우입니다. 기타에서 실제로 기타 줄이 울리는 길이를 스케일(scale)이라고 합니다. 정확히는 그림에 표시한 것처럼 헤드와 넥 사이의 너트부터 브릿지의 새들까지의 길이입니다. 참고로 스케일은 '음계'라는 뜻으로 더 많이 쓰이는 단어이니 착오가 없길 바랍니다.

YAMAHA
너트부터 새들까지의 길이를
스케일이라고 한다.

제조사마다 조금씩 차이가 있긴 하지만, 대개 기타의 표준 스케일은 인치 표기 기준으로 24.5~25.5 인치, 밀리미터 표기 기준으로 620~650밀리미터 정도입니다. 물론 세상에 꼭 그래야만 한다는 법은 없지만, 이것은 오랜 세월 동안 가장 '기타다운' 소리를 탐구한 사람들이 공통적으로 찾아낸 경험적 규칙입니다. 참고로 요즘 인기를 모으고 있는 악기인 우쿨렐레는 기타와 구조가 같지만 스케일이 13~15인치(330~380밀리미터) 정도로 짧습니다.

©taylorguitars.com

기타와 우쿨렐레의 크기 비교

표준보다 짧은, 즉 24인치 미만의 스케일을 가진 기타는 그만큼 프렛 간격이 좁고 기타줄의 장력도 약해서 연주감이 확연히 다릅니다. 처음부터 손이 이런 기타에 길들면 나중에 평범한 다른 기타를 잡게 됐을 때 적응이 안되어 헤맬 수밖에 없습니다. '익숙한 걸로 치면 되지!'라고 쉽게 생각할 수도 있지만, 우리가 기타를 배우려는 이유를 다시 떠올려 보세요. 예상치 못한 시간과 장소에서 구석에 놓인 기타를 발견했을 때 주저 없이 집어 들어 튕기는 모습, 그걸 보는 사람들의 흠모의 눈길, 더구나 맘에 드는 이성이 그 자리에 있다면……. 이것이야말로 우리가 꿈꾸는 장면 아니겠습니까?

그런 이유로, 아무리 기타를 고르는 데 개인 취향이 우선이라고 해도 '호환성' 측면에서 스케일이 24 인치 미만인 기타는 말리고 싶습니다. 이런 미니 기타는 표준 사이즈의 기타로는 연주가 버거운 초등학교 저학년 정도의 아이들, 혹은 다른 기타를 갖고 있는데 좀 더 가볍고 색다른 느낌의 연주도 즐겨 보고 싶은 사람에게 적합하다고 생각합니다.

직접 오프라인 매장에 가 보면 아마 눈대중으로도 확연히 차이가 날 테지만, 헷갈리면 직원에게 물어보세요. '초보라면서 스케일을 확인하다니 제법인데?' 하는 표정으로 답해 줄 겁니다. 온라인 쇼핑몰에는 상세설명란에 스케일이 인치 또는 밀리미터로 정확히 표기되어 있을 테니 찾아보면 되고요. 기타의 모델명에 '미니', '주니어', '베이비' 등의 단어가 붙어 있다고 해서 다 스케일이 짧은 것은 아니니 지레 판단하면 안 됩니다.

픽업이 장착된 기타

많은 사람에게 또렷한 연주를 들려주기 위해서는 기타 소리를 전기신호로 변환하여 음향 시스템에 연결해야 합니다. 가장 이상적인 방법은 기타 주위에 고감도 마이크를 여러 개 배치하는 것인데, 레코딩 스튜디오나 전문 공연장처럼 철저히 변수를 통제할 수 있는 조건이 아닌 한 현실적으로 어려움이 많습니다. 그래서 음파를 전기신호로 변환하는 소형장치를 아예 기타에 장착하는 경우가 많은데, 이것을 픽업(pick up) 시스템이라고 합니다. 픽업 시스템도 그 타입에 따라 여러 종류로 나뉘는데, 일단은 기타 전용 특수 마이크 정도로만 이해하면 됩니다. 아래 사진들처럼 전면에 당당히 장착되기도 하고, 사운드 홀 상단에 살짝 감춰져 있기도 하고, 본체는 내부에 있어 전혀 보이지 않는 대신 기타의 측판 상단에 컨트롤부가 박혀 있기도 합니다.

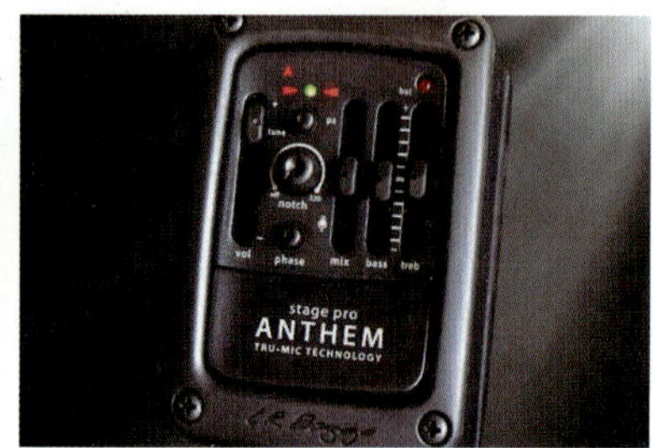

픽업 시스템이 없는 통기타를 요즘 인터넷에서는 '날쿠스틱(날것+어쿠스틱)'이라고 재미있게 표현합니다. 귀가 예민한 사람들은 픽업 시스템의 장착 유무가 기타 소리에도 영향을 미친다고 여겨서 일부러 픽업 시스템이 없는 기타를 찾는 경우가 종종 있습니다. 하지만 저는 이 소리나 저 소리나 다 그게 그것처럼 들리는 소위 '막귀'여서 그런 고집은 전혀 없습니다. 여기서 제가 첫 기타로 픽업 시스템이 있는 기타를 피하라고 하는 이유는 순전히 금전적인 문제 때문입니다.

초보자들에게는 '얼마짜리 기타를 살 것이냐'가 가장 큰 고민일지도 모릅니다. 예산이 적으면 적은 대로 최선의 선택을 해야 하고, 설령 여윳돈이 넉넉하다 해도 대번에 고가의 기타를 지르는 것은 결코 현명한 태도가 아니니까요. 그런데 픽업 시스템이 달린 기타는 반드시 가격에 그만큼의 제작비용이 추가되어 있습니다. 예컨대 30만 원짜리 기타가 두 대 있을 때, 날것의 기타는 있는 그대로 그 가격에 맞춰 만들어진 것이지만 픽업 시스템이 달린 기타는 약 20만 원짜리 기타로 봐야 합니다. 거기에 장치 값과 공임이 덧붙어 30만 원이 된 것이지요. 입문자용 기타에서 10만 원의 가격 차이면 소리의 질과 악기의 완성도가 확연히 다른 경우가 다반사입니다. 초보자의 경우엔 픽업 시스템이 필요하지 않습니다. 혹 나중에 필요해지더라도 추가로 장착할 수 있습니다. 그러니 가능한 예산 범위 내에서 가장 품질 좋은 기타를 사기 위해서는 우선 픽업 시스템이 없는 기타를 고려하기 바랍니다.

이름 없는 브랜드의 기타

새로운 철학으로 열심히 기타를 만들어 내고 있는 일부 소규모업체에는 미안한 이야기지만, 기타는 변형되기 쉬운 나무로 만들어지는 악기이기 때문에 좋은 목재를 충분히 확보할 수 있는 자본력과 체계적인 품질 관리, 대량생산에 의한 가격 경쟁력, 안정된 사후관리 등이 중요합니다. 안타깝지만 비정한 자본주의 논리가 이 분야에도 그대로 적용되고 있습니다.

간혹 보면, 사전 정보 없이 악기사에 갔다가 괜히 메이커 값에 돈 쓰지 말고 거품 없이 정말 잘 만들어진 기타를 택하라는 유혹에 넘어가서 듣도 보도 못한 업체의 기타를 구입하는 사람들이 있습니다. 그 자체로 유용하게 잘 쓴다면 괜찮지만, 나중에 보니 만듦새가 꼼꼼하지 못하고 내구성에 문제가 잦고 사후관리가 부실하다면 속이 쓰릴 수밖에 없지요.

제가 체감하기로는 기타 가격에 소위 거품이 끼기 시작하는 것은 적어도 70~80만 원대 이상의 고가 기타부터라고 생각합니다. 입문자용 기타 시장은 경쟁이 워낙 심해서 이름 있는 악기업체들도 치열하게 가격을 낮춘 제품들을 내놓고 있거든요. 물론 소규모 또는 신생업체에서 객관적으로 가격 대 성능비가 더 훌륭한 기타를 내놓는 경우도 있겠지만, 초보자가 옥석을 가려 선택하기는 쉽지 않은 것이 현실입니다. 그래서 적어도 첫 기타를 살 때에 한해서는 역사와 규모 면에서 어느 정도 검증된 브랜드를 선택하는 편이 낫다고 생각합니다.

제가 전문가는 아니지만 나름 입문자용 기타 시장에서 오랫동안 신뢰를 쌓아 왔다고 평가하는 악기업체를 꼽자면 국내 브랜드로는 콜트, 크래프터, 데임, 덱스터, 삼익, 해외 브랜드로는 야마하, 에피폰 등이 있습니다. 이 목록에 없다고 무조건 후보에서 제외하지는 마세요. 생소한 브랜드 같아도 알고 보면 유명 브랜드의 계열사이거나 해외에서는 이미 검증받은 업체인데 국내에 늦게 소개된 경우도 종종 있기 때문에 위의 목록은 그저 참고사항에 불과합니다. 금방 다시 이야기하겠지만, 우리의 현명한 친구인 인터넷 검색을 이용해서 상품설명 이외에 제작업체의 소개 글과 실제 구매자들의 사용후기를 눈여겨 읽어 보기 바랍니다.

클래식 기타

이 책은 전적으로 소위 '통기타', '포크 기타'라고 불리는 어쿠스틱(acoustic) 기타를 중심으로 설명하고 있습니다. 가끔 보면 클래식 기타로 연습을 시작하는 사람들이 있는데, 물론 안 될 것은 없지만 악기 본연의 특성상 '좋아하는 유행가 한 곡이라도 제대로 연주해 보자'는 우리의 목적에는 부합하지 않는다고 생각합니다. 거꾸로 말하자면 처음부터 클래식 기타를 목표로 삼는 사람들은 이 책보다는 클래식 기타용 교본을 찾아보는 편이 더 효율적인 선택일 겁니다.

클래식 기타는 본래 클래식 음악 혹은 스페인, 포르투갈, 집시 등의 전통음악에 어울리도록 만들어진 악기라서 대중음악에 초점을 맞춘 어쿠스틱 기타와는 음색, 연주감, 연주법이 확연히 다릅니다. 기타줄이 금속이 아닌 나일론 재질로 되어 있어 손끝이 덜 아프다는 장점은 있지만, 다른 클래식 악기들처럼 전문적 지도를 받아야만 제대로 기초를 닦을 수 있는 섬세하고 까다로운 악기입니다. 그리고 대체로 어쿠스틱 기타보다 선택의 폭이 좁고 가격도 비싼 편입니다.

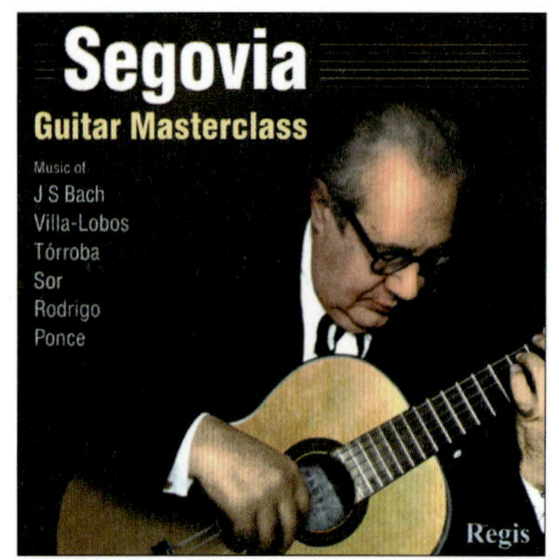

저는 클래식 기타를 조금 연습하다가 포기해 버려서 그 세계에 관해서는 잘 모릅니다. 어쨌든 20세기 최고의 연주자로 안드레스 세고비아(1893~1987)가 손꼽히는데, 한때 국내 통기타의 대명사처럼 여겨졌던 '세고비아' 기타는 바로 이분의 이름에서 따온 브랜드입니다.

작년에 타계한 플라멩코 기타의 대가 파코 데 루치아(1947~2014)입니다. 같은 클래식 기타를 쓰지만 연주 스타일은 세고비아와 꽤 다릅니다. 이분은 알 디 메올라(Al Di Meola)라는 퓨전 기타리스트와 함께한 기타 듀오 활동으로 더욱 유명해졌는데, 실제로는 그 둘이 앙숙처럼 징그럽게 싸웠다는 소문이 있습니다.

이쪽으로는 가방끈이 짧아서 뻔한 곡들을 추천할 수밖에 없네요. 세고비아의 연주로는 〈Asturias〉를 들어 보세요. 도입부에서 '아, 이 노래!' 할 사람들이 많을 겁니다. 드라마의 배경음악으로 꽤 많이 쓰였습니다. 파코 데 루치아의 연주로 알 디 메올라와 협연한 〈Mediterranean Sundance〉를 들으면 당분간 클래식 기타 근처에도 가고 싶지 않을 겁니다. 원곡은 알 디 메올라의 〈Elegant Gypsy〉 앨범에 실려 있고, 유튜브에서 여러 버전의 공연 실황도 볼 수 있습니다.

두근두근, 기타 사러 가는 길

정말 제목 그대로의 느낌입니다. 저의 첫 기타는 프롤로그에서 언급한 친구의 형님이 낙원상가에 간다기에 대신 구매를 부탁하여 건네받은 7만 원짜리였습니다. 지금은 그 브랜드조차 기억이 가물가물하네요. 하지만 처음 기타를 품에 안았을 때의 그 감촉만은 지금도 생생하게 간직하고 있습니다.

그때는 지금처럼 인터넷에서 정보를 찾아볼 수 없어서 직접 발품을 팔고 몸으로 부딪쳐야 했던 시절이었습니다. 〈핫뮤직〉이나 〈뮤직랜드〉 같은 음악잡지로 겨우 갈증을 달래야 했지요. 그래서 많은 시행착오를 겪을 수밖에 없었지만, 동네마다 하나씩은 발길을 붙잡는 악기사가 있었던 그때가 그립기도 합니다. 악기사도, 서점도, 음반매장도 이제는 전문화 또는 대형화의 길을 걷지 않고는 생존하기가 어려운 상황입니다.

온라인 검색, 오프라인 구매

저는 '무조건' 기타는 실물을 눈으로 보고, 손으로 만져 보고, 품에 안아도 보고 사야 한다는 주의입니다. 사는 곳 근처에 다양한 기타를 갖춘 매장이 전혀 없다면 어쩔 수 없겠지만, 인터넷에서 본 이미지와 실물의 느낌이 적잖게 다를 수도 있고 택배로 배송되는 과정에서 약간이라도 악기 상태가 흐트러질 가능성을 완전히 배제하기 어렵습니다. 무엇보다도 아날로그 감성을 느끼기 위해 악기를 구입하는 일을 클릭질 몇 번에 의존하는 것이 좀 앞뒤가 안 맞게 느껴진다고 할까요. 그런 이유로 저는 여러분께 직접 발품을 팔기 권하는데, 어쨌든 길을 나서기 전에 사전정보를 충분히 수집하는 편이 현명하겠지요?

가장 먼저 해야 할 일은 예산 정하기입니다. 첫 기타는 얼마짜리가 적당할까요? 아, 알뜰살뜰 모은 푼돈을 갖고 고만고만한 기타들 중에서 무얼 사야 하나 몇 날 며칠을 고민하던 시절이 떠오르네요. 물론 지금의 처지도 크게 다르진 않습니다만……. 그때로 시간여행을 갈 수 있다면 가진 돈을 당시의 제 지갑에 다 넣어 주고 돌아올 겁니다. '고민하지 말고 그냥 사!'라는 메모와 함께.

뻔한 이야기를 하자면 본인이 가용할 수 있는 금액 내에서 가장 마음이 끌리는 기타를 사면 됩니다. 안 뻔한 이야기를 하자면 저는 개인적으로 30만 원 정도의 예산이면 괜찮겠다고 생각합니다. 그 정도면 입문용을 넘어 오랫동안 사용해도 부족함을 느끼지 않을 만한 꽤 좋은 기타를 살 수 있거든요.

앞서 기타의 구조를 설명할 때 기타의 상판(top) — 사운드 홀이 뚫린 앞판 — 이 울림을 좌우한다고 얘기했지요. 기타의 상판은 단판(solid)과 합판(laminated) 두 종류로 만들어지는데, 일반적으로 단판으로 만든 기타가 더 고가이고 울림도 좋습니다. 요즘 상황을 보니 20만 원 후반대부터 상판이 단판인 기타들이 출시되는 것 같습니다. 제품설명에서 눈여겨볼 만한 항목입니다.

예산을 정했으면 온라인 악기쇼핑몰을 몇 군데 둘러보면서 그 가격대에서 어떤 기타들이 많이 팔리고 평이 좋은지 살펴보세요. 눈에 들어오는 것이 있으면 가격과 모델명을 적어 놓고요. 참고로 모든 상품을 다 취급하는 종합쇼핑몰의 악기 카테고리에서 찾아보는 정보는 별로 도움이 안 됩니다. 그때그때 이벤트성으로 밀어내는 모델들이 번갈아 높은 판매순위를 차지하는 경우가 많기 때문입니다. 악기만 취급하는 전문쇼핑몰을, 그것도 여러 군데 비교하며 둘러보세요. 공통적으로 판매순위가 높고 구매자의 평도 좋다면 쓸 만한 기타라고 봐도 무방합니다.

당황하지 마세요, 크게 보면 두 종류뿐입니다

그럼 실제로 오프라인 매장을 방문해야겠지요? 주변에 기타를 좀 칠 줄 아는 사람이 있다면 술을 사든 떼를 쓰든 무조건 꾀어서 데려가세요. 최종 선택은 본인 몫이지만 분명 초보자가 살펴보기 어려운 부분들을 꼼꼼히 챙겨 줄 겁니다.

사실 서울과 수도권에 사는 사람들이 매장을 방문하는 것은 별로 어려운 일이 아닙니다. 대개 온라인 악기쇼핑몰은 오프라인 매장을 함께 운영하고 있으니, 정보를 검색하다가 서비스가 괜찮겠다 싶거나 위치가 가까운 곳을 골라 찾아가면 되니까요. 예전에는 '무조건 낙원상가' 혹은 '어쨌든 낙원상가' 같은 분위기가 있었지만, 요즘에는 멋진 기타숍들이 곳곳에 흩어져 각자 차별화 전략으로 승부하는 모양새입니다. 서울에는 특히 홍대 근처에 많이 몰려 있는 편이고, 지방에도 대도시마다 이름난 기타숍들이 한두 군데씩은 있다고 들었습니다. 문제는 어쨌든 먼 걸음을 할 수밖에 없는 경우인데, 거기까지는 저도 뭐라 조언하기가 어렵네요. 아쉽지만 때로는 온라인 구매를 택하는 것이 시간을 절약하는 방법일지도 모르겠습니다.

일단 매장에 발을 들여놓으면 수많은 악기들이 눈길을 사로잡을 겁니다. 여러분이 지금껏 모르고 살아왔던, 온전한 하나의 세상이 눈앞에 턱 펼쳐졌으니 심장이 쿵쾅대는 것도 무리는 아닙니다. 그 설렘을 즐기면서 통기타가 진열된 공간으로 가십시오. '아, 전기 기타가 훨씬 멋져 보이는데 확 질러?' 하는 유혹이 생겨도 꾹 참고요.

미리 찾아본 모델명을 점원에게 말하고 찾아 달라고 하면 친절한 설명과 함께 안내해 줄 겁니다. 연주감까지 파악하긴 어렵겠지만, 의자에 앉아 오른쪽 허벅지 위에 기타를 올려서 품에 안는 느낌이 편안한지 불편한지도 점검해 보고 점원이나 동행자에게 간단한 연주를 부탁해서 소리도 유심히 들어 보세요. 어차피 시연을 위한 공간인 만큼 악기를 조심스럽게만 다룬다면 실컷 구경하고 비교해도 좋습니다. 요는, 예산 범위 내에서 내 맘에 확 들어오는 녀석을 — 디자인 때문이든 소리 때문이든 — 발견하는 것입니다.

오매불망 주인을
기다리고 있는 기타들

깊은 고민에
빠져 버린 한 남자

다 똑같아 보이는데
가격은 천차만별

보다 못한
필자의 추천

그래,
너로 결정했어!

왠지 자꾸 손이 가는
기타의 등장

여기서 한 가지 팁을 드려야겠네요. 실제로 매장에 가 보면 가지각색의 수많은 기타가 진열되어 있어 꽤 혼란스러울 수 있는데, 크게 보면 두 종류뿐입니다. 이것은 디자인에 의한 구분인데, 하나는 드레드넛(dreadnought) 바디라고 해서 우리의 눈에 가장 친숙한 형태입니다. 다른 하나는 오엠(OM) 바디라고 해서 곡선이 두드러지고 크기는 상대적으로 약간 작은 형태입니다.

아래 사진이 드레드넛 바디의 기타입니다. 포크 음악 하면 가장 먼저 떠오르는 전형적인 이미지 그대로입니다. 체구가 작은 사람들에게는 약간 불편할 수도 있는 크기지만, 풍성한 소리를 좋아한다면 내 몸을 어떻게든 기타에 맞춰야 하지 않겠습니까? 수험생이 피해 갈 수 없는 〈수학의 정석〉처럼 드레드넛 바디는 통기타의 표준이자 대표선수입니다.

ⓒmartinguitar.com

아래 사진은 오엠 바디의 기타입니다. 이 디자인도 워낙 많이 보급되어 있으니 낯이 익으실 겁니다. 드레드넛 바디에 비해 풍성함은 덜하지만 더 곱고 예쁘장한 소리가 납니다. 체구가 작은 사람들이 편안하게 연주할 수 있다는 장점도 있고, 그냥 두고만 봐도 참 예쁩니다. 드레드넛 기타의 듬직함과는 또 다른 매력입니다

ⓒmartinguitar.com

참고로, 드레드넛 바디 또는 오엠 바디를 기본으로 하되 바디의 아래쪽을 비대칭으로 깊게 파 놓은 옵션이 추가된 모델들도 있습니다. 이것을 컷어웨이(cutaway)라고 합니다. 컷어웨이는 본래 더 높은

음까지 손가락이 닿게 하기 위해 고안된 디자인인데, 저는 뭐든 단순한 것이 최고라고 생각하는 편이라서 선호하지 않습니다. 컷어웨이 없는 디자인에 색깔도 그냥 나뭇결 그대로인 기타, 평범하지만 그래서 질리지 않는 기타, 그게 제 취향입니다. 아래 사진은 컷어웨이가 적용된 오엠 바디의 기타입니다.

©martinguitar.com

거의 모든 악기업체가 드레드넛 바디와 오엠 바디를 중점적으로 생산하고 있기 때문에 아마 여러분이 택할 기타도 이 둘 중 하나일 겁니다. 둘 다 장점이 있어 어느 것을 택해도 무방하지만, 계속 강조하듯이 품에 안는 느낌은 꽤 다릅니다. 현장에서 실물을 직접 보고 선택하기를 권하는 이유가 여기에 있습니다.

이 '드레드넛(dreadnought)'과 '오엠(OM)'이라는 용어에는 사실 기타의 역사가 담겨 있습니다. 재미있는 이야기인데, 기타를 오래 치신 분들 중에도 모르는 분들이 많더군요. 통기타의 세계적 명가로 첫손에 꼽히는 업체는 '마틴 기타'입니다. 최고의 연주자들 가운데 상당수가 마틴 기타를 애용하지요. '드레드넛'과 '오엠'도 마틴 사(社)가 붙인 모델명에서 비롯된 것입니다.

©martinguitar.com

아주 오래전에는 '팔러(parlor) 기타'라고 해서 위 사진처럼 작고 아담한 모양이 보편적이었습니다. 현재의 기타들보다 크기도 작고, 길이도 짧고, 프렛 수도 적고, 기타줄의 장력도 약했습니다. 그러다가 대중음악의 발전과 더불어 기타 제작사들은 더 우렁찬 음량을 낼 수 있도록 새로운 설계와 디자인을 시도하기 시작했는데, 그 선두에서 지금까지 소위 업계의 표준을 세워 온 업체가 마틴 기타입니다.

오엠(OM)은 오케스트라 모델(Orchestra Model)의 약자입니다. 즉, 바디의 크기를 키워 오케스트라처럼 꽉 찬 소리를 내는 기타라는 뜻입니다. 지금은 드레드넛 기타와 비교되면서 '작은 기타'라는 이미지가 있지만 초기에는 덩칫값으로 먹어주던 녀석이었습니다. 그전에도 여러 번 비슷한 시도들이 있었겠지만, 마틴 기타에서 오케스트라 모델이라는 명칭과 함께 현재의 설계 방식을 확정한 것은 1929년으로 알려져 있습니다.

그럼 드레드넛(dreadnought)은 무슨 의미일까요? '두려움'을 뜻하는 드레드(dread)에 '없다'는 뜻의 넛(nought = not)을 붙였으니 '두려울 것이 없다, 겁날 게 없다, 적수가 없다'는 뜻이 됩니다. 원래 '드레드넛'은 1차 세계대전에서 활약했던 당대 최대 규모의 영국 항공모함 이름이라고 합니다. 항공모함에서 모델명을 따올 정도였으니 당시에 이 기타를 어떤 마음으로 만들었는지 짐작해 볼 수 있겠죠? 오케스트라 모델보다도 더 크게 만들어진, 역사상 최고로 우렁찬 소리를 내는 무적의 기타! 이것이 마틴 사가 내세운 홍보전략이었습니다. 현재와 같은 드레드넛 디자인이 본격적으로 출시된 것은 오케스트라 모델보다 2년이 늦은 1931년의 일입니다.

가격을 깎기보다는 세팅을 확실히 받을 것

가격, 디자인, 첫인상이 두루 마음에 드는 기타를 발견했나요? 그렇다면 다행이지만, 아니라고 해도 더 이상 연습을 늦출 순 없으니 현재 인기가 많고 점원도 추천해 주는 모델들 중에서 하나를 골라야겠네요.

기타를 구입할 때 가장 중요한 점은, 자신이 초보자임을 당당히 밝히고 다른 걱정 없이 연습에만 매진할 수 있도록 세팅 상태를 확실히 점검해 달라고 부탁하는 것입니다. 가격을 흥정하여 몇 푼 깎는 것보다 훨씬 중요한 일입니다. 가끔 기타줄과 지판의 간격이 많이 벌어진 상태로 공장에서 출고되는 기타들이 있습니다. 그럴 때는 넥 속의 철심(truss rod)을 렌치로 돌려서 넥의 각도를 조정해야 하는데, 초보자가 직접 하기에는 겁도 나고 알맞게 조정됐는지 확인하기도 어려운 작업입니다. 이렇게 기타줄이 높게 뜬 기타로 연습하다 보면 손가락이 더 아프고 코드도 맘처럼 빨리 바뀌질 않아서 의욕이 팍팍 떨어집니다.

대부분의 판매업체에서는 서비스 품목으로 피크, 튜너, 여분의 기타줄 세트 등을 끼워 줄 겁니다. 나중에 귀찮은 일을 줄이려면 피크와 기타줄 세트를 몇 개 더 구입해 두어도 좋습니다. 피크는 어떤 것이 자기 손에 맞을지 모르니 모양별로 하나씩 갖춰 두면 좋고, 기타줄은 그냥 저렴하고 무난해 보이는 것으로 사면 됩니다.

전 왼손잡이인데, 어떡하죠?

기타와 구조가 비슷한 현악기들은 동서고금을 막론하고 전적으로 오른손잡이에게 편한 방식으로 만들어져 있습니다. 서양의 바이올린을 봐도, 인도의 시타르를 봐도, 우리나라의 거문고를 봐도 그렇지요. 구체적으로 설명하면 왼손으로는 원하는 음을 짚고 오른손으로는 줄을 튕겨 소리를 내는 방식인데, 소수자를 고려하지 않는다는 점에서 좀 야속하게 느껴집니다.

기타는 상당히 대중화되어 있고 형식에도 별로 얽매이지 않는 악기여서, 가뭄에 콩 나듯 드물긴 하지만 왼손잡이용 모델이 출시되는 경우가 있습니다. 하지만 왼손잡이용 기타는 구하기 어렵고, 가격도 비쌉니다. 무엇보다 왼손잡이용 기타만 쓰다 보면 다른 사람의 악기를 빌려 쓸 수가 없어 평생 자기 기타를 챙겨 다녀야 하는 단점이 있습니다. 그래서 궁여지책으로 오른손잡이용 기타를 뒤집어서, 즉 오른손과 왼손의 역할을 바꿔 연주하는 왼손잡이 기타리스트들이 있는데 그 대표적인 예가 지미 헨드릭스입니다.

사진을 보면 왼손과 오른손의 역할이 바뀌어 있지요? 평범한 기타를 뒤집어서 쓰고 있는 모습입니다. 물론 그냥 기타를 뒤집으면 굵은 줄과 가는 줄의 배열 순서가 바뀌기 때문에 그것을 반대로 장착해 줘야 하는 번거로움은 있습니다.

지미 헨드릭스도 어린 시절에는 오른손잡이와 같은 방식으로 연습했는데, 도무지 어색한 느낌이 사라지지 않아서 기타를 뒤집어 칠 수밖에 없었다고 합니다.

그렇다면 왼손잡이인 사람은 대체 어떻게 해야 할까요? 어디까지나 제 주관적 의견이지만, 그냥 평범한 기타로 오른손잡이인 사람과 똑같이 연습하는 게 좋습니다. 어차피 기타를 치는 데 쓰이는 근육은 우리가 일상생활에서 쓰는 근육과 달라서 왼손과 오른손의 역량에 큰 차이가 있는 것은 아니기 때문입니다. 결과는 오직 연습량에 달려 있습니다. '왼손과 오른손의 역할을 바꾸니까 안되던 게 단번에 되네!' 하는 일은 거의 없다는 뜻입니다.

혹시 지미 헨드릭스처럼 반대 방향으로 악기를 잡은 바이올리니스트를 본 적이 있나요? 없을 겁니다. 클래식 음악은 격식을 중요하게 여기는데, 특히 오케스트라 공연은 시각적 통일감을 주어야 하기 때문에 모든 단원이 같은 방향을 향해 악기를 듭니다. 그래서 왼손잡이도 오른손잡이의 방식을 따를 수밖에 없는데, 그래도 다들 큰 어려움 없이 훌륭한 연주를 들려줍니다.

기타도 마찬가지입니다. 왼손잡이임에도 왼손잡이용 기타를 쓰지 않고 그냥 오른손잡이용 기타에 적응한 세계적인 기타리스트들이 많습니다. 2011년 갑작스런 사망 소식으로 팬들의 마음을 아프게 한 게리 무어가 그 대표적인 예입니다.

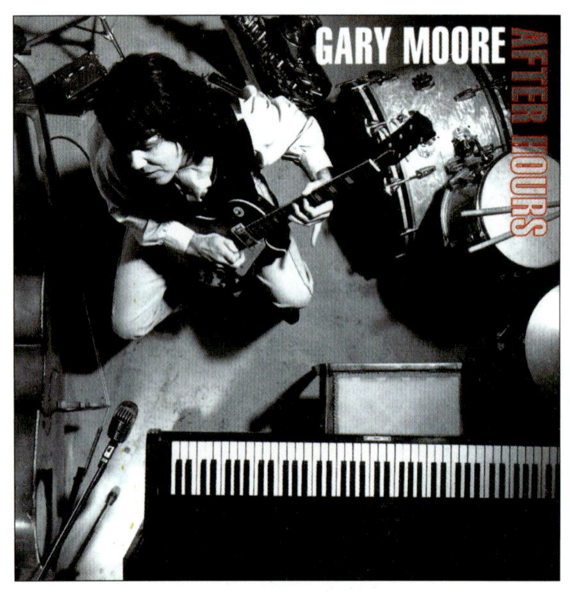

사진을 보면 지미 헨드릭스와는 반대로 왼손으로 지판을 짚고 오른손으로 줄을 튕기고 있지요? 게리 무어는 울부짖는 듯한 연주로 아주 유명한데, 왼손잡이인 덕분인지 왼손의 힘이 절대적으로 필요한 고난이도의 테크닉을 능수능란하게 구사했습니다. 단점을 장점으로 승화시켰다고도 볼 수 있겠네요. 요점은 왼손잡이라고 해서 굳이 왼손잡이용 기타를 고집할 이유가 별로 없다는 것입니다.

그럼 애초에 왼손과 오른손의 역할은 왜 이렇게 정해졌고, 지미 헨드릭스 같은 사람은 왜 기타를 뒤집어서 썼는지 의아하실 겁니다. 어디에서도 명쾌한 설명을 찾지 못해서 저 나름대로 추론해 볼 수밖에 없었는데, 저는 이 문제가 양손의 역량 차이보다는 시선의 방향 때문이라고 생각합니다.

오른손잡이는 대개 상체도 오른편이 더 두껍게 발달해 있습니다. 그래서 고개나 시선이 오른쪽보다는 왼쪽을 향할 때 더 자연스럽게 느껴집니다. 반대로 왼손잡이는 고개나 시선이 오른쪽을 향할 때가 편안합니다. 좌우로 고개를 돌리면서 몸의 느낌을 주의 깊게 살펴보면 이해가 될 겁니다. 기타를 칠 때는 정확한 음을 짚기 위해 기타줄을 '누르는 손'을 집중적으로 봐야 하는데, 오른손잡이는 왼쪽을 보는 것이 편하기 때문에 왼손에 그 역할이 맡겨졌고 악기도 그에 맞춰 설계된 것이 아닐까요?

지미 헨드릭스처럼 종일 연주에 몰두한다면 이 어색함이 장애로 느껴지겠지만, 지금 우리는 취미 수준이 목표이기 때문에 반대 방향으로 연습한다면 득보다 실이 많을 것입니다. 운 좋게 왼손잡이용 기타를 구한다고 해도 교본에 나온 코드 모양을 180도 반전시켜서 이해해야 하는 등 헷갈릴 만한 요소가 한두 가지가 아닙니다. 그러니 왼손잡이라 하더라도 고민하지 말고 시중에서 쉽게 구할 수 있는 평범한 기타를 구입하기 권합니다.

데뷔 후 단 3년 동안 시대를 초월한 연주를 쏟아 내고 세상을 떠난 지미 헨드릭스(1942~1970)의 노래는 단 한 곡도 버릴 것이 없지만, 저는 그의 사후에 발표된 〈The Cry of Love〉 앨범의 〈Angel〉이라는 곡을 제일 좋아합니다. 꿈꾸는 듯 몽롱하고, 기도하는 듯 간절한 분위기가 오랫동안 귓가에 맴돕니다. 지미 헨드릭스의 유명한 명언이 있지요. '왼손으로 악수합니다. 그쪽이 내 심장에서 더 가까우니까.' 한 인터뷰에서는 '몇 년 후엔 무얼 하고 있을 것 같은가?'라는 질문에 '무인도에서 내 수염이 자라는 소리를 듣고 있을 것 같다'고 답한 적도 있는데, 아무튼 상상력이 보통은 아닌 사람이었습니다.

게리 무어의 대표곡 하면 흔히 〈Still Got the Blues〉나 〈Parisienne Walkways〉를 꼽지만 기타 좀 치는 사람들은 그보다 〈The Loner〉를 먼저 떠올립니다. 애절함의 끝판왕 같은 연주곡인데, 〈Wild Frontier〉 앨범에 실린 원곡보다 1987년의 스톡홀름 라이브 버전을 강추하니 유튜브에서 영상을 찾아보기 바랍니다.

GUITAR
PART 02
MUSIC

Music
기타도 샀고,
이제 뭐부터
하면 되지?
guitar

CHAPTER 04

잔소리는 하기 싫지만

기타를 칠 때 당신은 아무 말도 할 필요가 없다.
여자들이 먼저 당신에게 말을 걸 테니까.

— 버디 가이 —

내게 주는 선물

누군가 제게 가장 좋아하는 기타리스트를 묻는다면, 저는 1초도 망설이지 않고 '버디 가이(Buddy Guy)'라고 대답합니다. 1936년생이니 우리 나이로 벌써 여든이 넘었는데, 록음악의 모태라고 할 수 있는 1950~60년대 시카고 블루스의 산증인으로 지금까지도 왕성하게 활동하고 있습니다. 솔직하고 겸손한 인품과 뜨거운 열정이 연주와 노래에 뚝뚝 묻어나오는 이 할아버지가 2012년에 발표한 자서전 〈When I Left Home〉을 보면 정말 영화 같은 이야기가 하나 나옵니다.

버디 가이가 어렸을 때, 마을에서 유일하게 기타를 칠 줄 알던 한 아저씨가 크리스마스 같은 명절이면 이 집 저 집을 돌아다니며 노래와 연주를 들려주고 술을 얻어 마셨다고 합니다. 다들 본명 대신 '쿠트(coot, 얼간이라는 뜻)'라고 불렀다니 좀 한량 같은 캐릭터였나 봅니다. 어쨌든 버디 가이의 아버지는 기타만 봤다 하면 넋을 잃는 아들의 모습이 안쓰러웠는지, 아들이 열두 살 되던 해에 수중의 돈을 탈탈 털어 쿠트 아저씨에게 주고 고물 기타 하나를 얻어 냈습니다.

버디 가이는 기타줄이 두 개밖에 없는 이 기타를 애지중지하며 날마다 끼고 살았습니다. 여건이 안 되었기에 오로지 독학으로 모든 걸 터득할 수밖에 없었지요. 그렇게 3년이 지나 버디 가이는 고향을 떠나게 되었습니다. 고등학교에 다니려면 좀 더 인구가 많은 소도시로 나가야 했거든요. 다행히 누나들 중 하나가 일찍 독립하여 그곳에 자리를 잡고 있었지요.

지금껏 자연의 품 안에서만 살다가 처음으로 북적대는 도시 생활을 경험하게 된 버디 가이는 쉽게 적응하지 못하고 날마다 집 앞에 앉아 기타를 튕기며 외로움을 달랬습니다. 시내 악기사에 진열된 번쩍이는 기타들이 그의 영혼을 사로잡았지만, 입에 풀칠하기도 어려운 형편에 새 기타를 사는 것은 꿈도 못 꿀 일이었지요.

그러던 어느 날, 집 앞에서 기타를 튕기고 있던 버디 가이에게 한 남자가 말을 걸었습니다.

"제법 진지하게 연습하는 것 같은데 기타가 너무 낡았구나."
"네, 오래전에 얻은 거라서요."

"기타줄도 두 개밖에 없네? 원래 여섯 개여야 하지 않니?"
"그렇긴 한데, 전 이거라도 있어서 행운이라고 생각해요."
"제대로 된 기타가 있으면 훨씬 멋진 연주를 할 것 같은데……. 내일도 집 앞에 나와 있을 거니?"
"그럴 거예요."
"그럼 내일 다시 보자꾸나. 내일은 토요일이라 나도 일을 쉬거든."

그리고 다음 날 버디 가이 앞에 나타난 그 남자는 다짜고짜 이렇게 말했습니다.

"준비됐니?"
"무슨 말씀이세요?"
"새 기타를 가질 준비가 되었느냔 말이야."
"제가 어떻게 새 기타를 가져요? 전 돈이 없는걸요."
"내가 사 줄게. 내 차를 타고 같이 악기사로 가자꾸나."

버디 가이를 태워 시내로 간 남자는 제대로 된 여섯 줄짜리 기타를 사서 선뜻 버디 가이에게 선물했습니다. 상상도 못했던 호의에 버디 가이는 그저 고맙다는 말을 반복할 수밖에 없었지요. 집에 돌아온 버디 가이는 떨리는 마음으로 새 기타를 연주했고, 그 남자는 버디 가이의 누나 애니와 함께 술잔을 기울이며 소년의 연주를 감상했습니다. 그러다가 문득 고향마을 이야기가 나왔고, 그 남자가 자기도 잘 아는 동네라고 하자 버디 가이의 누나가 제안했습니다.

"그럼 아저씨 차로 우리 고향에 놀러 가면 어때요? 동생에게 새 기타가 생긴 걸 알면 가족들이 무척 기뻐할 거예요. 동생 연주를 들으면서 다 같이 한잔 더 하자구요. 어차피 오늘은 토요일 밤이잖아요!"

이들은 그렇게 즉흥적으로 차를 타고 한 시간여를 달려 고향마을로 갔습니다. 집에 도착하자 강아지가 먼저 달려 나와 반겼고 곧 아버지가 모습을 드러냈지요.

"세상에, 애니하고 버디가 연락도 없이 왔구나. 그런데 자네는……. 혹시 미첼 아닌가?"
"맞아. 자네는 샘?"
"그래! 우리 어릴 때 여기서 함께 자랐잖아."

놀랍게도 버디 가이의 아버지와 그 남자는 어릴 적 친구였던 겁니다. 그때 애니가 끼어들었습니다.

"미첼 아저씨가 버디에게 새 기타를 사 주셨어요."

"뭐라고? 얘가 내 아들인 걸 어떻게 알고서?"

미첼은 어깨를 으쓱하며 말했습니다.

"그런 줄은 전혀 몰랐다네. 그냥 이 아이에겐 제대로 된 기타가 필요하다고 느꼈을 뿐이야."

요즘 말로 참 훈훈한 이야기가 아닐 수 없습니다. 무려 60년도 더 된 일이니 음주운전은 눈감아 줍시다. 만약 미첼 아저씨가 이 가난한 소년에게 사심 없이 기타를 선물해 주지 않았다면 어땠을까요? 버디 가이는 성인이 될 때까지 제대로 된 기타를 칠 기회가 없었을 테고, 아마도 지금처럼 위대한 뮤지션으로 성장하지 못했을 겁니다. 지미 헨드릭스, 에릭 클랩튼, 지미 페이지 등 소위 록음악의 창시자들이 버디 가이의 연주에 큰 영향을 받았으니 만약 이런 우연이 없었다면 서양 대중음악의 역사가 지금과는 조금 다른 방향으로 흘러갔을지도 모르는 일이지요.

이야기가 너무 장황했나요? 어쨌든 제가 하고 싶은 얘기는 기타라는 악기는 충분히 여러분의 삶에 크든 작든 행복을 보태 줄 선물이라는 것입니다. 생각해 보면 이렇게 기타 연주에 도전할 수 있는 여건이 갖춰졌다는 사실 자체가 더없는 행운입니다. 신체적 장애가 있어 연주가 불가능한 사람들도 있고, 경제적으로나 시간적으로 여유가 없는 사람들도 있고, 아예 문화적 혜택이 부족한 세계에 사는 사람들도 있습니다. 게다가 지금 여러분 곁에 있는 기타는 십중팔구 미첼 아저씨가 사 준 기타보다 훨씬 고품질의 악기일 겁니다! 그러니 이제부터 본격적으로 시작되는 과제들이 간혹 귀찮고 어렵게 느껴지더라도 새로운 세계의 문을 하나씩 연다는 마음으로 즐겨 주기 바랍니다.

이왕 버디 가이 이야기를 꺼낸 김에 그의 자전적 경험이 가사로 담겨 있는 곡을 추천하고 싶네요. 2010년에 발매된 〈Living Proof〉 앨범에 실린 〈Thank Me Someday〉라는 곡인데, 밤낮으로 고물 기타를 뚱땅거리는 버디 가이에게 가족들이 시끄러우니 그만 좀 하라고 닦달하자 '싫어, 난 계속 칠 거야! 언젠가는 이런 나를 자랑스럽게 여길 날이 올 테니 두고 봐!' 하고 반항(?)하는 내용의 노래입니다. 리듬이나 멜로디가 좀 생소하더라도 '이런 게 블루스구나' 하며 즐감하기 바랍니다.

손은 씻었니?

잔소리 1탄은 기타를 치기 전에는 항상 손을 깨끗이 하라는 겁니다.

제조회사마다 조금씩 성분이 다르지만, 기타줄은 기본적으로 쇠(steel)에 구리와 니켈 등을 섞어 만듭니다. 당연히 시간이 지날수록 녹이 슬어 변색되고 음색도 탁해집니다. 그래도 취미생활을 기준으로 잘만 관리하면 두세 달은 쓸 수 있는데, 무심코 지저분한 손으로 몇 번 만지고 나면 급속도로 맛이 가기 시작합니다. 기타줄만이 문제가 아니고 지판과 넥에도 슬금슬금 때가 끼지요. 특히 여름에는 자기도 모르게 손이 땀에 절어 있기 마련이니 더욱 주의해야 합니다.

기타줄이 상하면 광택이 확 죽으면서 색이 거뭇해지고 쇠 냄새가 심해지기 시작합니다. 무엇보다 불쾌한 점은 만졌을 때 찝찝하게 달라붙는 느낌이 든다는 겁니다. 특히 습도 높은 여름에는 무척이나 신경이 쓰입니다. 산뜻한 기분으로 기타를 쳐야 하는데, 이래서야 연습할 맛이 날 리 없지요. 뭐 기타줄이야 갈면 그만이지만, 연습도 제대로 몇 번 못했는데 기타줄 가는 법부터 배워야 한다면 좀 심란하겠지요? 실제로 초보자에게는 꽤 복잡하고 번거로운 일이기도 하고요. 그러니 기타는 늘 깨끗한 손으로 만지는 습관을 들입시다. 그런데 여기에 귀찮은 문제가 하나 있습니다. 손을 씻고 바로 기타를 치면 또 안 되거든요. 기타줄을 누르는 손끝에 물기가 남아 있으면 피부가 물러져서 훨씬 더 아픕니다. 손이 바싹 마른 상태여야 제대로 연습을 할 수 있습니다. 독자 여러분의 원성이 여기까지 들리는 듯합니다. “씻으라는 거야, 말라는 거야?”

손을 씻었다면 수건으로 물기를 닦고 나서 적어도 15분 이상 지난 후에 기타 연습을 시작합시다. 평소에 손을 자주 씻는 습관이 있다면 건강에도 좋고 기타를 칠 때도 따로 신경 쓸 필요가 없겠지요? 그렇다고 결벽증처럼 예민하게 굴지는 말고 그냥 상식적인 수준에서 융통성 있게 실천하면 됩니다.

기타라는 악기의 관리법은 사람을 대할 때와 똑같다고 생각하면 대부분 맞습니다. 지금 내 손이 다른 사람과 악수를 해도 거리낄 게 없는 상태라면 그대로 기타를 잡으면 됩니다. 악수를 하기엔 좀 찜찜한 느낌이 든다면 손을 씻고 잘 말린 후에 기타를 잡으면 됩니다. 그리고 연습을 끝낸 후에도 꼭 손을 씻으세요. 손끝에 밴 쇠 냄새를 즐길 게 아니라면 말이지요.

손톱은 깎았니?

잔소리 2탄은 지치지도 않고 끝없이 자라나는 손톱 이야기입니다.

거두절미하고 결론부터 말하면 '다치지 않는 선에서 최대한 짧게' 자르면 됩니다. 요즘에는 손톱깎이를 쓰지 않고 전용 줄로 갈아서 관리하는 분들도 많은 듯합니다. 방법이야 어떻든 상관없습니다. 제 기준을 말씀드리자면 최소한 일주일에 한 번 이상은 자릅니다. 빨리 자랄 때는 3~4일 간격으로 자르기도 하고요.

손톱 길이와 기타줄 누르기에 대하여

왼손의 경우에는 손끝의 살로 기타줄을 눌러서 프렛에 닿게 해야 하는데, 손톱이 길면 손톱이 먼저 지판에 닿아서 그만큼 기타줄이 덜 눌리게 됩니다. 그러면 소리가 명료하게 나지 않고 누르는 자세도 불안정해집니다. 간혹 교본이나 동영상만 보며 독학하는 사람들이 자기 손톱이 길어서 그런 줄 모르고 '아무래도 기타가 이상한 것 같다'는 둥, '내 손은 기타랑 안 맞는다'는 둥 애꿎은 핑계를 대곤 하는데, 여러분은 그런 우를 범하지 않기 바랍니다.

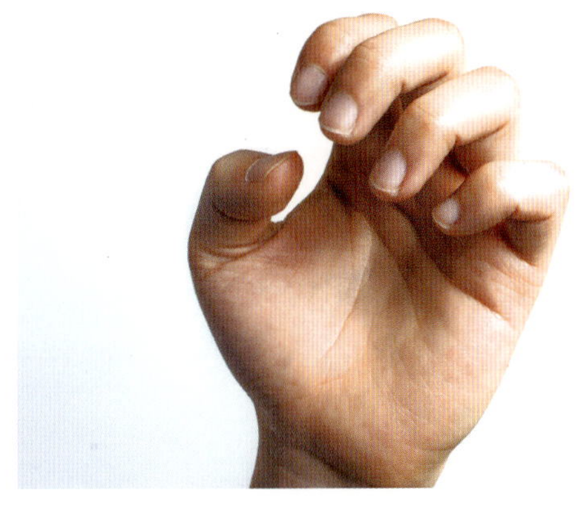

● 이 정도만 되어도 기타 치기엔 손톱이 긴 편입니다.

● 검지의 손톱이 지판에 닿아 있지요? ✕

● 하얀 부분이 거의 보이지 않을 정도로 손톱을 짧게 잘랐습니다.

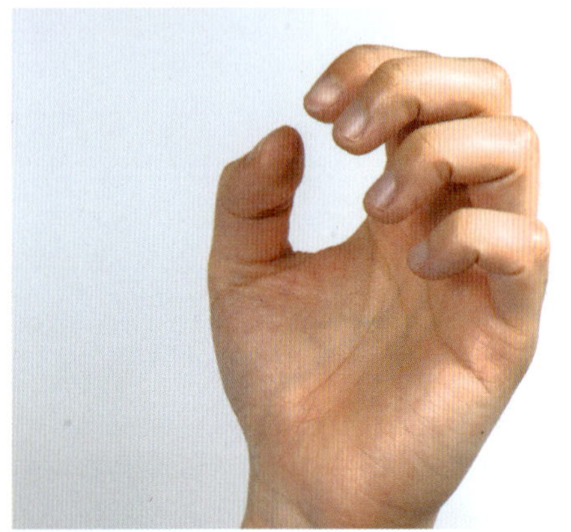

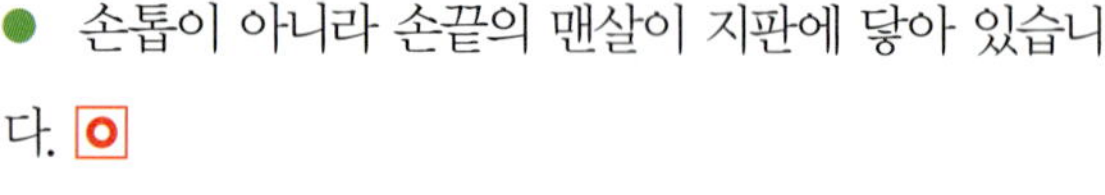

● 손톱이 아니라 손끝의 맨살이 지판에 닿아 있습니다. O

그럼 오른손은 어떨까요? 오른손은 기타줄을 '튕기는' 역할을 하기 때문에 선명한 소리를 내기 위해서 일부러 손톱을 기르는 분들이 있습니다. 물론 길다고 다 좋은 것은 아니고 경험상 연주에 가장 적당한 길이를 찾아서 잘 유지해야 하지요. 특히 전문적인 클래식 기타 연주를 할 때는 오른손 손톱에 전적으로 의존해야 하고, 통기타도 피크(picks) 없이 맨손으로 기타줄을 튕기는 '핑거스타일' 연주 — 공식 용어는 아니지만 흔히들 이렇게 표현합니다 — 를 선호하는 분들 사이에서는 오른손 손톱의 이상적인 길이와 관리 방법이 늘 공동의 관심사이자 논쟁거리입니다.

하지만 이 책의 목적인 '왕초보 탈출' 단계에서는 복잡하게 생각할 필요가 전혀 없습니다. 오른손 손톱도 왼손과 똑같이 짧게 자르세요. 오른손 손톱을 연주에 이용하는 것은 초보 딱지를 완전히 뗀 후에 고려해 볼 문제입니다. 맨살로 기타줄을 튕기는 방법을 확실히 익혀 두어야 나중에 손톱을 이용하게 되더라도 안정된 연주가 가능해지기 때문입니다.

기타줄을 튕기는 방법

참고로 이 책을 통해 우리는 기타줄을 맨손으로 튕기는 방법과 피크를 이용하는 방법을 둘 다 연습할 겁니다. 직접 해 보면 둘 중에 좀 더 맘에 드는 방법이 — 더 쉽게 느껴지든지 소리가 좋게 들리든지 — 생길 텐데, 그 방법을 주 무기로 사용하면 됩니다. 어쨌든 연습은 둘 다 해 두어야 신나는 곡은 신나게, 잔잔한 곡은 잔잔하게 소화할 수 있습니다.

- 손톱이 아니라 손끝의 맨살로 튕깁니다(엄지).

- 검지, 중지, 약지를 쓸 때도 마찬가지입니다.

보고 듣고 따라하는 동영상 01 _ 기타줄튕기기.mp4

방바닥에 앉지 말라니깐!

잔소리 3탄은 자세에 관한 이야기입니다. 안정적인 연주 자세는 사람마다 미묘하게 달라서 사실 각자가 스스로 찾아내야 하는 것이 맞습니다. 솔직히 저만 해도 기타를 잡은 지 20년이 넘었지만 아직도 자세에 관한 한 목적지에 도달했다고 생각하지 않습니다. 어떤 분야든 내공이 있는 사람은 폼부터 다르다고들 하지요. 기타 연주의 경우도 마찬가지입니다.

그래도 시행착오를 줄이려면 저처럼 미리 헤매어 본 사람의 조언이 필요합니다. 자칫 불안정한 자세가 몸에 배면 잠깐의 연습만으로 쉬이 피로해집니다. 이게 반복되면 자연히 의욕도 떨어지지요. 실제로 개인 레슨을 받는 사람과 독학을 하는 사람의 습득 속도가 다른 이유가 바로 이런 부분에서 생겨납니다. 그래서 저는 독학을 하는 사람들도 아쉬움이 없도록 최대한 자세히 설명해 보려 합니다.

바닥 말고 의자에 앉아서 연습하기

우선 주의할 점! '의자'에 앉아 연습하십시오. '바닥'에 앉아 연습하는 습관을 들이면 안 됩니다. 바닥에 앉아 기타를 치면 잠깐은 편한 느낌이 들 수 있습니다. 기타가 품에 확실히 안기기 때문에 안정감이 느껴지지요. 하지만 연습을 마치고 몸을 움직여 보면 이것이 얼마나 몸에 무리가 가는 자세였는지 확실히 알게 될 겁니다. 허리와 어깨가 결려서 '에구구' 소리가 절로 나옵니다. 다리가 저려서 일어서기도 힘들고요. 특히 자라나는 청소년들은 이런 자세로 절대 오래 연습하면 안 됩니다.

바닥에 앉으면 허리가 굽으면서 저절로 쭈구리가 됩니다.

'엇, TV 보니까 바닥에 앉아서 기타 치는 사람들도 많던데요?' 맞습니다. 언제 어디서든 기타 연주를 즐기고픈 사람이라면 상황에 따라 바닥에 철퍼덕 앉는 게 최선일 때도 있습니다. 예를 들어 친구들이 둥글게 둘러앉아 캠프파이어를 즐기다가 짠~ 하고 기타를 꺼내 들었다면 말입니다. 무조건 안 된다는 말은 아닙니다. 어쩌다 한 번은 괜찮습니다. 하지만 기본은 의자에 앉는 자세라는 것을 잊지 말아야 합니다. 실용적인 측면으로 봐도 의자에 앉아서 연습한 사람은 바닥에 앉아도 문제없이 연주할 수 있지만, 바닥에 앉아서 연습한 사람이 의자에 앉으면 연주가 흐트러지기 십상입니다.

또 다른 방법으로는 어깨끈을 매고 서서 연주하는 자세가 있는데, 초보의 연습 과정에는 불필요하므로 이 책에서는 언급하지 않겠습니다. 요점은 자신의 신체 구조와 연주 스타일에 맞는 최적의 어깨끈 길이를 찾아내는 것인데, 이것은 누가 가르쳐서 될 일이 아닙니다. 실전에서 부딪혀 보는 수밖에 없습니다.

의자에 앉는 바른 자세

그럼 의자에 앉는 자세를 낱낱이 해부해 보겠습니다.

저는 집에서 그냥 흔한 나무의자를 쓰고 있는데, 사실 좀 높아서 불만입니다. 기타 연주를 위해서는 약간 낮은 의자가 좋습니다. 제가 지금까지 경험해 본 중에 가장 편했던 의자는 포장마차나 분식점에서 볼 수 있는 싸구려 플라스틱 의자였는데, 아무리 맘에 들어도 그걸 집에 가져다 놓기는 그렇지요. 높이 조절이 되는 의자라면 발바닥이 바닥에 딱 닿을 정도로 낮추세요. 그리고 팔걸이가 있으면 기타와 부딪히니 과감히 떼어 버려야 합니다.

일단 의자에 편히 앉는데, 등받이가 있는 의자라면 엉덩이를 등받이까지 밀어 넣지도 말고 끄트머리에만 살짝 걸치지도 마세요. 의자 좌판의 면적을 절반 정도 써서 앉는다고 생각하면 됩니다. 포장마차 의자처럼 좌판 면적이 작으면 신경 쓰지 않아도 됩니다. 양다리는 어깨너비 정도로 적당히 벌려주세요. 간혹 보면 다리를 꼬고 앉아 기타를 치는 사람들이 있는데, 바닥에 앉는 경우와 마찬가지로 어쩌다 한 번은 괜찮지만 장시간 지속되면 척추와 골반에 무리가 가는 자세입니다.

이것이 제가 권장하는 자세

사진을 잘 보면 제가 오른발로 뭔가를 밟고 있지요? 이런 식으로 오른쪽 허벅지의 높이를 적당히 올려 줘야 합니다. 그렇지 않고 허벅지의 각도가 아래쪽을 향하게 되면 기타가 슬금슬금 미끄러져 내려갑니다.

● 오른발 아래에 받침대를 놓으면 허벅지 위에 기타를 잘 고정시킬 수 있습니다.

● 받침대가 없어 허벅지의 각도가 기울어지면 기타가 점점 미끄러져 내려가며 뒤로 눕습니다.

● 이건 정말 임시방편인데, 정 받침대가 없는 상황이라면 저는 까치발을 들어 의자 기둥에 붙이는 식으로 허벅지의 각도를 확보합니다.

악기매장에서는 이런 용도로 제작된 '발받침대'를 따로 팔고 있는데, 제 생각에는 어느 정도 연주에 자신감에 붙고 난 후에 구매를 고려하는 편이 좋지 않을까 합니다. 지금은 이 대신 잇몸으로 해결해도 충분하니까요. 10센티미터가량 되는 물건들을 아무거나 재활용하세요. 저는 CD를 모아 두는 케이스를 대용으로 쓰는데, 사전처럼 두꺼운 책을 쓰는 것도 괜찮은 방법입니다.

기타를 안는 바른 자세

이제 기타 하단의 오목한 부분을 오른쪽 허벅지 위에 올리고, 기타 상단의 모서리 부근에 오른팔을 어깨동무하듯이 걸칩니다. 그리고 팔꿈치를 적당히 굽혀 오른손이 사운드 홀(구멍) 근처로 오게 합니다. 여기서 주의할 점이 세 가지 있습니다.

첫째로, 기타를 허벅지 위에 비스듬하게 얹는 것이 아니라 똑바로 세워서 얹어야 합니다. 처음에는 이렇게 시작했다가도 왼손이 지판을 제대로 누르고 있는지 확인하다 보면 자신도 모르게 기타가 점점 눕는 상황이 자주 발생합니다. 지판을 볼 때는 기타를 눕히는 것이 아니라 고개를 앞으로 빼서 확인한 후에 다시 원래 자세로 돌아와야 합니다.

● 기타가 거의 수직에 가깝게 잘 얹혀 있습니다.

● 기타가 뒤로 눕기 시작하네요. 옐로카드 받기 직전!

둘째로, 기타 바디는 배에 찰싹 붙이는 것이 아닙니다. 오른쪽 옆구리 근처에서 밀착되고 몸 중심으로 나올수록 공간이 벌어져야 합니다. 기타를 거의 오른쪽 옆구리에 낀다는 생각으로 자세를 잡아 보세요. 기타와 내 몸이 30~45도 정도의 각도를 이루게 하세요.

● 옆에서 본 사진입니다. '기타를 옆구리에 낀다'는 말이 이해되나요?

● 이렇게 배에 찰싹 붙이면 안 됩니다. ✕

● 위에서 본 사진입니다. 이렇게 왼손이 자연스럽게 뻗을 공간을 확보해 주어야 합니다.

셋째로, 오른팔이 기타와 어깨동무하는 위치가 중요합니다. 힘을 주지 않고 그냥 자연스럽게 올려놓는 느낌으로 해야 하는데, 그 위치가 너무 뒤로 빠지면 기타의 헤드가 위쪽으로 들리고 너무 앞으로 나오면 헤드가 아래로 처집니다. 넥의 각도가 바닥과 최대한 평행이 될 수 있도록 오른팔의 걸치는 위치를 조금씩 옮겨 보세요. 헤드가 약간 위로 들리는 자세를 선호하는 연주자들도 있지만 처음에는 평행을 기준으로 연습합니다.

● 화살표 방향으로 힘이 작용해서 헤드가 아래로 쏠렸습니다.

● 화살표 방향으로 힘이 작용해서 헤드가 위로 들렸습니다.

이 단계까지 충분한 시간을 들여 연습하기 바랍니다. 자세가 제대로 잡혔다면 왼손으로 넥을 잡든 말든 기타가 흔들림 없이 같은 위치와 각도를 유지합니다. 핵심은 오른팔을 걸치는 위치를 찾아내는 것인데, 사람마다 신체 길이가 다르므로 제 사진을 참고삼아 자신만의 요령을 터득해야 합니다.

● 왼손과 무관하게 기타가 고정되면 백점만점.

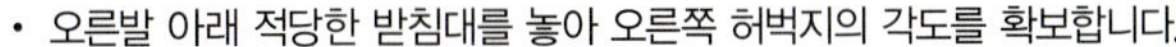

중요한 내용이니 다시 한번 요약합니다. 연습을 시작할 때마다 이 과정을 반복하다 보면 어느새 몸이 먼저 기억하게 될 것입니다.

- 오른발 아래 적당한 받침대를 놓아 오른쪽 허벅지의 각도를 확보합니다.
- 기타를 오른쪽 허벅지 위에 얹고, 오른팔을 어깨동무하듯이 기타 위에 걸칩니다.
- 위에서 봤을 때 넥의 방향과 내 어깨선이 45도 정도의 각도를 이루게 하여 왼손이 움직일 공간을 확보합니다.
- 앞에서 봤을 때 헤드가 위로 들리거나 아래로 쏠리지 않도록 오른팔의 위치를 미세조정합니다.
- 이제 이 자세를 유지하면서 오른손으로는 기타줄을 튕기고 왼손으로는 지판을 누르게 됩니다.

CHAPTER 05

줄감개를 돌려 보자

아직 서투르다고 해서, 그게 당신이 인생에서
기타를 즐기지 못할 이유가 되진 않는다.

— 제리 가르시아 —

도 레 미 파는 알겠는데, ABCD는 뭐꼬

자세를 갖췄으니 이제 조율(tuning)을 할 차례입니다. 제가 기타 연습을 시작할 때만 해도 교본마다 소리굽쇠로 기준음을 맞추는 방법이 실려 있었는데, 요즘은 튜너(조율기) 성능이 워낙 좋아져서 누구나 쉽고도 정확하게 조율을 할 수 있습니다.

우선 조율이 왜 필요한지를 알아야겠지요? 여러 악기로 협연을 할 때, 또는 한 악기로 여러 음을 연주할 때 각각의 음이 정확한 주파수 값에 맞춰져 있지 않으면 의도치 않은 불협화음이 나게 됩니다. 그래서 이런 불상사를 없애기 위해 오랜 연구와 논의가 있어 왔고, 결국 20세기에 이르러서 전 세계의 음악가와 악기 제작자들이 지켜야 할 일종의 규약이 생겨났습니다. 그 규약의 내용은 이것이었습니다. 'A라는 음을 440Hz에 맞추고, 이 음과의 주파수 관계를 따져 다른 음들을 조율하라!' 이 규약을 어긴다고 무슨 벌칙이 있는 것은 아닙니다. 다만 본인만 불편할 뿐이죠.

기타의 음명과 계명

아래의 표를 잘 봐 주세요. 앞으로도 자주 나올 중요한 내용입니다.

계명	도	레	미	파	솔	라	시	도
음명	C	D	E	F	G	A	B	C

위 칸은 우리가 흔히 아는 다장조(C key)의 계명을 적은 것이고, 아래 칸은 그에 대응하는 음명을 적은 것입니다. 머리가 지끈지끈하죠? 그래도 어쩔 수 없습니다. 기타를 치려면 기존에 알던 '도-레-미-파-솔-라-시'만으로는 소화가 안 됩니다. 'A-B-C-D-E-F-G'로 표기되는 음명을 알아야 합니다.

간단히 말해 음명은 특정 음에 부여된 고유 명칭입니다. 즉 440Hz의 소리가 나면 그 음을 무조건 A라고 합니다. 523.25Hz의 소리가 나면 그 음을 무조건 C라고 합니다. 그래서 절대음감을 가진 사람들은 자동차의 경적 소리를 듣고 '저건 G음이구나!' 하는 식으로 음명을 바로 떠올릴 수 있습니다. 이와 달리 계명은 곡의 조성(key)에 의해 정해지기 때문에 특정 음에 고정되어 있지 않습니다. 예컨대 다장조(C key)에서는 C음이 '도'로 불리지만, 라장조(D Key)에서는 D음이 '도'로 불리는 식입니다.

또 한번 머리에 지진이 나는 소리가 여기까지 들리네요. 지금 이해가 안 되어도 괜찮습니다. 그냥 우리에게 가장 익숙한 다장조의 계명을 기준으로 했을 때 도=C, 레=D, 미=E, 파=F, 솔=G, 라=A, 시=B, 다시 도=C의 관계라는 것만 외우면 됩니다. 꼭 외워야 하냐고요? 네, 꼭 외워야 합니다. 아니, 저절로 외우게 될 겁니다. 실제 기타 연주에서는 '도 레 미 파…'보다 'C D E F…'의 음명 표기가 훨씬 자주 쓰이니까요.

예리한 사람들은 여기서 뭔가 이상하다고 느낄 겁니다. 도=A, 레=B, 미=C의 순서로 딱 정해져 있으면 편할 텐데 A와 B는 어디에 팔아먹고 도=C로 시작하는 걸까요? 그게 다가 아닙니다. 국제 규약의 기준음을 왜 도(C)가 아니라 굳이 라(A)로 정했을까요? 사실 저도 오랫동안 가졌던 의문인데, 지금은 나름 자료도 찾아보고 해서 이유를 알고 있지만 여기에 싣기에는 너무 과한 내용이라 생략할 수밖에 없네요. 초보용 기타 교본에서 음학(音學)의 역사를 중세시대까지 거슬러 올라가 다루기 원하는 분은 안 계실 테죠. 모르는 게 약이라고 생각하고 넘어가 주세요. 몰라도 기타 치는 데는 전혀 지장 없습니다.

기타줄과 개방현

그럼 앞서 봤던 표를 좌우로 좀 더 확장해 보겠습니다.

계명	미	파	솔	라	시	도	레	미	파	솔	라	시	도	레	미
음명	E	F	G	A	B	C	D	E	F	G	A	B	C	D	E

좌측으로 다섯 개의 음을 더 낮춘 미(E)까지, 우측으로 두 개 음을 더 높인 미(E)까지 확장하여 총 2옥타브 범위의 음들을 표시해 보았습니다. 그리고 국제 규약의 기준음인 440Hz의 A음의 위치는 빨간색으로 표시했습니다.

이제 거의 다 왔습니다. 기타에 달린 여섯 줄의 소리를 각각 어느 음에 맞춰야 하는지만 알면 끝납니다. 이것은 왼손으로 지판을 누르지 않은 상태, 즉 기타줄의 전체 길이를 다 활용하여 낸 소리에 해당합니다. 이것을 '개방현(open string)'이라고 합니다. 그 내용까지 포함하여 표를 한 번만 더 확장해 보겠습니다.

계명	미	파	솔	라	시	도	레	미	파	솔	라	시	도	레	미
음명	E	F	G	A	B	C	D	E	F	G	A	B	C	D	E
개방현	6번			5번			4번			3번		2번			1번

표에 나온 것처럼 6번줄 개방현을 E(미), 5번줄 개방현을 A(라), 4번줄 개방현을 D(레), 3번줄 개방현을 G(솔), 2번줄 개방현을 B(시), 1번줄 개방현을 E(미)에 정확히 맞추는 것이 곧 조율입니다. 참고로 1번줄의 E(미)는 6번줄의 E(미)보다 두 옥타브 높은 음입니다.

기타줄은 굵을수록 큰 숫자가 붙습니다. 즉, 6번줄이 가장 굵고 1번줄이 가장 가늘지요. 위치로 보자면 6번줄이 연주자의 시선에서 가장 가깝고, 1번줄이 가장 멉니다. 지금 기타를 들고 6번줄부터 1번줄까지 하나씩 손으로 짚어 보며 입으로 숫자를 매겨 보세요. 그리고 한 번 더 반복하는데, 이번에는 입으로 각 줄에 할당된 알파벳을 불러 보세요. 그러면 사전 준비는 다 끝난 겁니다.

기왕이면 지겨울 때까지 반복 또 반복~.

조율 그까이꺼

앞의 내용에서 핵심만 간추려 볼까요?

- 6번줄 = E = 미(가장 굵은 줄)
- 5번줄 = A = 라
- 4번줄 = D = 레
- 3번줄 = G = 솔
- 2번줄 = B = 시
- 1번줄 = E = 미(가장 가는 줄)

이런 식으로 여섯 줄의 개방현 소리를 약속된 음에 정확히 맞추는 것을 조율이라고 합니다. 복잡하게 생각할 필요는 전혀 없습니다. 똑똑한 튜너가 '조여라' 혹은 '풀어라' 하고 신호를 줄 테니까요. 우리는 그저 튜너가 시키는 대로만 하면 됩니다.

아마도 기타를 구입할 때 사진과 같은 클립형 튜너를 서비스로 받았을 겁니다. 혹 튜너가 없는 분들을 위해 스마트폰 앱을 이용하는 방법도 뒤에서 소개할 테니 참고하기 바랍니다. 클립형 튜너는 실제 소리가 아니라 기타의 진동을 분석하는 방식의 기기입니다. 그래서 기타의 헤드에 클립처럼 끼워서 사용합니다.

6번줄 조율하기

그럼 6번줄부터 조율해 보겠습니다. 조율이라고 별다른 게 아니라 오른손 엄지로 6번줄을 튕기면 됩니다. 이때 중요한 점이 두 가지 있습니다. 하나는 다른 줄을 건드리지 않는 것이고, 다른 하나는 튜너가 음을 확실히 인식하도록 힘 있게 튕겨 주는 것입니다. 그럼 조율 방법을 하나씩 차근차근 알아보겠습니다.

● 튜너는 종류도 많고 모양도 다양하지만 기능과 사용법은 거기서 거기입니다.

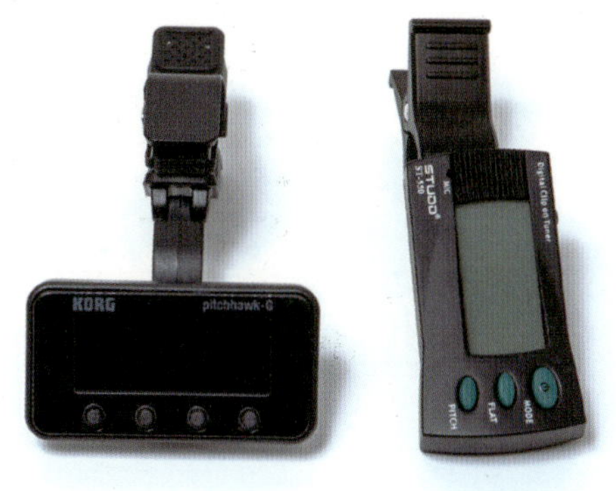

● 튜너의 클립 부분을 기타 헤드의 끝에 끼우고 전원 버튼을 누릅니다.

● 이제 오른손 엄지를 이 정도의 각도와 깊이로 6번줄 위에 갖다 댑니다. 처음이라 어색할 테니 일단은 다른 손가락들을 기타 바디 위에 가볍게 붙입니다.

● 자세를 유지한 채로 엄지만 아래로 힘을 주어 누릅니다.

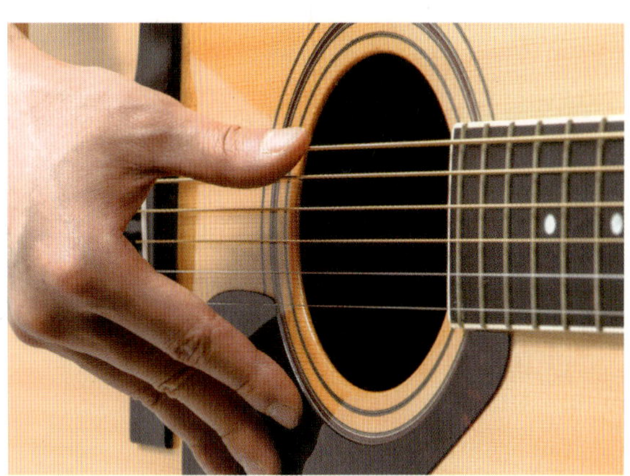

● 엄지가 미끄러지며 6번줄을 튕긴 후에 5번줄에 닿을 것입니다. 5번줄에 닿으면 힘을 빼서 그대로 멈춥니다. 6번줄만 힘차게 흔들리고 있지요? 5~2번줄까지는 같은 요령으로 하면 되고, 1번줄을 튕길 때는 아래에 아무것도 없으므로 그냥 적당히 멈추면 됩니다.

이렇게 엄지의 관절을 굽히면서 튕기면 안 됩니다. 관절이 펴진 상태에서 '아래로 누른다'는 느낌으로 튕겨야 합니다.

● 제대로 개방현 소리가 났다면 이제 튜너를 확인할 차례입니다. 6번줄이니까 알파벳 E가 화면에 나와야 합니다. 만약 E♭(=D#), D, D♭(=C#), C, B처럼 E보다 낮은 음이 표시된다면 6번줄의 줄감개를 시계 반대방향으로 돌려 줍니다. 만약 F, F#(=G♭), G, G#(A♭), A처럼 E보다 높은 음이 표시된다면 줄감개를 시계 방향으로 돌려 줍니다. 기타줄의 진동이 약해져서 튜너가 인식을 멈추면 같은 요령으로 반복해서 줄을 튕깁니다. 화면에 E♭이 표시됐으니 기준음보다 낮습니다. 기타줄을 더 팽팽하게 조여야겠죠?

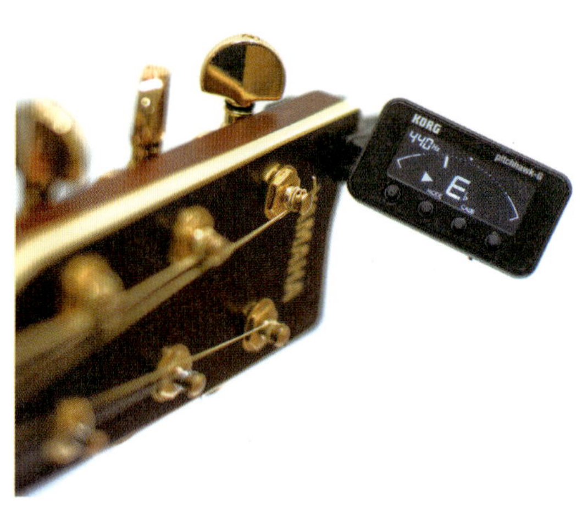

● 줄감개를 시계 반대방향으로 조금씩 돌리면서 튜너를 확인합니다.

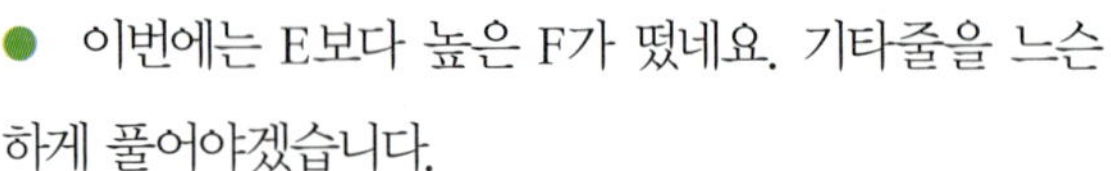
● 이번에는 E보다 높은 F가 떴네요. 기타줄을 느슨하게 풀어야겠습니다.

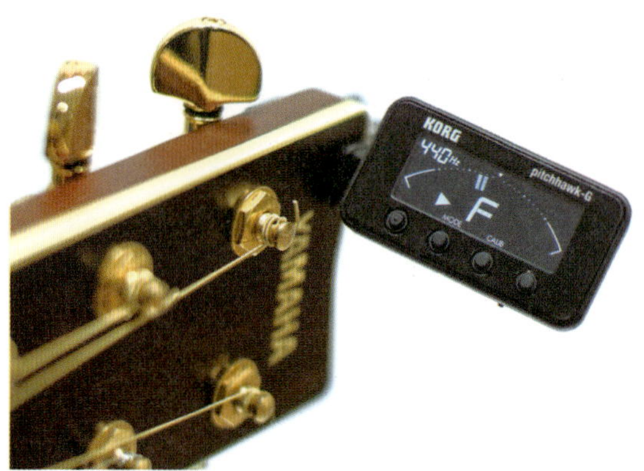

● 줄감개를 시계 방향으로 돌리면서 튜너를 확인합니다. 되도록 E♭처럼 E보다 낮은 음을 만든 후에 다시 기타줄을 살살 조여 E로 맞춥니다. 현악기는 구조적으로 기타줄을 풀면서 맞추는 것보다 조이면서 맞추는 편이 더 안정적인 결과를 얻습니다.

● 드디어 튜너에 E가 떴습니다. 하지만 여기서 끝이 아닙니다. 실시간으로 음을 표시해 주는 바늘을 정확히 가운데에 맞춰야 합니다. 미세조정 단계인 만큼 줄감개를 더 살살 돌려 주세요. 제대로 E가 뜨긴 했지만 바늘이 중간이 아닌 좌측에 있습니다. 화살표 길이만큼 음을 미세하게 높여야 한다는 뜻입니다.

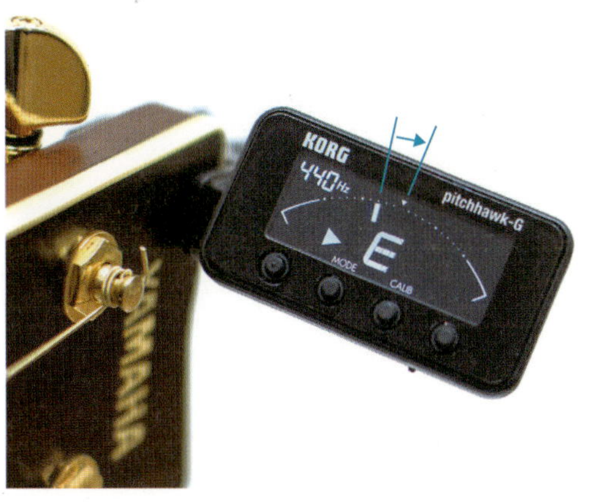

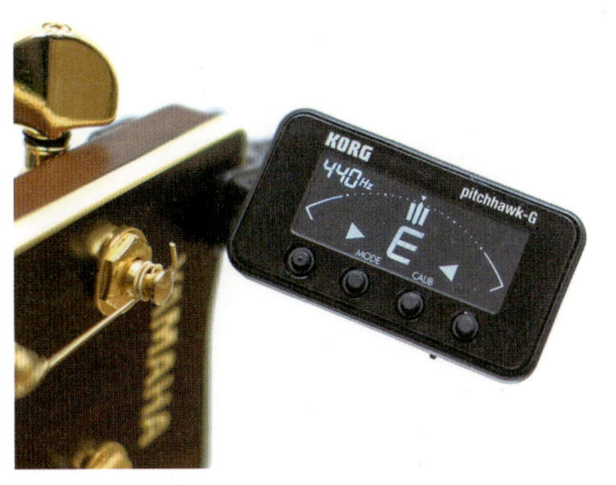

● 줄감개를 시계 반대방향으로 살살 돌려서 바늘을 한가운데 딱 맞췄습니다. 이렇게 정확히 음이 맞으면 바늘 모양이나 화면 색깔이 변하는 식으로 튜너가 OK 사인을 보내 줍니다.

휴~ 고생했습니다. 이제 6번줄 하나 끝났네요. '하나도 이렇게 헷갈리는데 다섯 줄이나 더 남았다니…….' 하지만 금방 익숙해질 테니 지레 겁먹을 필요 없습니다. 분명히 1~2주 뒤에는 단숨에 조율을 끝내 버리는 자신을 발견하게 될 겁니다.

5~1번줄 조율하기

이와 같은 방식으로 5번줄(A), 4번줄(D), 3번줄(G), 2번줄(B), 1번줄(E)을 마저 조율하세요. 한 가지 주의할 점은 대부분의 기타는 6~4번줄의 줄감개와 3~1번줄의 줄감개가 대칭으로 달려 있기 때문에 조이고 푸는 방향도 서로 반대로 해야 한다는 것입니다. 이미 팽팽한 줄을 실수나 착각으로 더 팽팽하게 조이다가는 기타줄이 툭 하고 끊어지는 수가 있습니다. 특히 가장 가는 1번줄에서 그런 불상사가 자주 일어납니다. 줄감개를 돌릴 때는 항상 눈과 귀를 다 활용해서 기준음을 제대로 찾아가고 있는지 확인해야 합니다.

그리고 여섯 줄을 모두 기준음에 맞춘 후에 꼭 전체적으로 다시 한 번 점검하세요. 장력의 변화가 넥에 영향을 끼쳐 미세하게 음이 틀어지는 경우가 많습니다. 같은 과정을 두 번 정도 반복해야 정확한 조율 상태에 도달합니다.

6, 5, 4번의 줄감개와 3, 2, 1번의 줄감개는 조이고 푸는 방향이 서로 반대입니다. 외운다기보다는 귀로 듣고 몸으로 기억해야 합니다.

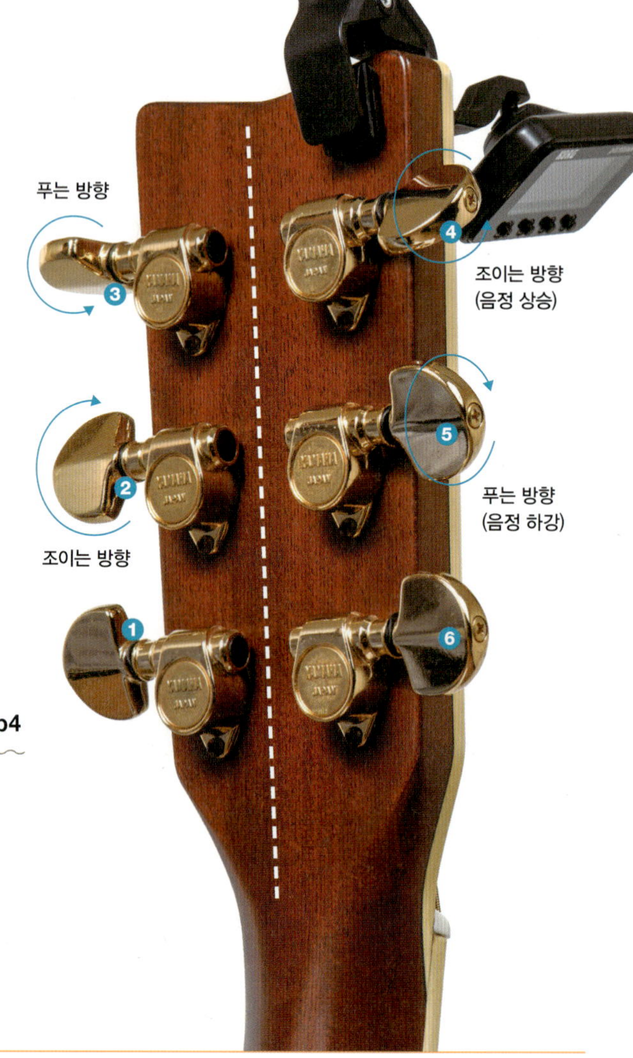

보고 듣고 따라하는 동영상 02 _ 조율.mp4

요점만 다시 한번 요약하겠습니다.

- 튜너를 헤드에 장착하고 전원을 켠다.
- 오른손 엄지로 하나의 줄만 튕기고 튜너를 확인한다.
- 줄감개를 돌려 그 줄에 해당하는 기준음에 정확히 맞춘다.
- 되도록 기타줄을 조이면서 기준음에 맞추는 습관을 들인다.
- 여섯 줄 모두 조율이 끝나면 꼭 튜너의 전원을 끈다.

튜너가 없으면 스마트폰으로

튜너에도 여러 종류가 있습니다. 기타의 진동을 분석하는 방식의 클립형 튜너가 나오기 전에는 소형 녹음기처럼 '내장마이크'로 실제 소리를 잡아서 그 음을 표시해 주는 튜너가 많이 쓰였습니다. 주위가 조용한 환경이라야 제대로 작동한다는 불편함이 있긴 하지만, 사용법이나 정확도에는 별 차이가 없습니다.

요즘 스마트폰에는 고성능의 마이크가 달려 있지요. 그래서 조율 목적으로 개발된 어플만 깔면 스마트폰을 마이크형 튜너로 활용할 수 있습니다. 저는 튜너가 여러 개 있지만, 미처 챙기지 못한 상황에서 기타를 조율할 일이 생길까 봐 대비책으로 이 방법을 알아 두었는데, 실제로 여러 번 요긴하게 써먹었습니다.

gStrings 튜너 어플 이용하기

앱스토어 혹은 구글플레이 같은 어플리케이션 마켓에 들어가서 '튜너'로 검색해 보면 기타 튜너 역할을 하는 무료 어플을 많이 찾을 수 있습니다. 저는 gStrings라는 어플을 쓰고 있는데, 상세 설명이나 평점을 보고 각자 취향껏 선택하시면 됩니다. 어플을 실행할 때는 스마트폰을 기타 가까이에 놓고 주변의 다른 소리에 방해받지 않도록 주의하세요.

● gStrings를 실행하면 이런 화면이 뜹니다. 다른 기능은 필요하지 않으므로 〈Tune Auto〉 모드를 선택했습니다.

● 6번줄 개방현을 튕기고 확인하니 E음의 범위 안에 있기는 하지만 바늘이 약간 우측으로 기울었네요. 기타줄을 약간 풀어야겠습니다.

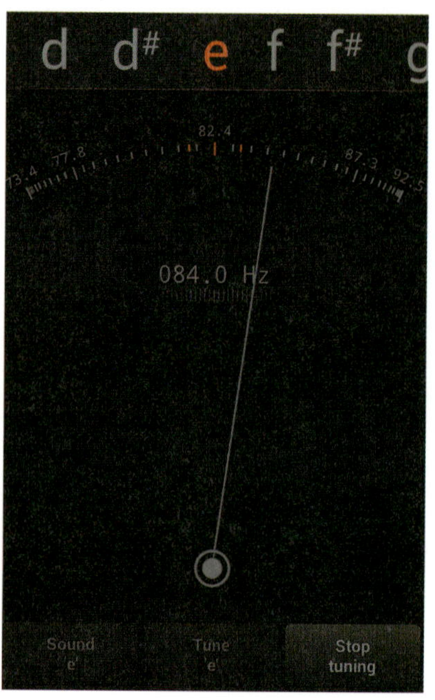

● 줄감개를 돌리고 다시 튕겨 보니 바늘이 약간 좌측으로 기울었습니다. 이제부터는 아주 조금씩 조여서 한가운데에 맞추면 되겠죠?

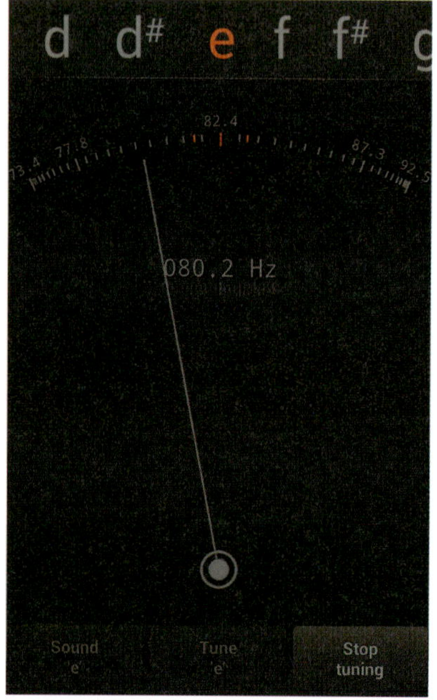

● 정확히 E음에 맞추니 주황색으로 OK 신호를 주네요. 전용 튜너 못지 않게 편리하고 정확합니다.

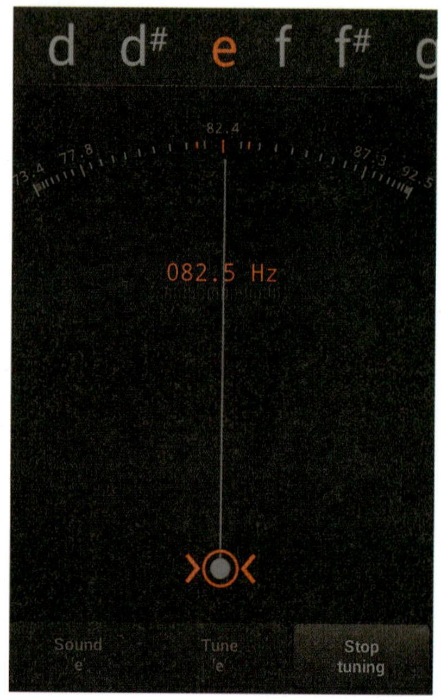

Pano Tuner 어플 이용하기

● 이번엔 Pano Tuner라는 앱으로 5번줄 개방현을 A음에 맞춰 보겠습니다.

● 음이 A♭음보다도 더 낮게 떨어져 있습니다.

● 줄감개를 조였더니 A음보다 높아져 버렸네요.

● 심혈을 기울여 A음에 정확히 안착!

악보를 읽어 보자

악보 읽는 법을 배우면 자신만의 필링이나 그루브가
사라질 거라고 믿는 사람들이 많은데 세상에 그것처럼 어리석은 생각이 또 없다.

— 프랭크 갬벨 —

숫자로 보는 타브 악보

조율을 했으니 이제 정말 기타를 연주해 볼 차례입니다. 하지만 본격적인 연습에 앞서 한 가지 숙지해야 할 사항이 더 있습니다. 바로 '악보 읽기'입니다.

학창시절 음악 시간에 오선보를 읽는 법은 대략 배웠을 겁니다. 관심이 없어서 그냥 흘려 듣거나 꾸벅꾸벅 졸았다고 해도 걱정하지 마세요. 실제로 기타를 칠 때는 오선보보다 훨씬 직관적인 태블러추어(Tablature) 악보를 주로 참고하게 되니까요. 태블러추어 악보는 흔히 타브(Tab) 악보라고 줄여 부르는데, 처음엔 어색해도 워낙 원리가 간단해서 금방 익숙해질 겁니다. 그럼 얼마나 간단한지 한번 살펴볼까요?

오선보 악보와 타브 악보

아래 악보를 보면 상단과 하단으로 나뉘어 있습니다. 동일한 연주 내용을 오선보 악보와 타브 악보로 함께 표기한 것입니다. 그중 아래의 타브 악보를 보면 총 여섯 개의 가로줄이 있지요? 가장 아래의 가로줄은 기타의 6번줄에 해당합니다. 그 위의 가로줄은 5번줄, 또 그 위는 4번줄… 이런 순서로 1번줄에 해당하는 가로줄이 맨 위에 그려져 있습니다. 실제 연주자의 시선에서 가장 가까운 줄인 6번줄이 '아래'에, 가장 먼 줄인 1번줄이 '위'에 있다는 점에 주의하세요.

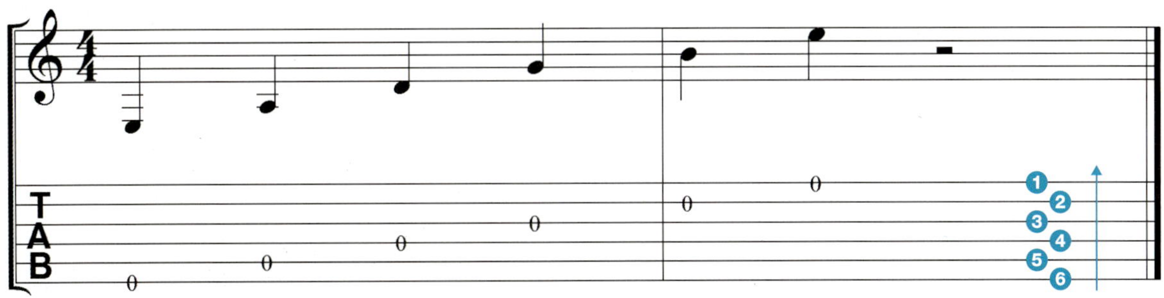

아래에서 위로 6번줄～1번줄의 순서입니다.

타브 악보의 맨 첫 음을 봅시다. 6번줄에 해당하는 가로줄에 0이라는 숫자가 적혀 있습니다. 타브 악보에서 숫자는 해당 줄의 몇 번째 프렛을 눌러야 하는지를 나타냅니다. '엇! 헤드에서 가장 가까운 프렛이 1번 프렛이라고 했는데, 그럼 0번 프렛은 어디지?' 이미 눈치챈 사람들이 많겠지만, 0번 프렛은 아무것도 누르지 않은 상태인 '개방현'을 의미합니다. 즉 타브 악보의 맨 첫 음은 바로 6번줄의 개방현을 치라는 의미입니다.

그럼 두 번째 음은? 맞습니다. 5번줄의 개방현을 치라는 의미입니다. 이렇게 위의 악보는 여섯 줄의 개방현을 차례로 치라는 지시를 담고 있습니다. 마치 조율을 할 때처럼 말이지요.

다운 스트로크와 업 스트로크

그럼 아래의 타브 악보는 아까 것과 무엇이 다를까요? 네, 맞습니다. 여섯 줄의 개방현을 치는 것은 동일하지만 여섯 줄을 한 번에 치라는 뜻입니다.

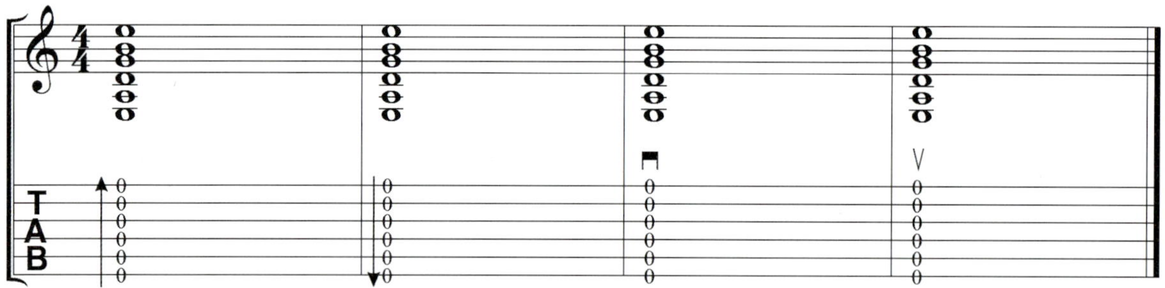

— 다운 스트로크와 업 스트로크 —

● 그런데 마디마다 조금씩 다른 표시가 덧붙어 있네요. 첫 번째 마디에는 아래에서 위로 향하는 화살 표시가 있습니다. 오른손의 손가락 또는 피크를 6번줄부터 1번줄의 방향으로 움직여서 줄들을 튕기라는 뜻입니다. 이런 경우를 다운 스트로크(down stroke)라고 합니다. 다운 스트로크는 오른손을 아래로(down) 내리면서 6번 → 1번의 순서로 기타줄을 튕깁니다.

1

보고 듣고 따라하는 동영상 03 _ **다운스트로크.mp4**

● 두 번째 마디에는 반대로 위에서 아래로 화살 표시가 있습니다. 손가락 또는 피크를 1번줄부터 6번줄의 방향으로 움직여서 줄들을 튕기라는 뜻입니다. 이것을 업 스트로크(up stroke)라고 합니다. 업 스트로크는 오른손으로 위로(up) 올리면서 1번 → 6번의 순서로 기타줄을 튕깁니다.

보고 듣고 따라하는 동영상 04 _ **업스트로크.mp4**

● 세 번째 마디에는 무슨 뚜껑 같은 모양(⊓)의 표시가 있습니다. 이것은 첫 번째 마디와 동일하게 오른손을 6번줄부터 1번줄의 방향으로 움직여서 줄들을 튕기라는 뜻입니다.

● 네 번째 마디에는 브이(V) 표시가 있습니다. 이것은 두 번째 마디와 동일하게 오른손을 1번줄부터 6번줄의 방향으로 움직여서 줄들을 튕기라는 뜻입니다.

그럼 첫 번째 마디와 세 번째 마디, 두 번째 마디와 네 번째 마디는 무슨 차이가 있는 걸까요? 기본적으로 오른손의 동선은 같지만 뉘앙스가 약간 다릅니다. 화살 표시는 조금 느긋하게 여운을 남기며 치라는 뜻이고, 뚜껑과 브이 표시는 단숨에 경쾌하게 치라는 뜻을 담고 있습니다. 실제 타브 악보에서는 화살 표시보다 뚜껑과 브이 표시가 압도적으로 많이 쓰이니 잘 기억해 두기 바랍니다.

다운 피킹과 업 피킹

이처럼 기타 연주에서 스트로크(stroke)란 여러 줄을 동시에 치는 주법을 의미합니다. 외국에서는 스트럼(strum)이라고도 합니다. 그럼 한 번에 한 줄만 치는 주법은 뭐라고 부를까요? 그건 피킹(picking)이라고 합니다. 스트로크가 다운 스트로크와 업 스트로크로 구분되듯이 피킹도 다운 피킹과 업 피킹으로 구분됩니다. 타브 악보에서는 다운 피킹과 업 피킹을 나타낼 때 스트로크와 같은 표시를 사용합니다.

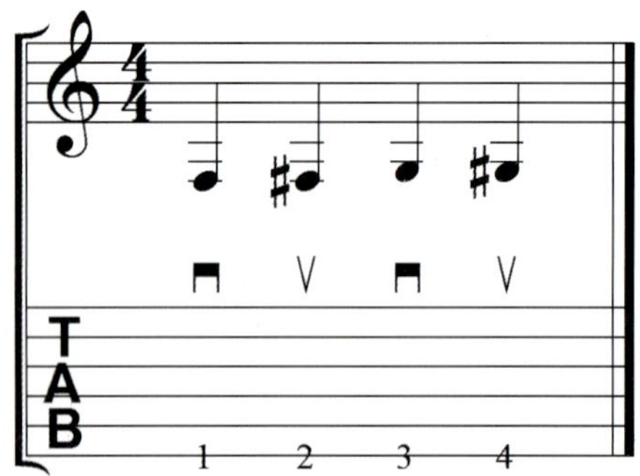

다운 피킹과 업 피킹을 교대로!

보고 듣고 따라하는 동영상 05 _ 다운피킹과업피킹.mp4

이 악보를 보면 6번줄의 1번 프렛을 누른 음, 2번 프렛을 누른 음, 3번 프렛을 누른 음, 4번 프렛을 누른 음을 각각 4분음표의 길이만큼 치라고 되어 있습니다. 그런데 첫 음(1번 프렛) 아래에 다운 피킹을 하라는 표시가 있네요. 기타줄을 아래로 내리며 튕기라는 뜻입니다. 둘째 음(2번 프렛) 아래에는 업 피킹을 하라는 표시가 있고요. 기타줄을 위로 올리며 튕기라는 뜻입니다. 셋째 음(3번 프렛)은 다시 다운 피킹, 넷째 음(4번 프렛)은 업 피킹입니다.

이렇게 다운 피킹과 업 피킹이 교대로 나오는 이유는 오른손의 동선을 최소화하기 위함입니다. 만약 이 네 가지 음을 전부 다운 피킹 혹은 업 피킹으로만 친다면 오른손이 위아래로 네 번 움직이게 됩니다. 하지만 다운 피킹과 업 피킹을 교대로 한다면 동선이 자연스럽게 연결되기 때문에 두 번만 움직이면 되지요.

다운 피킹과 업 피킹, 다운 스크로크와 업 스트로크를 부드럽게 연결시키는 것은 연주의 효율성뿐만 아니라 리듬감을 익히는 데도 무척 중요합니다. 이 얘기는 나중에 연습 과제와 함께 다시 나누도록 합시다.

- 타브 악보에서는 맨 아랫줄이 6번줄, 맨 윗줄이 1번줄입니다.
- 숫자 0은 개방현을 나타냅니다.
- 다운 스트로크와 업 스트로크, 다운 피킹과 업 피킹을 나타내는 표시를 기억하세요.

그림으로 보는 코드표

타브 악보에는 어떤 음들을 연주해야 하는지가 직관적으로 잘 그려져 있습니다. 하지만 그 음들을 왼손의 어떤 손가락으로 짚어야 하는지는 나와 있지 않지요. 원론적으로는 각각의 음들을 깔끔하게 연주할 수만 있다면 어떻게 치든 상관없습니다. 하지만 현실적으로는, 특히 코드(화음)의 경우에는 권장되는 또는 다른 대안이 없는 왼손 모양이 정해져 있습니다. 그래서 악보집이나 교본에서는 왼손의 손가락 번호와 코드표를 덧붙여서 연주를 돕기도 합니다.

이 타브 악보는 다장조의 '도미솔'로 구성된 C코드를 나타내고 있습니다. 5번줄은 3번 프렛, 4번줄은 2번 프렛, 3번줄은 개방현, 2번줄은 1번 프렛, 1번줄은 개방현을 누르라는 표시입니다. 그런데 6번줄에는 X표시가 있네요? 이 X표시는 그 줄은 치지 말라는 뜻입니다. 이렇게 6번줄을 제외하고 5~1번줄만 치는 코드가 몇 개 있는데, 나중에 더 자세히 설명할 테니 일단은 넘어갑시다.

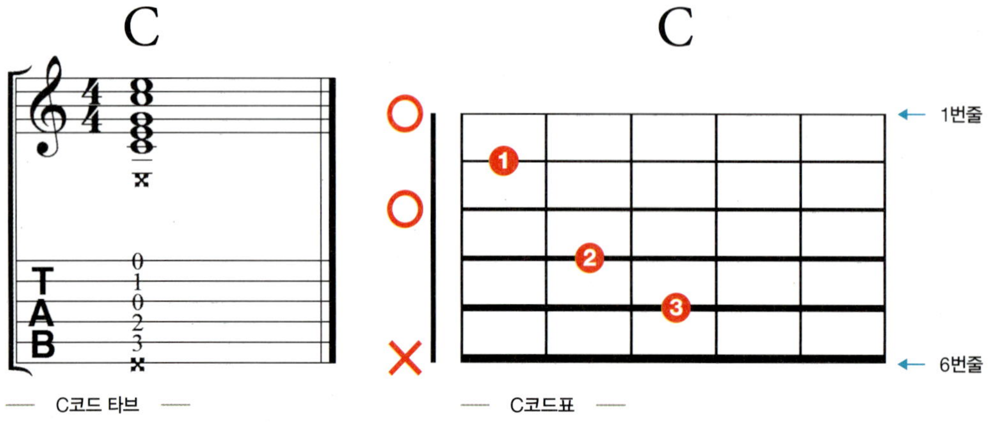

C코드 타브 — C코드표

옆의 코드표는 이 C코드를 칠 때 왼손이 지판을 누르게 될 형태를 한눈에 보여주고 있습니다. 타브 악보와 마찬가지로 맨 아래 가로줄이 6번줄, 맨 위의 가로줄이 1번줄을 나타냅니다. 코드표 왼편의 O표시는 개방현을 치라는, X표시는 치지 말라는 뜻입니다. 그리고 빨간색 동그라미는 몇 번째 프렛을 눌러야 하는지 알려줍니다. 5번줄은 좌측부터 셌을 때 3번째 칸(3번 프렛), 4번줄은 두 번째 칸(2번 프렛), 2번줄은 첫 번째 칸(1번 프렛)에 찍혀 있습니다.

마지막 하나가 남았습니다. 빨간색 동그라미 안에 숫자가 적혀 있네요. 이게 바로 왼손의 어느 손가락으로 눌러야 하는지를 알려 주는 숫자입니다. 이때 왼손의 엄지는 빼놓고 검지부터 숫자를 매깁니다. 검지는 1, 중지는 2, 약지는 3, 소지는 4입니다. 그러니까 5번줄 3번 프렛을 약지로, 4번줄 2번 프렛을 중지로, 2번줄 1번 프렛을 검지로 눌러야겠지요? 아래 사진처럼 말입니다.

C코드를 잡은 모습

일부 교본과 악보에서는 아래처럼 코드표를 세로 형태로 그리기도 합니다. 이 코드표에는 왼손의 손가락 번호를 빨간색 동그라미 안이 아니라 그림 하단에 적어 놓았습니다. 이렇듯 코드표에 세부규칙이 확정되어 있진 않습니다. 연주자가 한눈에 왼손 모양을 확인할 수만 있다면 만사형통입니다.

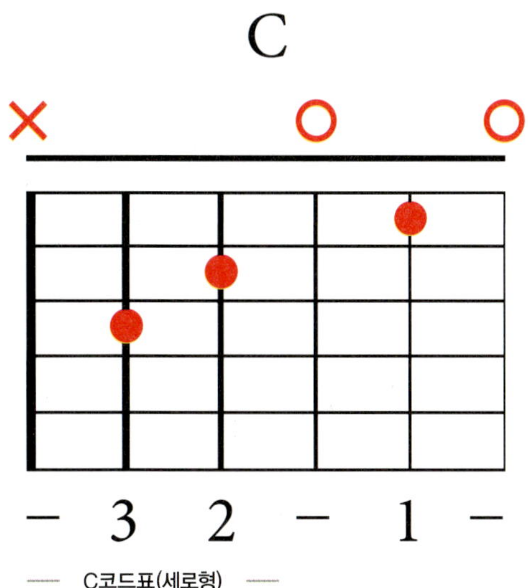

C코드표(세로형)

이건 아까 한 번 나왔던 타브 악보입니다. 다른 점은 타브 아래에 왼손 손가락 번호가 적혀 있다는 겁니다. 6번줄 1번 프렛은 검지로, 2번 프렛은 중지로, 3번 프렛은 약지로, 4번 프렛은 소지로 누르라는 표시입니다.

아직 뭐가 뭔지 헷갈리시죠? 그럼 아래 타브 악보를 같이 보시죠. 이전의 타브 악보와 연주하는 음은 같지만, 손가락 번호가 다릅니다. 6번줄 1번 프렛을 검지로, 2번 프렛을 중지로 누른 후에 왼손 위치를 이동하여 3번 프렛을 다시 검지로, 4번 프렛을 중지로 누르라는 뜻입니다. 손가락 번호에 따라 왼손의 움직임이 달라집니다.

그러면 다음 악보는 어떻게 치라는 뜻일까요? 네, 맞습니다. 6번줄 1번 프렛을 검지로 누른 후에 왼손 위치를 이동하여 2번 프렛을 또 검지로, 3번 프렛을 중지로, 4번 프렛을 약지로 누르라는 뜻입니다.

하나만 더 해 볼까요? 아래의 악보는 6번줄 1번 프렛을 검지로, 2번 프렛을 중지로, 3번 프렛을 약지로 누른 후에 왼손 위치를 이동하여 4번 프렛을 또 약지로 누르라는 뜻입니다.

이 책에서는 주로 코드 반주를 연습할 것이기 때문에 왼손 손가락 번호가 많이 나오진 않지만, 이처럼 한 악보를 연주하는 방식이 여러 가지일 수 있음을 꼭 기억해 두기 바랍니다.

이제 실전에 돌입할 모든 준비가 끝났습니다. 지금까지 많이 지루하셨을 테니 요점만 간단히 짚고 얼른 3부로 넘어가서 기타와 한판 부딪쳐 봅시다!

- X 표시는 해당 줄을 치지 말라는 뜻입니다.
- 빨간색 동그라미는 눌러야 할 프렛의 위치를 알려 줍니다.
- 왼손의 손가락 번호: 검지(1), 중지(2), 약지(3), 소지(4)

GUITAR
PART 03
MUSIC

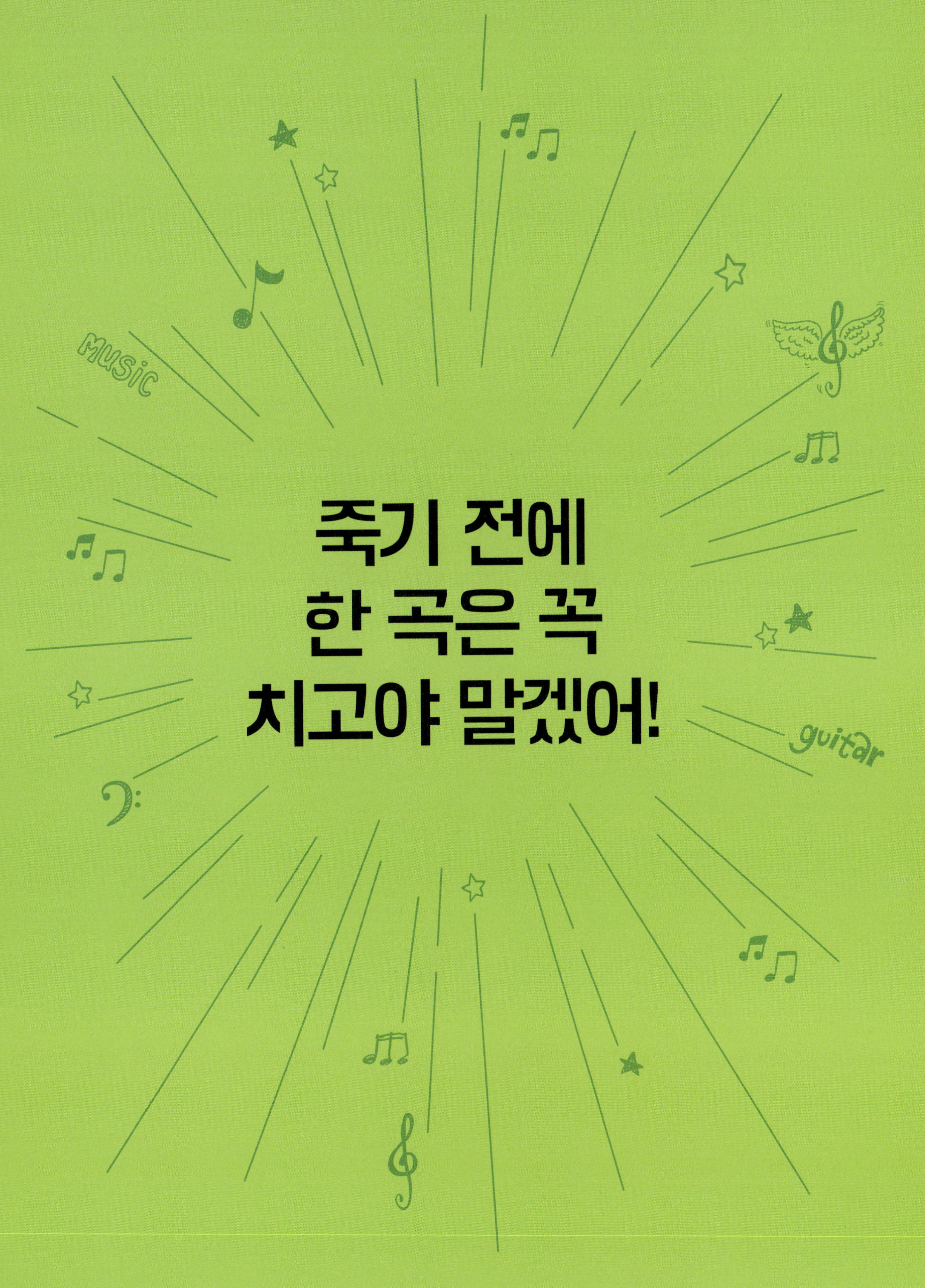

죽기 전에
한 곡은 꼭
치고야 말겠어!

CHAPTER 07

1주차, 손아귀가 얼얼할 때까지

기타를 집어 들 때마다 당신은 늘 새로운 뭔가를 배우게 될 것이다.

— 키스 리차드 —

1일차, 1-2-1-2, 1-3-1-3 연습

1-2-1-2 연습하기

드디어 첫 연습입니다. 연습에 앞서 기타를 안는 자세와 조율 상태를 충분히 점검합니다. 준비됐나요? 우선 왼손 검지로 6번줄 1번 프렛을 누릅니다. 기타에서 프렛을 누른다는 것은 프렛의 위가 아니라 바로 앞을 누르는 겁니다. 그리고 조율할 때와 같은 방식으로 오른손 엄지를 써서 6번줄을 튕깁니다.

● 프렛의 '위'가 아니라 ☒

● '앞'을 눌러야 듣기 좋은 소리가 납니다. ⊙

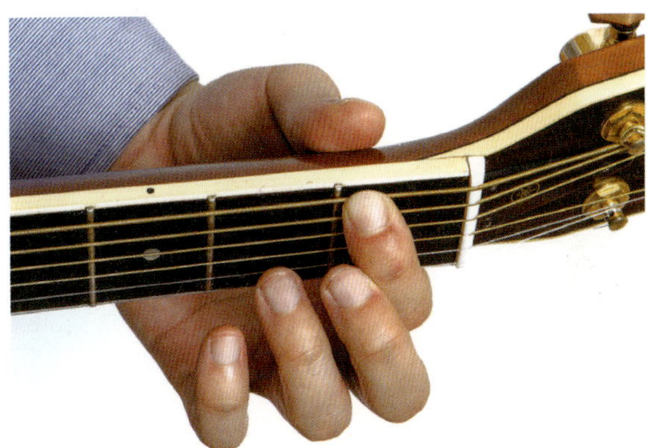

● 그렇다고 이렇게 멀리 떨어뜨리면 안 됩니다. ☒

그리고 이 자세를 유지한 상태에서 왼손 중지로 6번줄 2번 프렛을 누릅니다. 2번 프렛을 누른다고 해서 1번 프렛의 검지를 떼면 안 됩니다. 즉 검지는 그대로 두고 중지만 움직이는 겁니다. 다시 오른손 엄지로 6번줄을 튕깁니다. 아까보다 한 프렛(반음) 높은 음이 들릴 겁니다.

- 그럼 먼저 검지로 1번 프렛을 누릅니다.

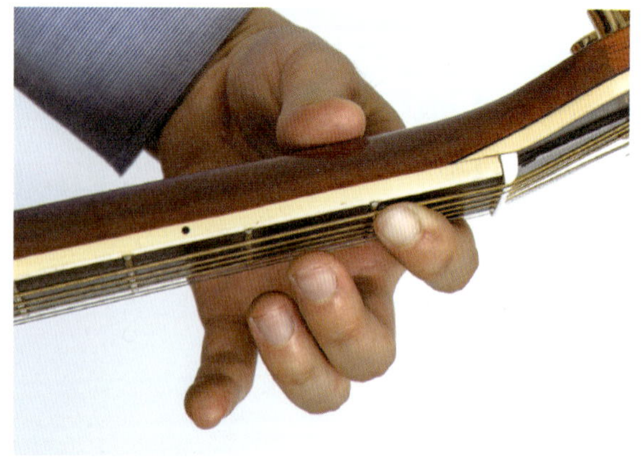

- 검지는 그대로 둔 채로 중지로 2번 프렛을 누릅니다. 왼손 엄지는 검지와 중지의 중간쯤에서 마주 보게 합니다.

- 넥 뒤에서 봤을 때 엄지는 넥의 중심선 또는 그보다 약간 아래에서 떠받쳐 주어야 합니다.

이 연습을 1분간 반복합니다. 속도는 중요하지 않습니다. 정확한 자세로 깨끗한 음을 내는 것이 목표입니다. 1분이 지났으면 다음 연습으로 넘어갑니다.

보고 듣고 따라하는 동영상 06 _ 6번줄1-2-1-2.mp4

1-3-1-3 연습하기

아까와 비슷하지만 이번에는 약지로 3번 프렛을 누른다는 점이 다릅니다. 아마도 약지를 3번 프렛 근처까지 벌리기가 힘들 겁니다. 다른 문제가 있어서가 아니라 단지 아직 근력이 발달하지 않았기 때문입니다. 그러니까 '체력 테스트' 한다 생각하고 눈 딱 감고 1분간 반복합니다.

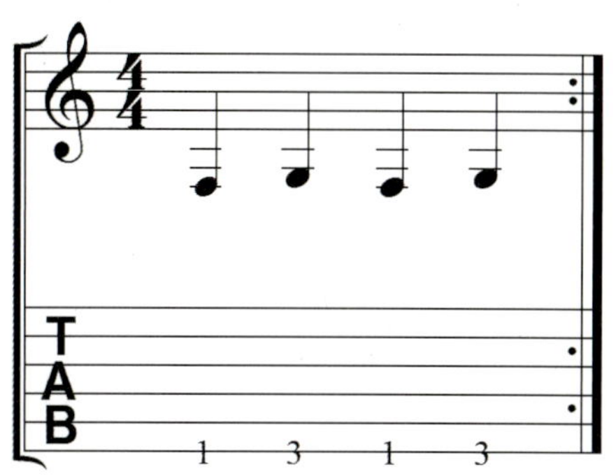

● 검지는 아까와 같습니다.

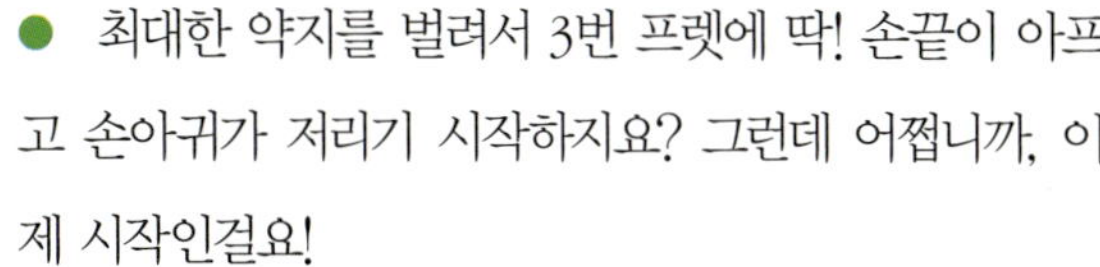
● 최대한 약지를 벌려서 3번 프렛에 딱! 손끝이 아프고 손아귀가 저리기 시작하지요? 그런데 어쩝니까, 이제 시작인걸요!

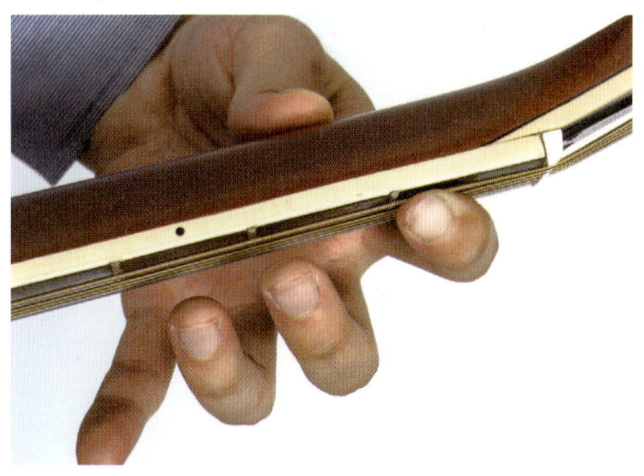

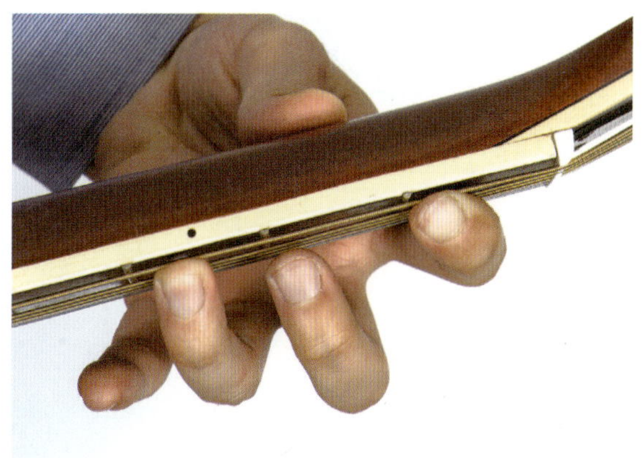

보고 듣고 따라하는 동영상 07 _ **6번줄1-3-1-3.mp4**

나머지 줄 연습하기

쉬지 말고 5번줄로 넘어갑니다. 방법은 동일합니다. 첫 마디의 검지-중지 연습을 1분, 둘째 마디의 검지-약지 연습을 1분간 반복합니다.

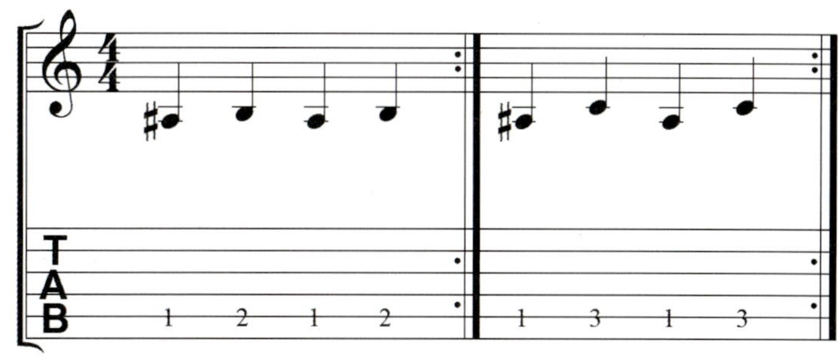

조금만 더 힘을 냅시다. 4번줄에서도 검지-중지 연습을 1분, 검지-약지 연습을 1분간 반복합니다.

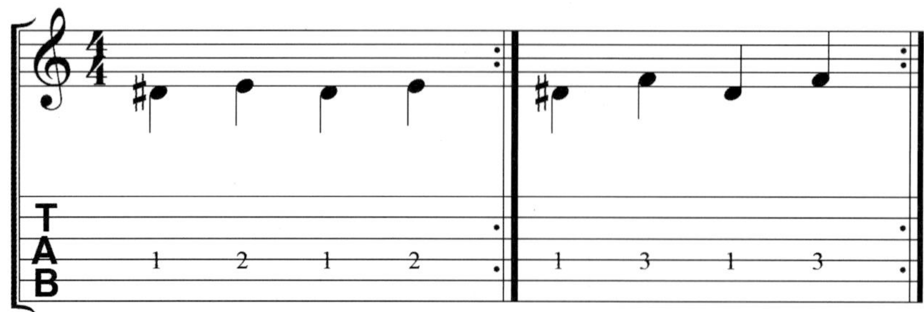

이제 3번줄에서 연습할 차례입니다. 검지-중지 연습을 1분, 검지-약지 연습을 1분간 반복합니다.

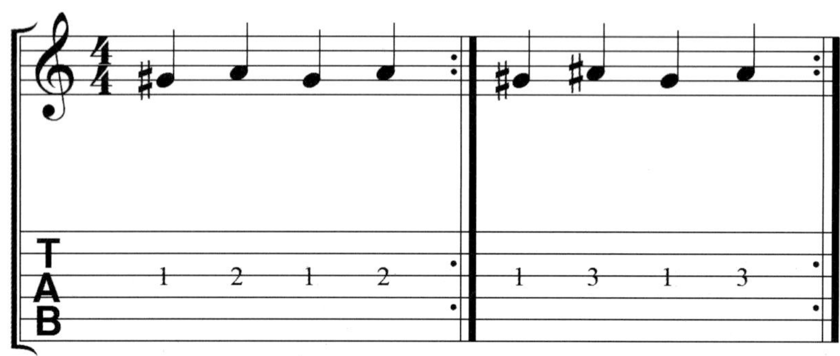

같은 방식으로 쉬지 않고 2번줄, 1번줄까지 연습합니다. 그러면 어느덧 15분 정도 시간이 흘렀을 겁니다. 왼손이 욱신욱신하지요? 1분만 쉬었다가 위의 전체 연습 과정을 한 차례 더 반복하고 오늘의 연습을 마칩니다.

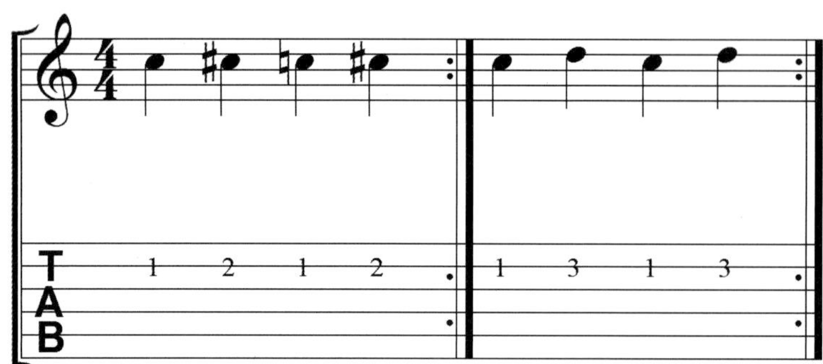

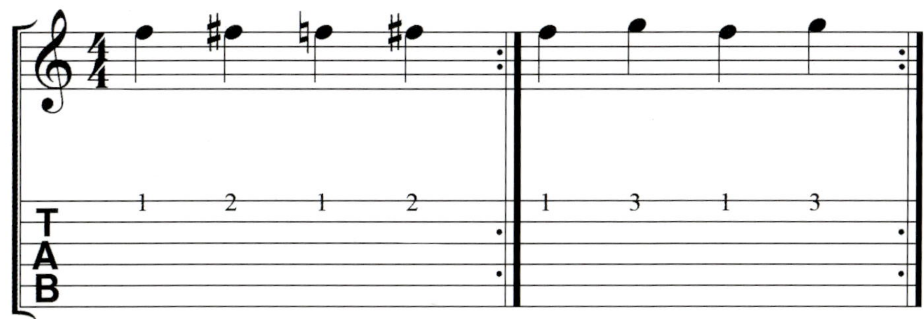

보고 듣고 따라하는 동영상 08 _ 나머지줄.mp4

마지막으로 주의사항!

연습을 하다 보면 자기도 모르게 힘이 빠지면서 관절이 일자로 펴지곤 합니다. 하지만 검지, 중지, 약지, 소지 모두 예외 없이 지판을 누를 때는 무조건 관절의 각도가 자연스럽게 굽어 있어야 합니다. 그래야 빠른 움직임이 가능하고, 의도치 않게 다른 줄을 건드릴 가능성도 줄어듭니다.

- 아픈 심정은 이해하지만 옳지 못한 각도입니다. ✕
- 관절이 자연스럽게 굽어 있어야 부드러운 연속 동작이 가능해집니다. O

2일차, 1-2-1-2, 1-3-1-3 연습(누인 자세)

자세와 조율 상태를 점검한 후에 둘째 날 연습을 시작합니다. 이 두 가지는 수시로 확인하면서 몸에 배도록 해야 합니다.

6번, 5번, 4번줄 연습 복습하기

어제와 마찬가지로 6번줄, 5번줄, 4번줄의 검지-중지, 검지-약지 연습을 반복합니다. 총 6분간 연습을 마치고 1분간 휴식합니다.

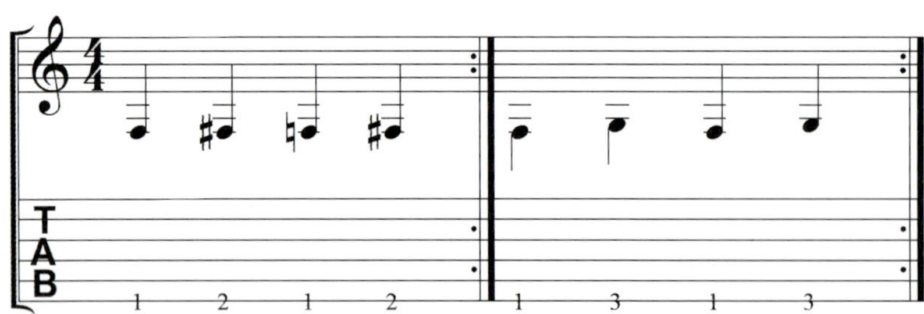

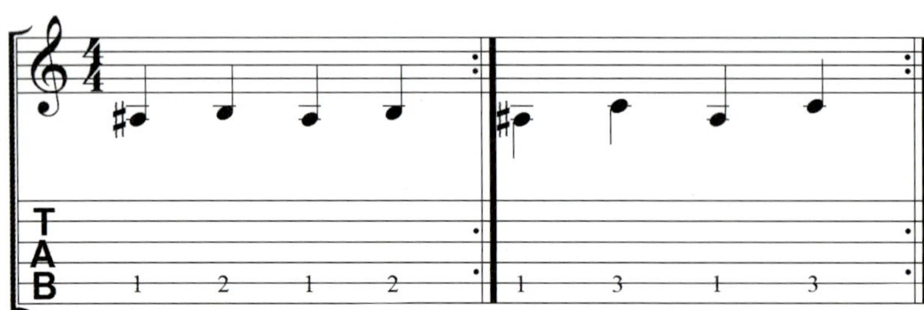

3번, 2번, 1번줄 다른 자세로 연습하기

오늘은 3번줄~1번줄을 칠 때 어제와는 다른 자세를 취합니다. 어제는 엄지의 위치만 조금 달리할 뿐 기본적으로 6번줄~1번줄까지 같은 자세를 유지했다면, 오늘은 칼자루를 쥐듯 넥을 잡고 손가락을 프렛에 사선 방향으로 뻗어 누르는 자세를 연습합니다. 편의상 어제 연습한 자세를 '정자세', 오늘 연습할 자세를 '뉘인 자세'라고 부르겠습니다.

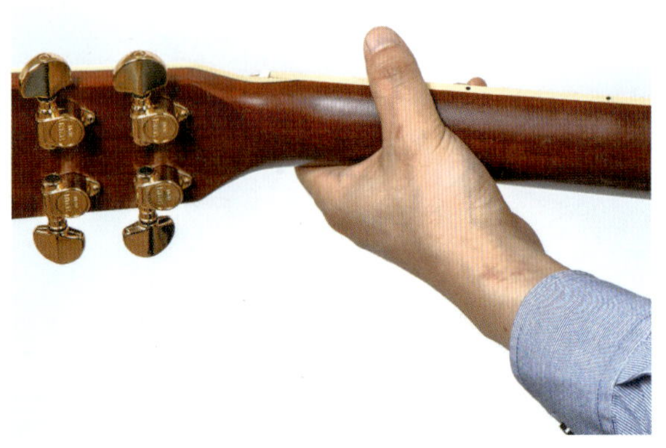

● 이런 식으로 엄지를 아예 넥 위로 올리고 엄지-검지의 그립으로 넥을 단단히 쥡니다.

● 1번 프렛(검지)을 누르고

● 2번 프렛(중지)을 누릅니다.

● 1번 프렛(검지)을 누르고

● 3번 프렛(약지)을 누릅니다.

보고 듣고 따라하는 동영상 09 _ 3~1번줄뉘인자세.mp4

사진을 보면 손가락들이 프렛과 사선 방향으로 뻗어 나옵니다. 고음현을 연주할 때는 이런 자세를 취해야 손가락이 더 편안하게 움직입니다. 3번줄, 2번줄, 1번줄에서 검지-중지, 검지-약지 연습을 반복하고 1분간 휴식합니다.

그럼 왜 저음현(6번줄~4번줄)에서는 '뉘인 자세'를 쓰지 않을까요? 직접 시도해 보면 알겠지만, 손의 구조상 저음현에서는 오히려 움직임을 제약하는 원인이 되기 때문입니다.

실제 연주에서는 '정자세'와 '뉘인 자세'가 교대로 쓰입니다. 숙련된 연주자들은 이 두 자세를 자유자재로 바꿔 가며 연주하지요. 그러니까 둘 다 연습해 두어야 합니다. 오래전에는 '정자세'가 맞고 '뉘인 자세'는 틀린 자세라며 주의시키는 교본도 일부 있었는데, 아마 클래식 기타의 강습법에 얽매여 있었기 때문일 겁니다. 하지만 포크, 팝, 록 등의 대중음악을 연주하려면 '뉘인 자세'가 반드시 필요합니다.

검지-중지, 검지-약지 연습을 6번줄~4번줄에서는 정자세로, 3번줄~1번줄에서는 뉘인 자세로 한 번 더 반복합니다.

보고 듣고 따라하는 동영상 10 _ 정자세와뉘인자세.mp4

3일차, 1-2-1-3 연습

오늘은 손가락을 좀 더 복잡하게 움직여 봅시다. 검지-중지-검지-약지의 반복 패턴입니다.

'손이 내 맘대로 안 움직인다'는 생각이 어제보다 더 강하게 들 겁니다. 하지만 인간은 적응의 동물이기 때문에 무조건 반복하다 보면 금방 익숙해집니다.

거듭 얘기하지만 속도를 높이는 것은 중요하지 않습니다. 정확한 자세로 깨끗한 음을 연주하는 데 집중하세요. 검지는 계속 1번 프렛을 누르고 있는 상태를 유지해야 합니다. 왼손이 뻐근하고 손끝이 아리는 것이 정상입니다. 천천히 해도 좋으니 정해진 시간은 꼭 채우세요.

정자세 연습하기

6번줄, 5번줄, 4번줄의 순서로 각 2분씩 정자세로 연습하고 1분간 휴식합니다.

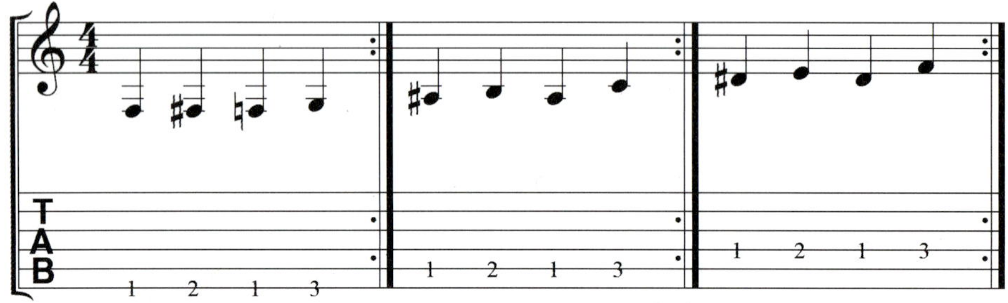

3번줄, 2번줄, 1번줄에서도 정자세로 각 2분씩 연습합니다. 1번줄까지 끝냈으면 1분간 휴식하며 왼손을 주물러 주거나 쥐었다 폈다 하며 긴장을 풉니다.

정자세와 뉘인 자세 연습하기

다시 6번줄~4번줄의 연습을 반복합니다. 각 2분씩 진행한 후에 1분간 휴식합니다.

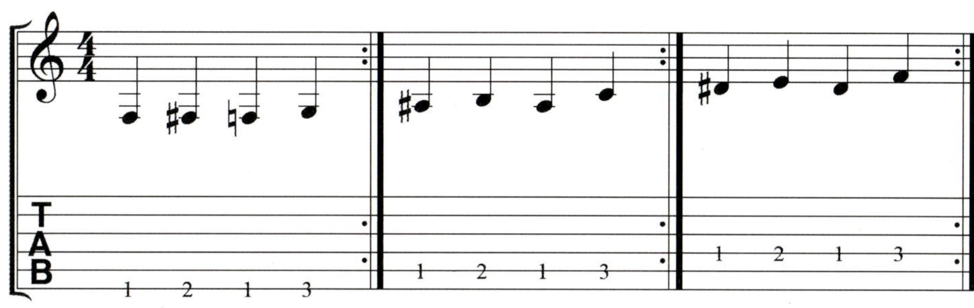

다시 3번줄~1번줄의 연습을 반복하는데, 이번에는 어제 배운 '뉘인 자세'로 진행합니다. 각 2분씩 진행한 후에 오늘의 연습을 마칩니다.

보고 듣고 따라하는 동영상 11 _ 1-2-1-3.mp4

아마 많은 분들이 느끼셨을 텐데, 저음현과 고음현은 다루는 느낌이 사뭇 다릅니다. 저음현은 굵기 때문에 더 세게 눌러야 하지만 손끝의 고통은 덜합니다. 고음현은 가늘기 때문에 힘은 덜 들지만 손끝에 예리한 통증이 남습니다. 아무튼 손끝의 통증은 참고 견디는 수밖에 없습니다. 그러다 보면 어느새 굳은살이 박여 견딜 만해집니다.

4일차, 도 레 미 파 솔 라 시 도 연습

지금까지는 근력 향상을 위한 기계적인 연습이었다면, 오늘은 드디어 '음악'이란 것을 연주해 볼 겁니다. 뭐 그래 봤자 '도 레 미 파 솔 라 시 도'지만 천 리 길도 한 걸음부터 아니겠습니까?

정자세와 뉘인 자세 복습하기

검지-중지-검지-약지 패턴을 6번줄, 5번줄, 4번줄에서 정자세로 각 1분씩 진행합니다.

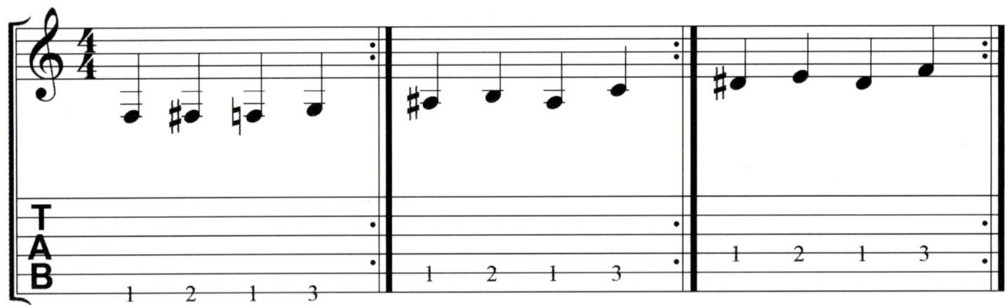

같은 패턴을 3번줄, 2번줄, 1번줄에서 뉘인 자세로 각 1분씩 진행합니다.

드디어 도 레 미 파 솔 라 시 도

'도 레 미 파 솔 라 시 도'의 타브 악보입니다. 5번줄, 4번줄이 포함되어 있긴 하지만 뉘인 자세로 연습합니다. 4번줄에서 '중지-약지'라는 새로운 패턴이 하나 나오는데, 앞선 연습들과 같은 원칙으로 중지를 누른 상태에서 약지를 덧붙여 누르면 됩니다. 몇 차례 반복해 봅니다.

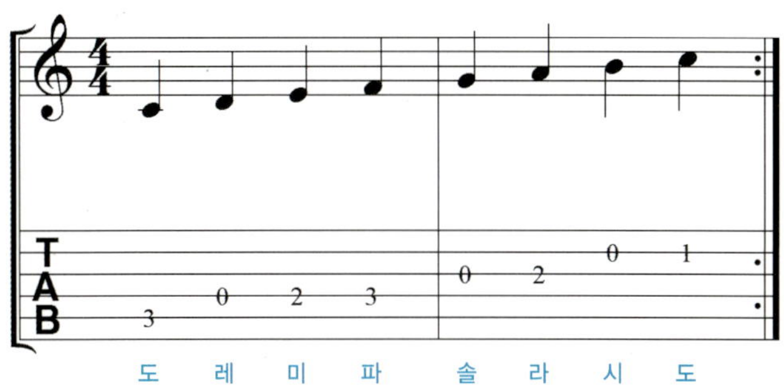

- 중지로 2번 프렛을 누르고 이어서 약지로 3번 프렛을 누릅니다.

이번에는 음들을 반대로 배열한 '도 시 라 솔 파 미 레 도'를 몇 차례 반복해 봅니다.

 **보고 듣고 따라하는 동영상 12**

도레미파솔라시도.mp4

연습시간 30분을 채울 때까지 '도 레 미 파 솔 라 시 도'로 올라가고, '도 시 라 솔 파 미 레 도'로 내려오는 상향-하향 패턴을 교대로 반복합니다.

재미있으면 더 시간을 들여 〈학교종이 땡땡땡〉처럼 계명을 외우고 있는 간단한 멜로디를 연주해봅니다. '솔 솔 랄 라 솔 솔 미~ 솔 솔 미 미 레~ 솔 솔 랄 라 솔 솔 미~ 솔 미 레 미 도~'

 **보고 듣고 따라하는 동영상 13 _ 학교종이땡땡땡.mp4**

5일차, 확장판 도 레 미 파 솔 라 시 도 연습

오늘은 어제의 '도 레 미 파 솔 라 시 도'에다 더 낮은 음들과 더 높은 음들까지 포함시켜 보겠습니다. 그래도 기본 연습을 게을리하면 안 되겠죠?

정자세 복습하기

검지-중지-검지-약지 패턴을 모든 줄에서 정자세로 각 1분씩 진행합니다.

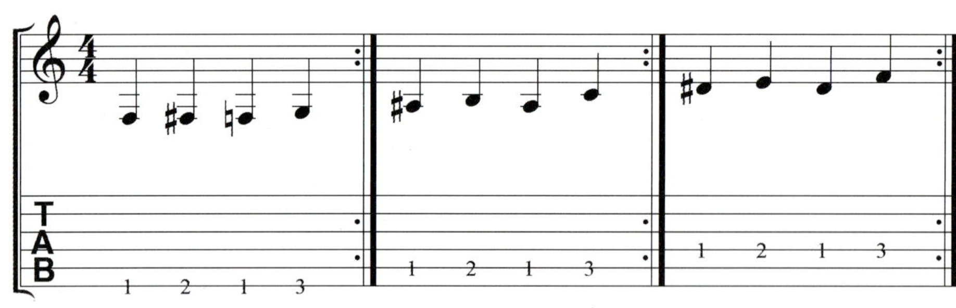

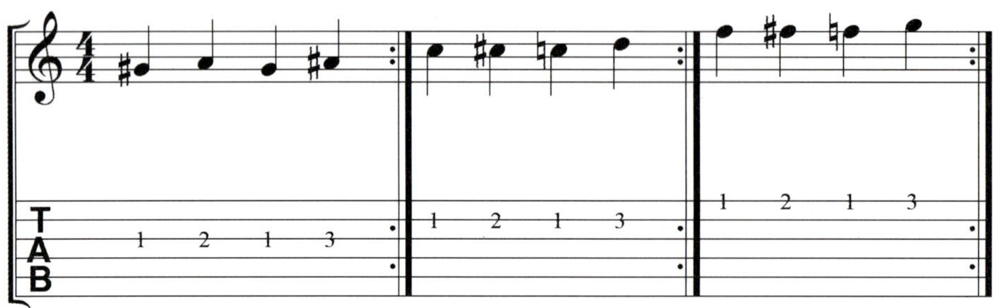

새로운 도 레 미 파 솔 라 시 도

네모칸으로 표시한 부분이 어제 연습한 '도 레 미 파 솔 라 시 도'입니다. 네모칸 밖의 음들은 그보다 더 낮거나 높은 다장조의 음들입니다. 기타에서 낼 수 있는 가장 낮은 음은 6번줄 개방현이고, 그 계명은 '미'입니다. 그래서 '미 파 솔 라 시'를 먼저 연주하고, '도 레 미 파 솔 라 시 도'를 연주한 후 '레 미 파 솔'까지 덧붙일 수 있습니다. 여기서 중요한 점은 '미 파 솔 라 시'까지는 정자세로 연주하다가 '도'부터 뉘인 자세로 바꾸는 것입니다. 정자세에서 뉘인 자세로 자연스럽게 연결되도록 주의하면서 몇 차례 반복해 봅니다. 속도를 높이려고 하지 말고 한 음 한 음 천천히 공들여 치도록 합니다.

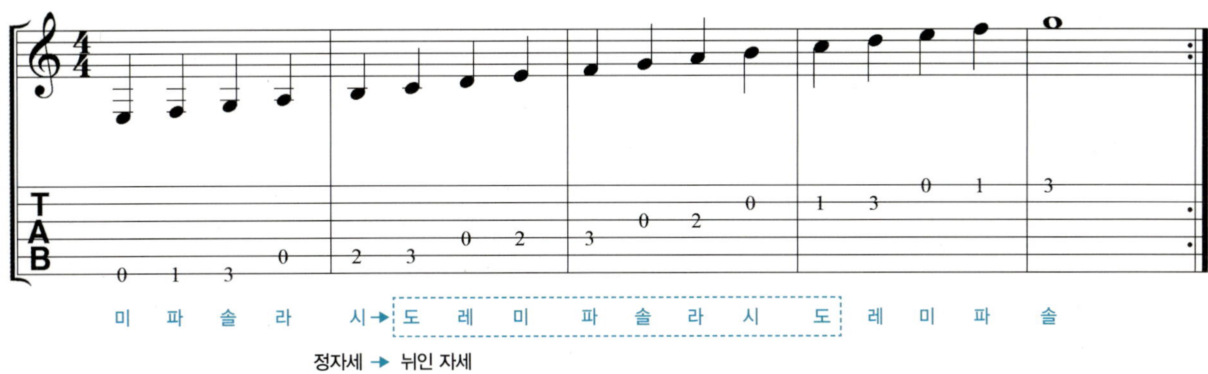

이번에는 하향 패턴입니다. '솔 파 미 레'로 시작해서 '도 시 라 솔 파 미 레 도'를 거쳐 '시 라 솔 파 미'로 끝납니다. 마찬가지로 주의할 점은 뉘인 자세로 5번줄의 3번 프렛(도)까지 내려오다가 5번줄 2번 프렛부터 정자세로 바꾸는 것입니다. 천천히 몇 차례 반복해 봅니다.

보고 듣고 따라하는 동영상 14 _ 확장판도레미파솔라시도.mp4

어느 정도 감이 잡혔으면 상향 패턴과 하향 패턴을 교대로 반복하며 연습시간 30분을 채웁니다. 그리고 닷새 동안 수고한 자신을 칭찬하면서 하루나 이틀쯤 쉬도록 허락해 줍니다. 물론 아주아주 재밌어서 스스로 복습하는 걸 말릴 사람은 아무도 없겠죠?

2주차, 손가락이 벌어질 때까지

연주는 말을 하는 것과 같다. 말과 생각을 동시에 할 수 없듯이,
당신은 연주와 생각을 동시에 할 수 없다.
당신이 자기 연주에 대해 생각하는 순간 연주는 부자연스러워진다.

— 조 패스 —

6일차, 1-4-1-4 연습

잘 쉬었나요? 다른 운동과 마찬가지로 기타 연습도 휴식이 중요합니다. 열심히 하는 것도 좋지만 자신에게 한없이 인내를 강요해서는 단순한 피로를 넘어 의욕까지 꺾일 수 있으니까 현명하게 강도를 조절하기 바랍니다.

분명히 얘기하지만, 스스로 포기하지만 않으면 실력은 반드시 늡니다. 그것도 조금씩 조금씩 느는 것이 아니라 어제까지는 죽어도 안되던 연주가 다음 날에는 거짓말처럼 되는 식으로 불쑥 늡니다. 그러니 변화가 없는 것 같다고 풀 죽지도 말고, 바빠서 며칠 건너뛰었다고 지레 걱정하지도 마세요. 그냥 계속해서 다음 연습 과제로 진행하고, 틈날 때 복습하면서 보충하면 됩니다.

오늘은 그동안 소외당했던 막내 손가락, 즉 소지를 단련해 볼 겁니다. 워낙 근력과 운동 능력이 부족한 손가락이라 힘이 들겠지만 과제 자체는 단순하니 집중해서 진행해 봅시다.

정자세로 소지 단련하기

지난주에 연습했던 1번 프렛 음과 3번 프렛 음을 번갈아 연주하는 패턴인데, 오늘은 검지-약지가 아니라 검지-소지로 누른다는 점이 다릅니다. 우선 6번줄, 5번줄, 4번줄을 정자세로 각 2분씩 연주해 보세요.

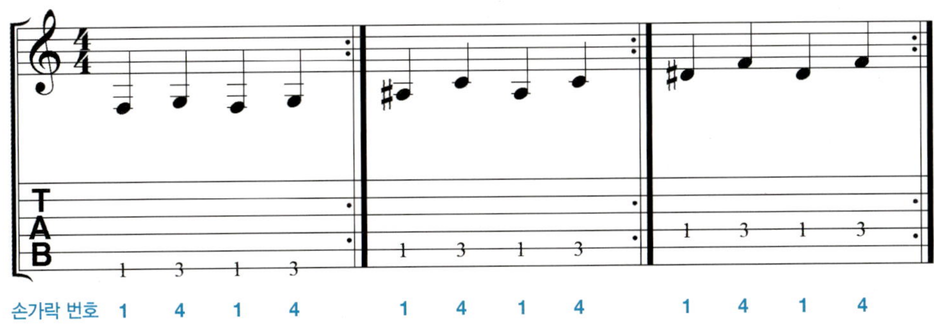

- 검지로 1번 프렛을 누른 상태에서 소지로 3번 프렛을 누릅니다.

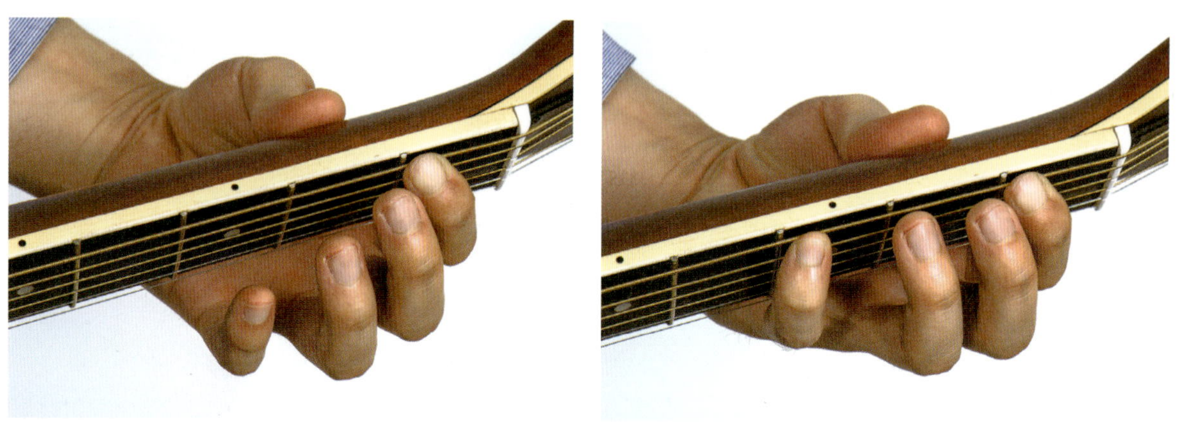

아마도 소지가 움직일 때마다 약지도 함께 춤을 출 겁니다. 당연한 현상이니 신경 쓸 필요 없습니다. 4번줄까지 마쳤으면 1분간 휴식하며 긴장을 풀어 줍니다.

똑같은 방식으로 검지-소지를 사용해서 정자세로 3번줄, 2번줄, 1번줄을 각 2분씩 연주합니다. 1번줄까지 마쳤으면 1분간 휴식합니다.

뉘인 자세로 소지 단련하기

이제 전체 과정을 한 번 더 반복하는데, 6번줄~4번줄은 정자세를 유지하지만 3번줄, 2번줄, 1번줄을 칠 때는 뉘인 자세로 진행합니다.

● 엄지-검지의 그립으로 넥을 단단히 쥔 상태에서 1번 프렛을 검지로 누르고,

● 소지를 뻗어 3번 프렛을 누릅니다.

보고 듣고 따라하는 동영상 15 _ 1-4-1-4.mp4

만만치 않지요? 특히 연습 때마다 혹사당하고 있는 왼손 검지의 통증과 피로가 상당할 겁니다. 항상 연주의 시작점이자 축이 되어 주는 검지에게 감사하는 마음으로 주물럭주물럭 마사지하며 오늘의 연습을 끝냅시다.

7일차, 버티기 연습

오늘은 색다른 연습을 해 보겠습니다. 이름 하야 '버티기'입니다. 요즘은 많이 달라졌다는데, 제 학창 시절만 해도 사랑의 맴매가 일상이었습니다. 그나마 마음이 약한 선생님들은 직접 매를 들지는 못하고 대신 떠드는 친구들을 불러내 기마자세 따위를 시키곤 했습니다. 저도 온몸을 부들부들 떨면서 '차라리 몇 대 맞는 편이 낫겠다'고 생각했던 기억이 떠오르네요. 오늘 여러분의 왼손도 그렇게 부들부들 떨리게 될지 모르겠습니다.

F코드를 잡은 모습

마의 F코드

기타 초보자들에게 최대 난관은 F코드라는 얘기를 들어 보았을 겁니다. 사실 웬만큼 이력이 붙어도 F코드는 어렵습니다. 가끔 어떤 노래들은 처음부터 끝까지 F코드의 형태(바레 코드 혹은 하이 코드라고도 합니다)를 유지해야 하는 경우가 있는데, 20년 이상 기타를 쳐 온 저 역시 몇 곡을 연속으로 연주한 것 같은 피로를 느끼게 됩니다. 그래서 당장 F코드에 도전하는 것은 무리이고, 대신 오늘은 약식으로 저음현의 세 줄만 치면서 근력을 길러 보겠습니다.

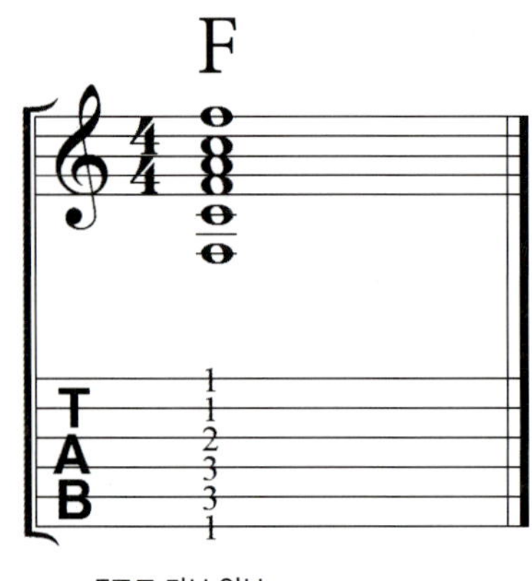

F코드 타브 악보

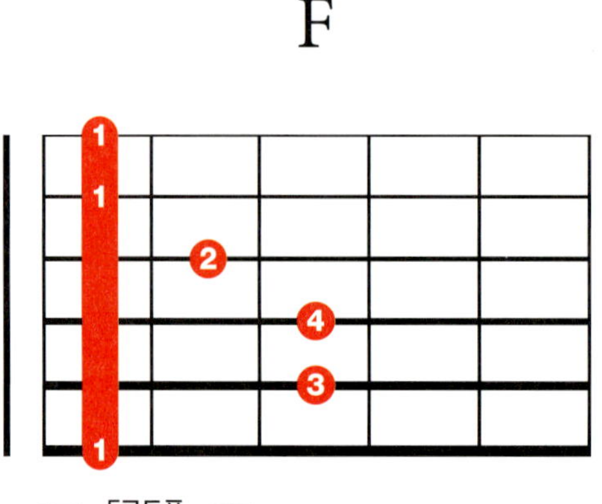

F코드표

F코드의 세 줄 누르기로 근력과 유연성 향상시키기

F코드는 6번줄 1번 프렛을 검지로, 5번줄 3번 프렛을 약지로, 4번줄 3번 프렛을 소지로, 3번줄 2번 프렛을 중지로, 2번줄과 1번줄 1번 프렛을 검지의 밑둥으로 누르는 코드입니다. 휴, 복잡하지요? 핵심은 검지를 일자로 세운 채로 지판에 붙여서 여러 줄을 동시에 누르는 것인데, 오늘은 그 부분은 빼고 세 줄 누르기(6번줄~4번줄)만으로 근력과 유연성을 향상시키는 연습을 할 겁니다.

● 검지로 6번줄 1번 프렛, 약지로 5번줄 3번 프렛, 소지로 4번줄 3번 프렛을 누릅니다.

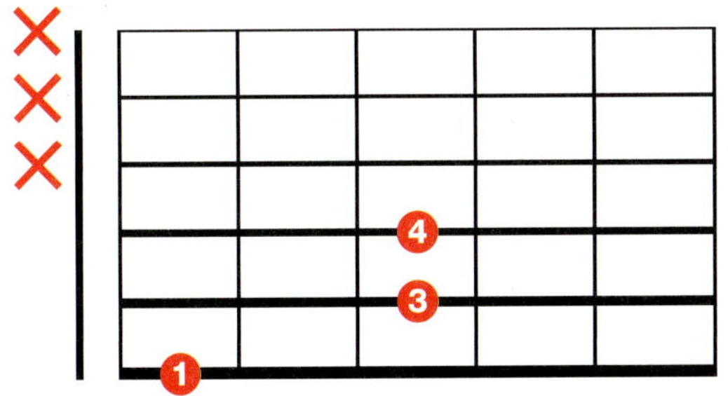

● 3번줄, 2번줄, 1번줄은 음을 내지 않습니다(X표시 확인). 코드표를 보고 한번 연주해 보세요. 오른손 엄지로는 멈춤 없이 6번줄부터 1번줄까지 죽 튕겨 내립니다. 일단 6번줄, 5번줄, 4번줄의 소리가 제대로 나는지부터 확인하세요. 제대로 난다면 X표시가 되어 있는 3번줄, 2번줄, 1번줄의 소리를 죽여(!) 봅시다.

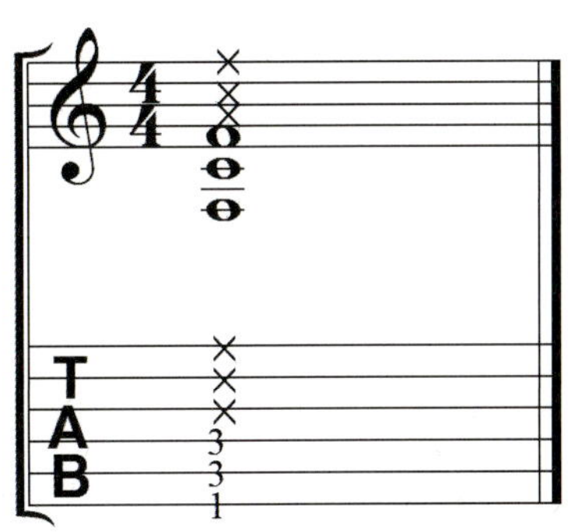

● 6번줄, 5번줄, 4번줄은 잘 잡고 있지만 검지의 밑둥이 허공에 떠서 3번줄, 2번줄, 1번줄의 개방현이 불필요하게 울립니다.

● 검지의 밑둥을 살짝 고음현들에 갖다 대면(누르는 것이 아님) 오른손으로 튕겨도 음이 울리는 것이 아니라 '틱'하는 뮤트(mute)음이 납니다.

보고 듣고 따라하는 동영상 16 _ **버티기연습.mp4**

오늘의 연습은 이 약식 코드를 누른 상태로 1분간 버티고 1분 쉬고, 또 1분간 버티고 1분 쉬는 식으로 30분 동안 진행합니다. 도저히 감당이 안 되면 비교적 프렛 간격이 좁은 5번 프렛 정도부터 시작해서 차츰 1프렛씩 내려가 봅니다.

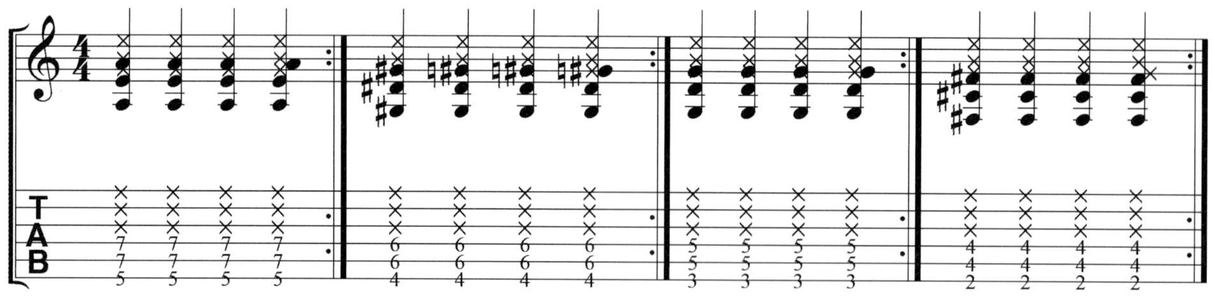

같은 손 모양 그대로 다섯 칸 올라간 위치에서 시작하면 됩니다.

왼손으로 '버티는' 동안 오른손으로는 천천히 "하나, 둘, 셋, 넷"을 반복해서 세면서 그에 맞춰 여섯 줄을 모두 튕기세요. 오른손 엄지의 움직임과 박자를 일정하게 유지하는 데 주의를 집중하면서 최대한 왼손의 고통을 머릿속에서 지워 봅니다. 너무 자학적인가요?

오늘 연습은 정말 쉽지 않았을 겁니다. 30분을 다 채우지 못했더라도 괜찮습니다. 다만 본인이 견딜 수 있는 한계까지는 가 보세요. 그리고 한두 달 후에 이 연습을 다시 해 보세요. 자신의 근력이 얼마나 늘었는지 깜짝 놀라게 될 겁니다.

8일차, 1-2-3-4 연습

드디어 이 가혹한 손가락 기초 훈련의 마지막 날입니다. 내일부터는 오매불망 기다렸을 코드의 세계로 넘어가게 됩니다. 코드 연습도 힘들긴 마찬가지겠지만, 그래도 실제 노래 한 곡을 흥얼거리며 연주할 수 있으니 한결 재미가 붙을 겁니다.

손의 검지-중지-약지-소지를 연속으로 사용하기

오늘은 왼손의 검지-중지-약지-소지를 연속으로 사용해서 프렛을 누르는 연습을 진행합니다. 프렛마다 한 손가락씩 위치시켜야 하므로 유연성과 근력이 함께 요구됩니다. 사실 제가 처음 접했던 구닥다리 교본에서는 첫 장부터 바로 이 연습이 나왔습니다. '뭐가 이렇게 어려워!' 하고 한숨 쉬었던 기억이 아직도 생생합니다. 하지만 우리는 예비 과정을 충분히 해 왔기 때문에 헤쳐 나갈 수 있습니다.

이 연습은 일단 '반복 훈련'이라는 생각보다는 '한 번만이라도 성공하리라'는 생각으로 시작합시다. 그리고 한 번 성공했다면 좀 쉬고 나서 다시 도전하여 두 번, 세 번 완주하는 것을 목표로 합니다. 어렵지 않게 반복할 수 있는 분은 지금까지의 연습을 충실히 잘해 왔거나 타고난 자질이 좋은 경우입니다. 혹 도저히 안되는 분이 있더라도 좌절하지 마세요. 정확하게 성공하진 못해도 최대한 비슷하게 해 보려고 노력하세요. 앞서도 말했지만, 기타 실력은 한순간에 늘기 때문에 포기하지만 않으면 머지않은 미래에 반드시 됩니다.

검지로 6번줄 1번 프렛을 누르고 줄을 튕깁니다. 그 상태에서 중지로 2번 프렛을 누르고 줄을 튕깁니다. 또 그 상태에서 약지로 3번 프렛을 누르고 줄을 튕깁니다. 마지막으로 소지로 4번 프렛을 누르고 줄을 튕깁니다. 따라서 4번 프렛의 음을 낼 때는 네 손가락이 모두 줄을 누르고 있는 모양이 됩니다. 이때 왼손 엄지는 중지와 마주 보는 위치에 두어야 적절히 힘을 분배할 수 있습니다.

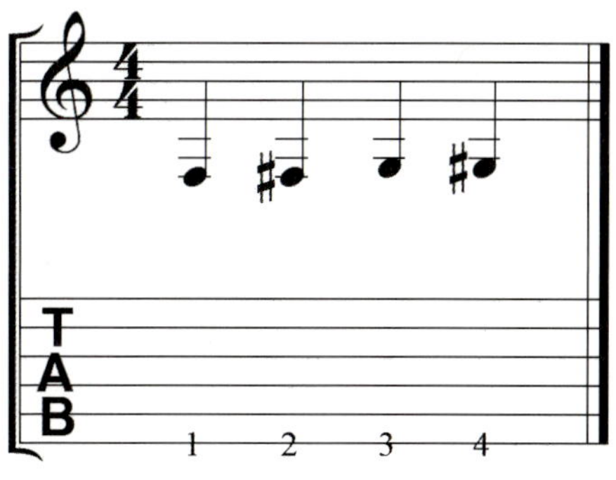

● 먼저 검지로 1번 프렛 누르고, 중지로 2번 프렛 누릅니다.

● 그런 다음 약지로 3번 프렛 누르고, 소지로 4번 프렛까지 누르면 미션 클리어!

 **보고 듣고 따라하는 동영상 17 _ 6번줄1-2-3-4.mp4**

주의하세요!

도무지 손가락을 어떻게 벌려야 할지 감이 안 잡히면 왼손을 할퀴는 듯한 모양으로 만든 다음에 힘을 꽉 줘서 손가락들 사이를 벌려 보세요. 그리고 어떤 근육이 사용되는지를 느껴 보세요. 손을 '어흥' 호랑이의 앞발처럼 만드는데, 뒤에서 봤을 때 손등의 뼈들이 부채처럼 벌어지는 느낌이 들도록 힘을 줍니다.

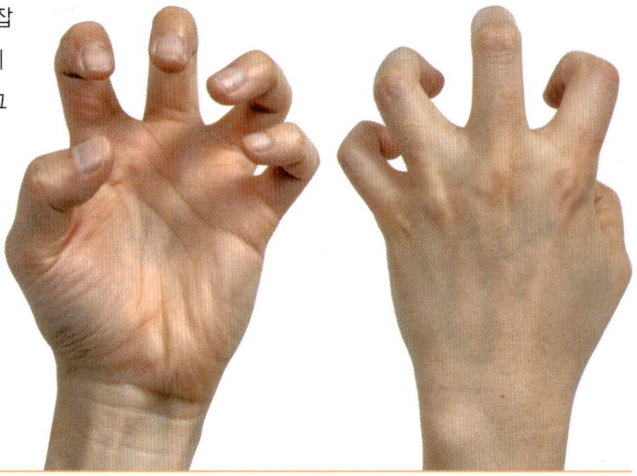

● 6번줄에서 성공했나요? 성공했으면 그 상태에서 소지-약지-중지의 순서로 손가락을 떼면서 하강하는 패턴도 연주해 봅니다.

● 요령을 알았으면 다른 줄들도 같은 방식으로 연주해 봅니다. 고음현으로 갈수록 관절이 더 많이 굽은 상태에서 손가락 사이를 벌려야 하므로 난이도가 높습니다.

보고 듣고 따라하는 동영상 18 _ 나머지줄1-2-3-4.mp4

다시 강조하지만, 조급하게 생각하지 말고 '일단 한 번만이라도 성공해 보자'라는 마음으로 30분 동안 충분히 집중해 보기 바랍니다.

9일차, 기본 메이저 코드 연습

이제 코드의 세계가 펼쳐집니다. 코드의 세계는 깊이 파고들면 파고들수록 그야말로 무궁무진하지만, 이 책에서는 뚝 잘라서 핵심만 설명할 겁니다. 코드 이름을 봤을 때 실용적인 관점에서 연주자가 이해해야 할 것은 크게 두 가지입니다.

1 기준음이 무엇인가?
2 코드의 성격이 무엇인가?

기준음과 코드의 성격

기준음은 근음(根音) 또는 밑음, 영어로는 루트(root) 또는 토닉(tonic)이라고도 합니다. 말 그대로 코드의 중심이 되는 음인데, 조율하는 방법을 설명할 때 나왔듯이 '도 레 미 파…'라는 계명이 아니라 'A B C D…'라는 음명으로 표기합니다.

코드의 성격은 음들이 어떤 간격으로 배열되어 있는가에 따라 달라지는데, 크게 세 가지로 나눌 수 있습니다. 메이저(major) 코드, 마이너(minor) 코드, 도미넌트(dominant) 코드가 그것입니다. 메이저 코드는 따로 표기하지 않고, 마이너 코드는 소문자 m으로 표기합니다. 도미넌트 코드는 숫자 7로 표기합니다. 그래서 간단히 세븐 코드라고 부르는 경우가 더 많습니다.

예를 들어 봅시다.

- 코드 이름이 C라면, 이것은 기준음이 C인 메이저 코드를 뜻합니다.
- 코드 이름이 Cm라면, 이것은 기준음이 C인 마이너 코드를 뜻합니다.
- 코드 이름이 C7이라면, 이것은 기준음이 C인 세븐 코드를 뜻합니다.

이해가 되나요? 이제 실전입니다.

- 코드 이름이 A라면? 기준음이 A인 메이저 코드입니다.

- 코드 이름이 B♭m라면? B보다 반음 낮은 B♭(플랫)이 기준음인 마이너 코드입니다.
- 코드 이름이 F#7이라면? F보다 반음 높은 F#(샵)이 기준음인 세븐 코드입니다.

메이저 코드는 밝은 느낌, 기쁜 느낌, 점잖은 느낌을 주는 화음입니다. 마이너 코드는 어두운 느낌, 슬픈 느낌, 우아한 느낌을 주는 화음입니다. 양과 음, 남과 여, 해와 달을 연상해도 좋습니다. 성격은 달라도 둘 다 조화롭고 안정된 느낌의 화음입니다. 반면 세븐 코드는 역동적이고 유머러스한 느낌을 주는 화음입니다. 불안정한 음정이 섞여 있기 때문에 곡이 클라이맥스로 치달을 때 또는 분위기가 전환될 때 결정적인 역할을 하는 코드입니다.
오늘은 기타 연주에서 가장 흔히 쓰이는 다섯 가지 '메이저' 코드를 배워 보겠습니다.

E코드

기준음이 E인 메이저 코드의 타브 악보, 코드표, 실제 코드폼입니다. 눕힌 자세로 넥을 움켜쥔 상태에서 검지로 3번줄 1번 프렛, 중지로 5번줄 2번 프렛, 약지로 4번줄 2번 프렛을 누르고 나머지 줄들은 개방현이 울리게 합니다. 별표가 붙은 곳이 기준음인 E입니다.

● 왼손으로 E코드를 잡고

● 오른손 엄지를 6번줄에 대고 1번줄까지 단숨에 훑어 내립니다. 움직임의 중심은 팔꿈치입니다. 엄지의 힘과 손목 스냅은 팔꿈치의 움직임을 자연스럽게 보조하는 정도의 느낌으로만 씁니다.

● 기본 코드를 연습할 때는 오른손 엄지로 6번줄부터 1번줄까지 훑어 내리는 다운 스크로크를 사용합니다. 하나의 음(단음)을 칠 때와는 다르게 '팔꿈치'가 움직임의 축이 되어야 하므로 오른손 손가락들은 모두 기타 바디로부터 떨어져 있어야 합니다. 달걀을 쥐듯이 살짝 손가락을 오므려도 좋고, 자연스럽게 펴도 좋습니다.

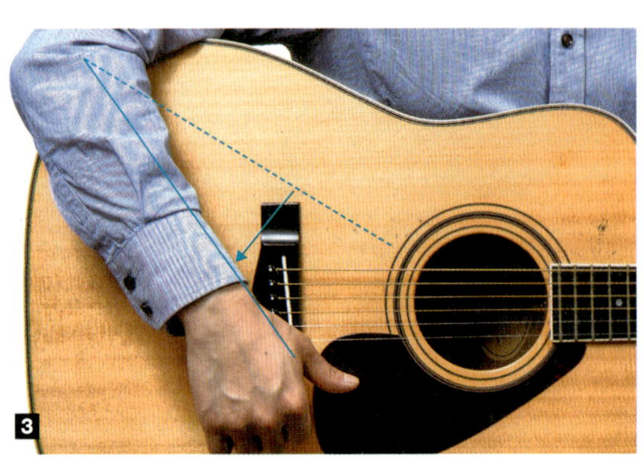

보고 듣고 따라하는 동영상 19 _ E코드.mp4

A코드

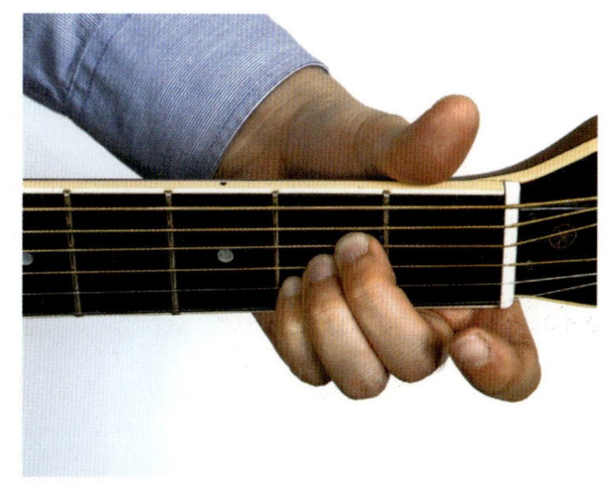

기준음이 A인 메이저 코드의 타브 악보, 코드표, 실제 코드폼입니다. 뉘인 자세로 넥을 움켜쥔 상태에서 중지로 4번줄 2번 프렛, 약지로 3번줄 2번 프렛, 소지로 2번줄 2번 프렛을 누르고 나머지 줄들은 개방현이 울리게 합니다. 2번 프렛 안에 손가락 세 개를 몰아넣어야 하니 서로 찰싹 붙이는 수밖에 없습니다. 별표가 붙은 곳이 기준음인 A입니다.

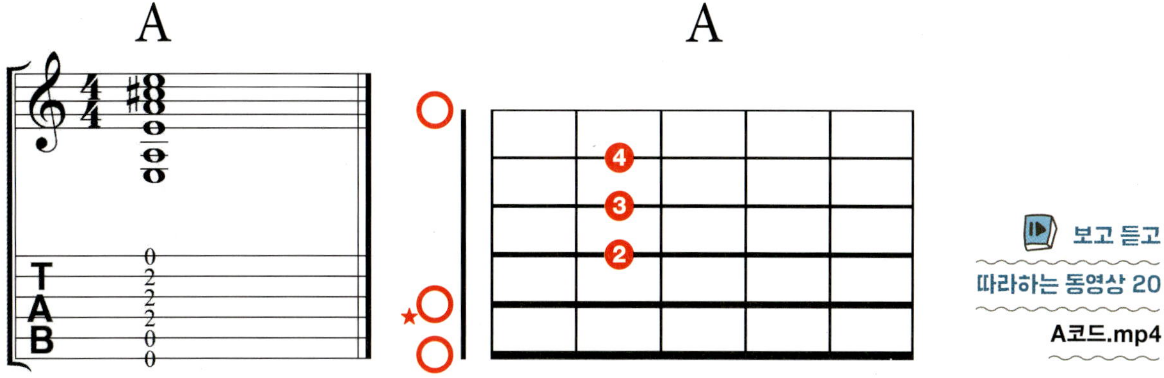

보고 듣고 따라하는 동영상 20
A코드.mp4

D코드

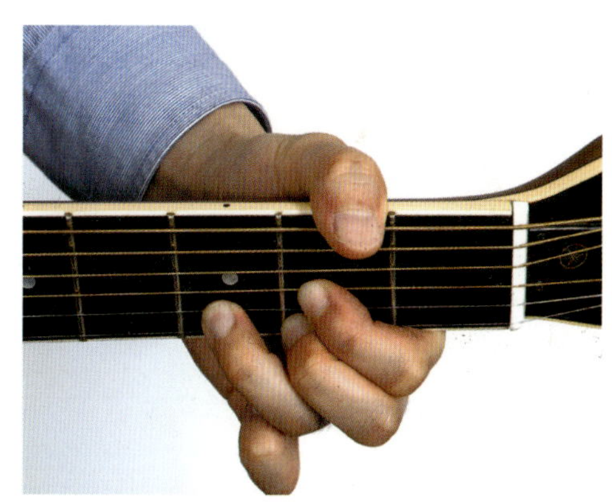

기준음이 D인 메이저 코드의 타브 악보, 코드표, 실제 코드폼입니다. 뉘인 자세로 넥을 움켜쥔 상태에서 검지로 3번줄 2번 프렛, 중지로 1번줄 2번 프렛, 약지로 2번줄 3번 프렛을 누르고 6번줄을 제외한 나머지 줄들은 개방현이 울리게 합니다. 6번줄에는 왼손 엄지를 살짝 갖다 대서 줄을 튕기더라도 음이 나지 않도록 합니다. 별표가 붙은 곳이 기준음인 D입니다.

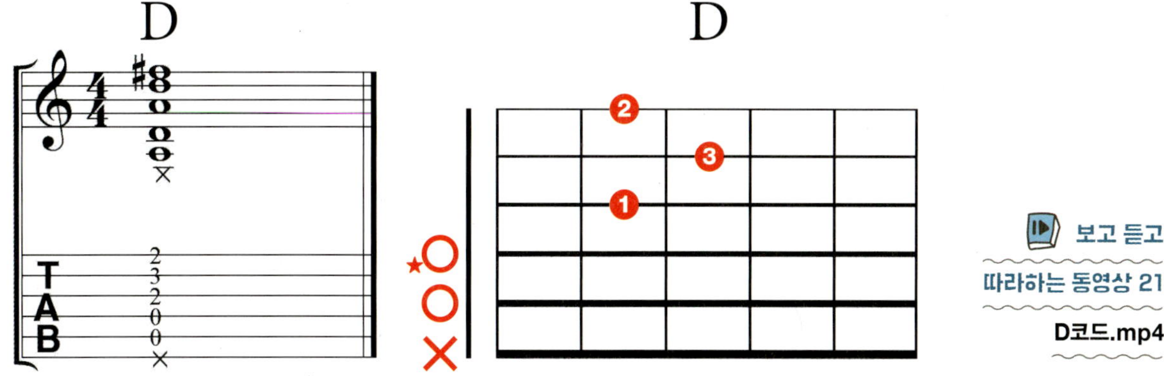

보고 듣고 따라하는 동영상 21
D코드.mp4

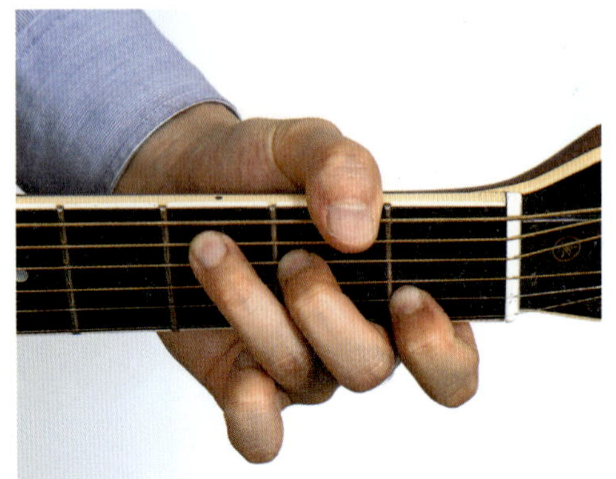

C코드

기준음이 C인 메이저 코드의 타브 악보, 코드표, 실제 코드폼입니다. 뉘인 자세로 넥을 움켜쥔 상태에서 검지로 2번줄 1번 프렛, 중지로 4번줄 2번 프렛, 약지로 5번줄 3번 프렛을 누르고 6번줄을 제외한 나머지 줄들은 개방현이 울리게 합니다. 6번줄에는 왼손 엄지를 살짝 갖다 대서 줄을 튕기더라도 음이 나지 않도록 합니다. 별표가 붙은 곳이 기준음인 C입니다.

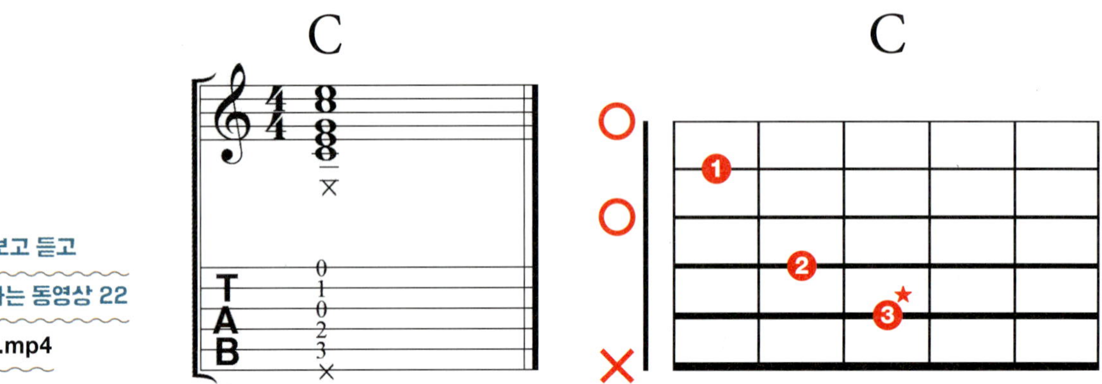

보고 듣고 따라하는 동영상 22

C코드.mp4

G코드

기준음이 G인 메이저 코드의 타브 악보, 코드표, 실제 코드폼입니다. G코드는 뉘인 자세가 아닌 정자세로 잡습니다. 중지로 5번줄 2번 프렛, 약지로 6번줄 3번 프렛, 소지로 1번줄 3번 프렛을 누르고 나머지 줄들은 개방현이 울리게 합니다. 소지로 1번줄을 확실히 누르려면 관절을 최대한 굽힌다는 느낌으로 연습해야 합니다. 별표가 붙은 곳이 기준음인 G입니다.

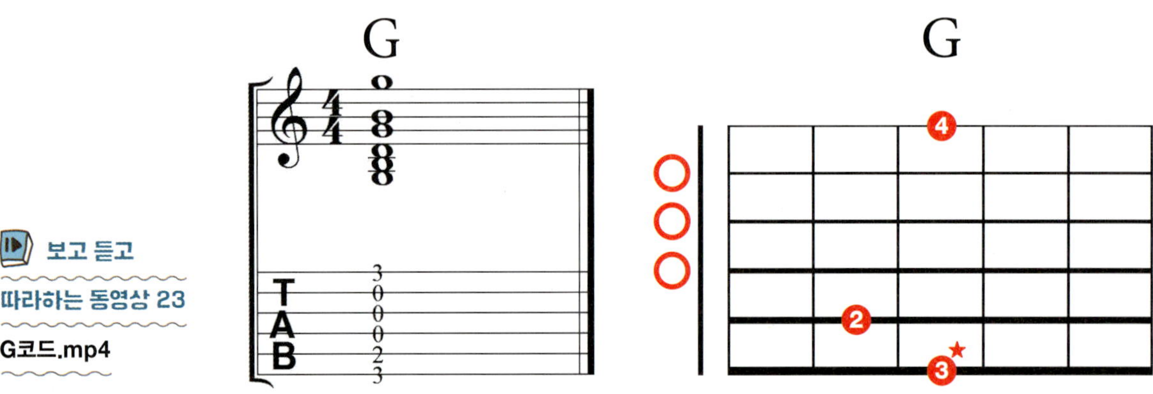

보고 듣고 따라하는 동영상 23

G코드.mp4

이상의 E / A / D / C / G코드를 각 5분 정도씩 연습하시기 바랍니다. 코드폼만 따라 한다고 끝이 아닙니다. 오른손 엄지로 천천히 여섯 줄을 모두 튕겨서 각각의 음이 제대로 나는지를 수시로 확인해야 합니다.

그리고 연습을 하지 않는 시간에도 머릿속으로 코드표를 떠올리면서 손으로 코드폼을 흉내 내 보는 식으로 틈틈이 복습하세요. 'E'라는 알파벳을 보는 순간 손이 반사적으로 E코드폼을 잡는 수준은 되어야 어디 가서 "나 기타 칠 줄 알아."라고 말할 수 있습니다.

10일차, 기본 마이너 코드 & 기본 세븐 코드 연습

어제는 가장 흔히 쓰이는 '메이저' 코드 다섯 가지를 연습했습니다. 오늘은 세 가지 '마이너' 코드와 다섯 가지 '세븐' 코드를 연습할 겁니다. 왜 마이너 코드는 다섯 가지가 아니라 세 가지냐고요? 이치상 마이너 코드도 가장 흔히 쓰이는 형태가 다섯 가지여야 뭔가 아귀가 딱 맞는 느낌이긴 한데, 기타의 보편적인 조율 규칙(standard tuning) 탓에 도저히 코드폼이 실용적이지 않은 — 한마디로 손가락을 묘기 수준으로 벌려야 하는 — 두 가지 코드는 제외했습니다. 외울 것도 많은데, 그나마 다행이지요? 그럼 세 가지 마이너 코드부터 소개합니다.

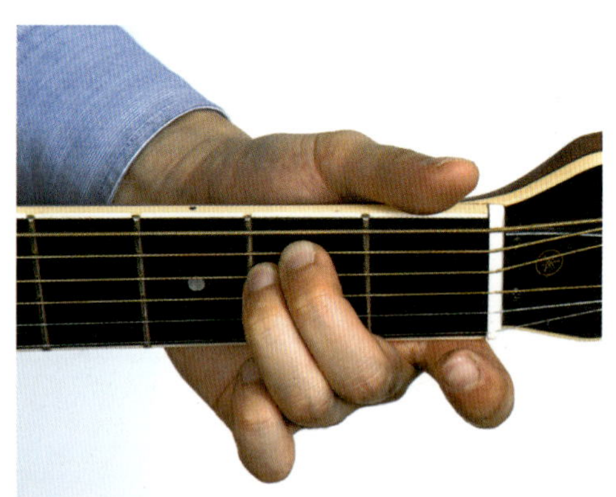

Em코드

기준음이 E인 마이너 코드의 타브 악보, 코드표, 실제 코드폼입니다. 뉘인 자세로 넥을 움켜쥔 상태에서 중지로 5번줄 2번 프렛, 약지로 4번줄 2번 프렛을 누르고 나머지 줄들은 개방현이 울리게 합니다. 별표가 붙은 곳이 기준음인 E입니다.

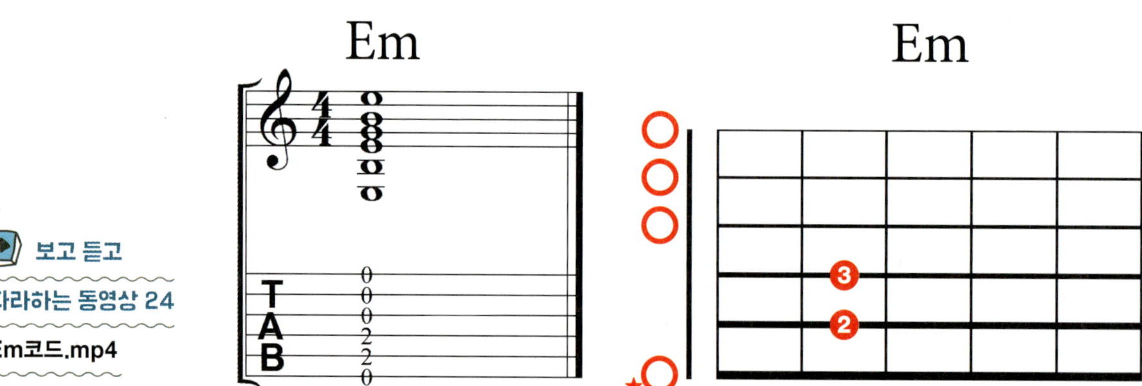

보고 듣고 따라하는 동영상 24

Em코드.mp4

Am코드

기준음이 A인 마이너 코드의 타브 악보, 코드표, 실제 코드폼입니다. 뉘인 자세로 넥을 움켜쥔 상태에서 검지로 2번줄 1번 프렛, 중지로 4번줄 2번 프렛, 약지로 3번줄 2번 프렛을 누르고 나머지 줄들은 개방현이 울리게 합니다. 별표가 붙은 곳이 기준음인 A입니다.

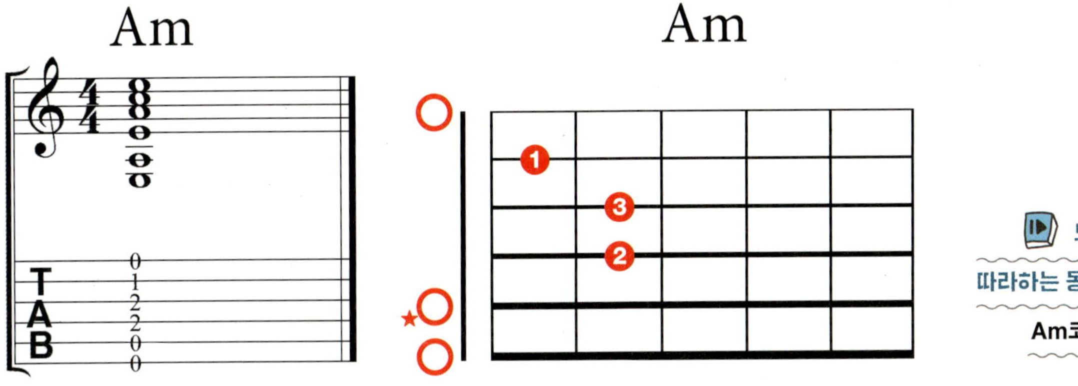

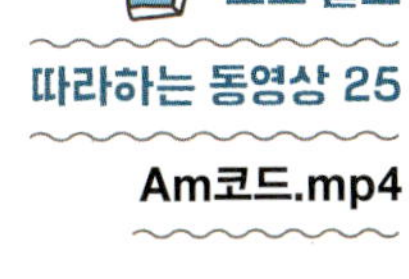

Dm코드

기준음이 D인 마이너 코드의 타브 악보, 코드표, 실제 코드폼입니다. 뉘인 자세로 넥을 움켜쥔 상태에서 검지로 1번줄 1번 프렛, 중지로 3번줄 2번 프렛, 소지로 2번줄 3번 프렛을 누르고 6번줄을 제외한 나머지 줄들은 개방현이 울리게 합니다. 6번줄에는 왼손 엄지를 살짝 갖다 대서 줄을 튕기더라도 음이 나지 않도록 합니다. 별표가 붙은 곳이 기준음인 D입니다.

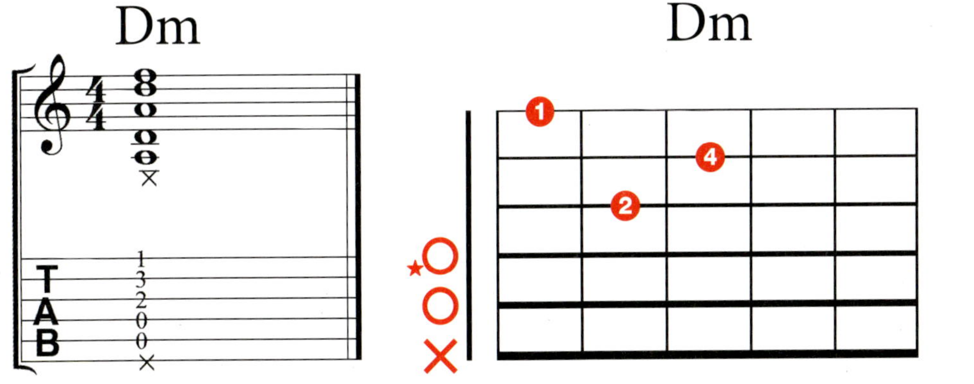

보고 듣고
따라하는 동영상 26
Dm코드.mp4

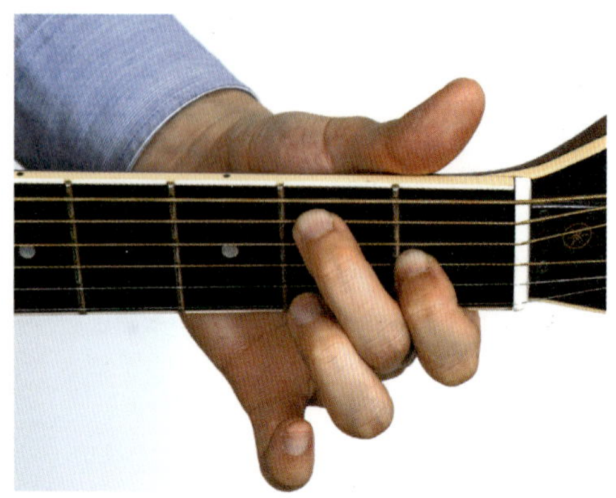

E7코드

다음은 다섯 가지 세븐 코드(도미넌트 코드)입니다. 기준음이 E인 세븐 코드의 타브 악보, 코드표, 실제 코드폼입니다. 뉘인 자세로 넥을 움켜쥔 상태에서 검지로 3번줄 1번 프렛, 중지로 5번줄 2번 프렛을 누르고 나머지 줄들은 개방현이 울리게 합니다. 별표가 붙은 곳이 기준음인 E입니다.

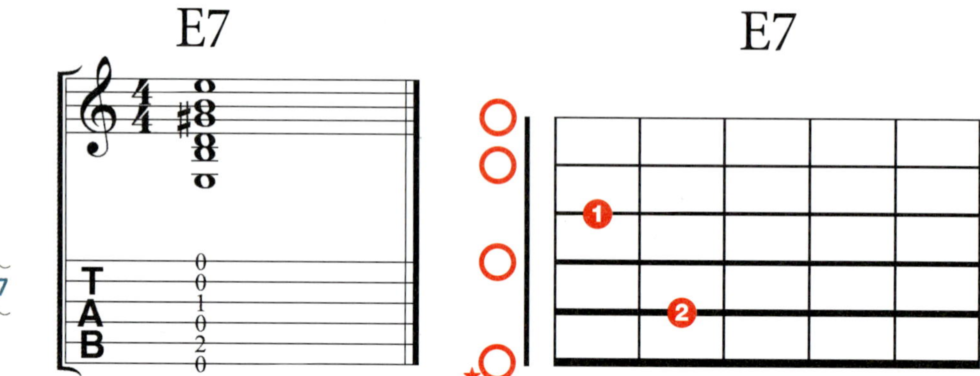

보고 듣고 따라하는 동영상 27
E7코드.mp4

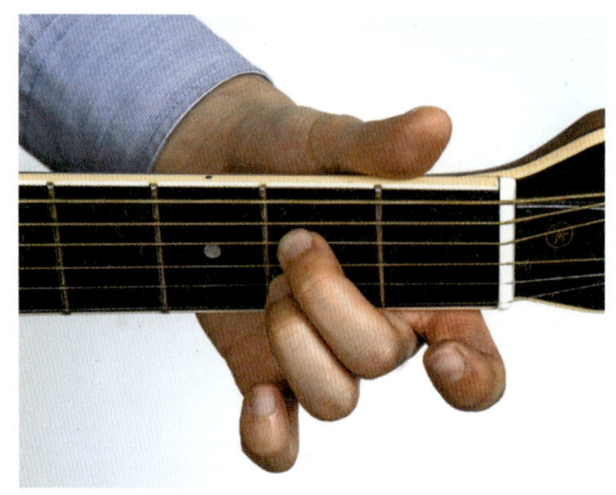

A7코드

기준음이 A인 세븐 코드의 타브 악보, 코드표, 실제 코드폼입니다. 뉘인 자세로 넥을 움켜쥔 상태에서 중지로 4번줄 2번 프렛, 약지로 2번줄 2번 프렛을 누르고 나머지 줄들은 개방현이 울리게 합니다. 별표가 붙은 곳이 기준음인 A입니다.

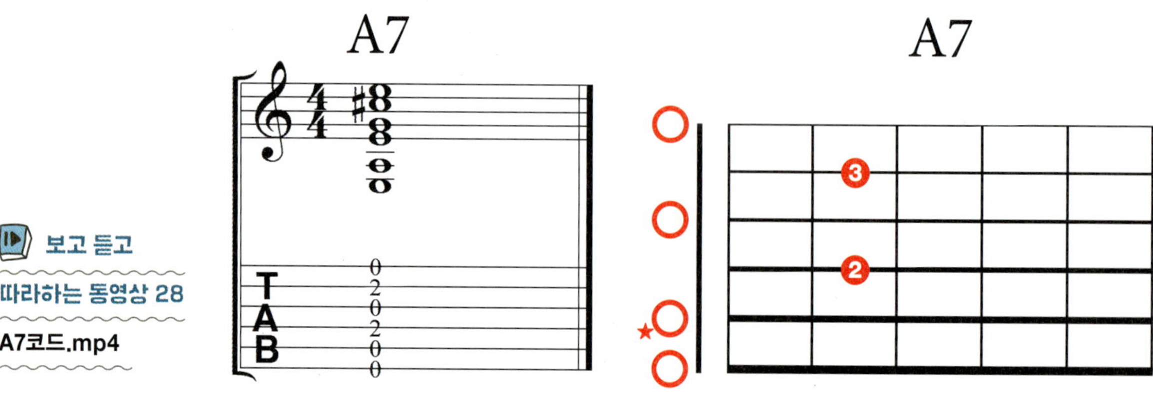

D7코드

기준음이 D인 세븐 코드의 타브 악보, 코드표, 실제 코드폼입니다. 뉘인 자세로 넥을 움켜쥔 상태에서 검지로 2번줄 1번 프렛, 중지로 3번줄 2번 프렛, 약지로 1번줄 2번 프렛을 누르고 6번줄을 제외한 나머지 줄들은 개방현이 울리게 합니다. 6번줄에는 왼손 엄지를 살짝 갖다 대서 줄을 튕기더라도 음이 나지 않도록 합니다. 별표가 붙은 곳이 기준음인 D입니다.

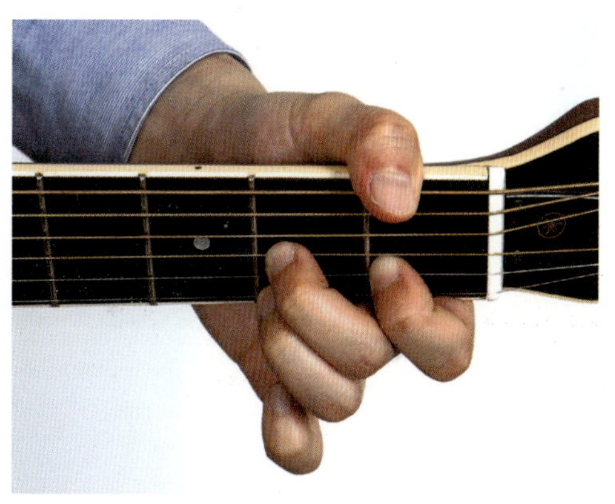

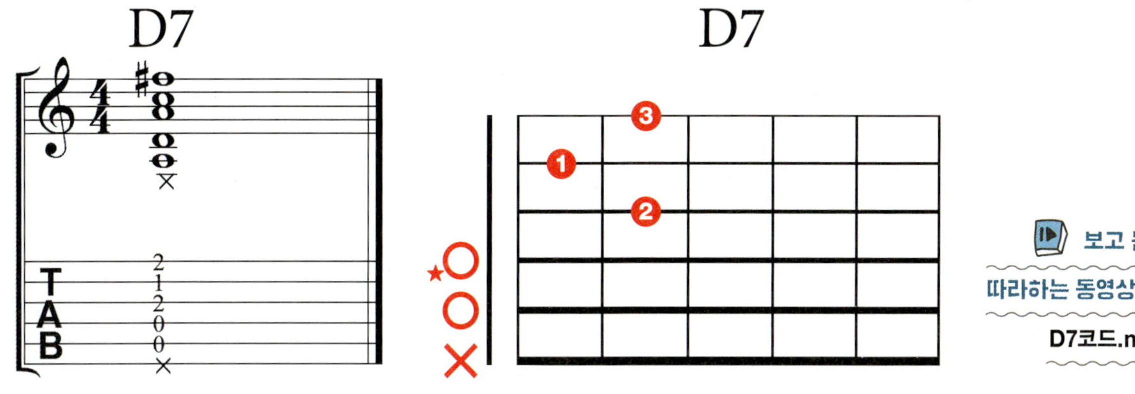

보고 듣고 따라하는 동영상 29

D7코드.mp4

C7코드

기준음이 C인 세븐 코드의 타브 악보, 코드표, 실제 코드폼입니다. 뉘인 자세로 넥을 움켜쥔 상태에서 검지로 2번줄 1번 프렛, 중지로 4번줄 2번 프렛, 약지로 5번줄 3번 프렛, 소지로 3번줄 3번 프렛을 누르고 1번줄은 개방현이 울리게 합니다. 6번줄에는 왼손 엄지를 살짝 갖다 대서 줄을 튕기더라도 음이 나지 않도록 합니다. 별표가 붙은 곳이 기준음인 C입니다.

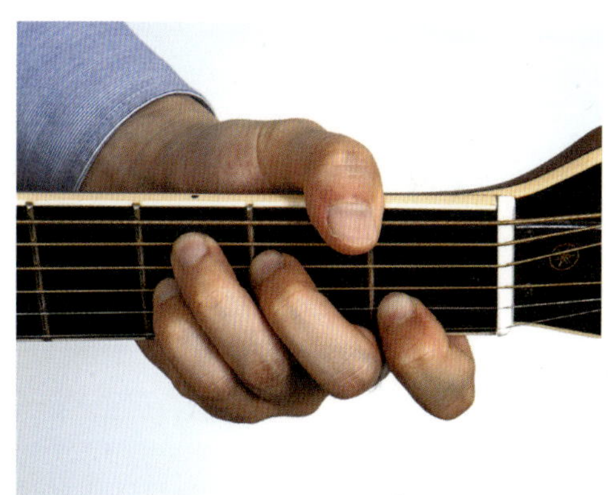

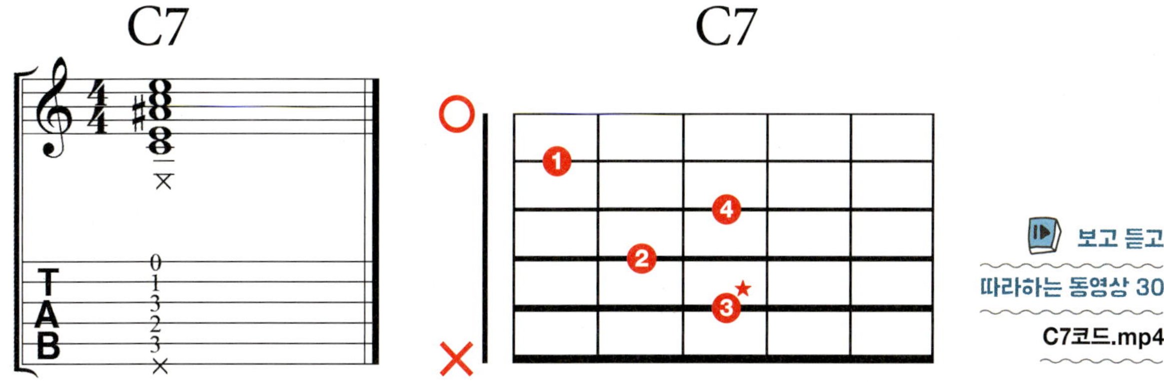

보고 듣고 따라하는 동영상 30

C7코드.mp4

G7코드

기준음이 G인 세븐 코드의 타브 악보, 코드표, 실제 코드폼입니다. G7코드는 뉘인 자세가 아닌 정자세로 잡습니다. 검지로 1번줄 1번 프렛, 중지로 5번줄 2번 프렛, 약지로 6번줄 3번 프렛을 누르고 나머지 줄들은 개방현이 울리게 합니다. 별표가 붙은 곳이 기준음인 G입니다.

보고 듣고 따라하는 동영상 31
G7코드.mp4

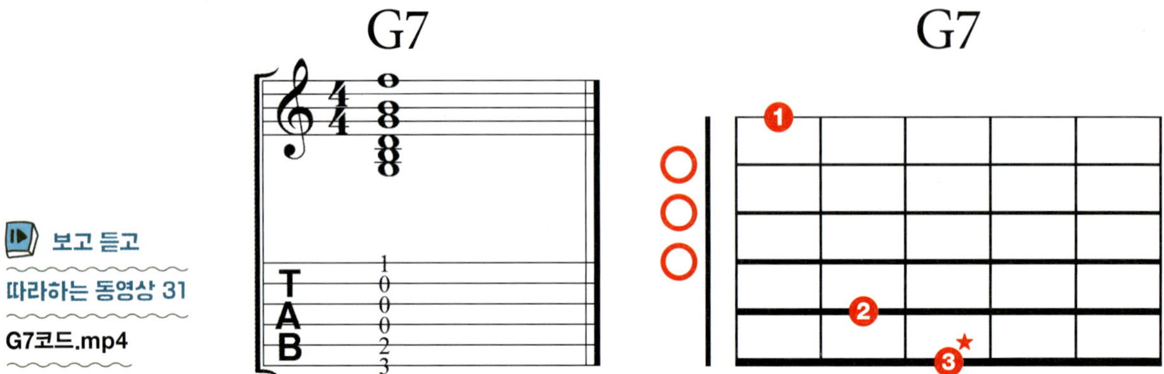

이상의 Em / Am / Dm / E7 / A7 / D7 / C7 / G7 코드를 각 5분 정도씩 연습하기 바랍니다. 오늘의 연습은 30분을 조금 초과하지만, 어찌 보면 이 책에서 가장 중요한 내용일 수 있으니 충분히 시간을 들여 꼭 이 코드들과 친해지기 바랍니다. 지난 5일간 연속으로 달려왔기에 하루 혹은 이틀이라는 휴식 시간도 기다리고 있으니까요.

당장은 내 맘대로 코드폼이 잡히지 않겠지만 최대한 사진과 비슷해지도록 신경 쓰세요. 검지-중지-약지-소지의 순서로 위치를 점검하고 힘껏 누른 후에, 오른손 엄지로 천천히 여섯 줄을 모두 튕겨서 각각의 음이 제대로 나는지 확인하세요.

풍성한 화음이 들리나요? 무슨 노래든 흥얼거려야 할 것 같은 느낌이 들지는 않나요?

기본 코드 총정리

〈 메이저 코드 〉

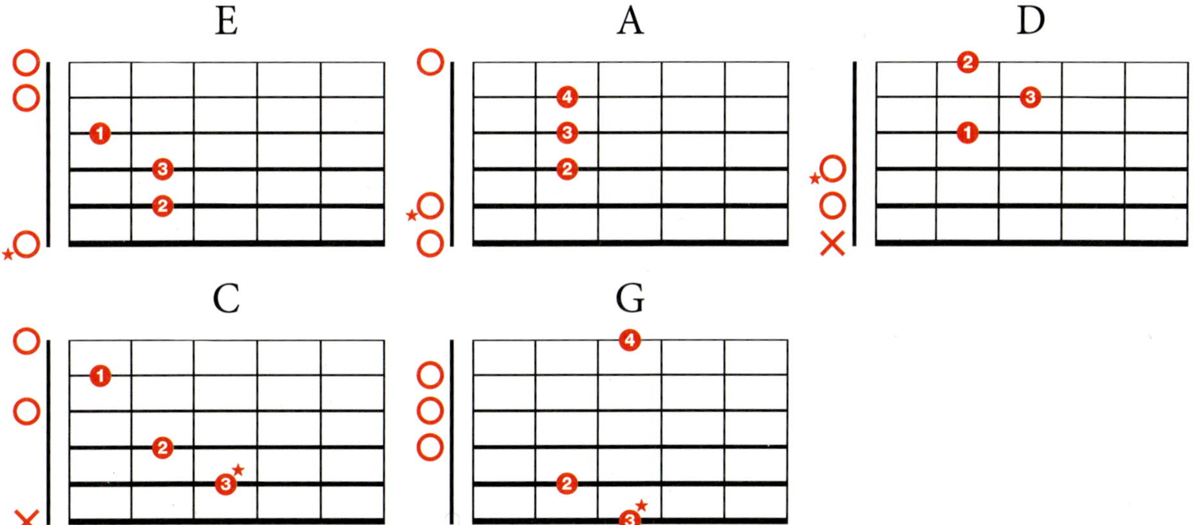

〈 마이너 코드 〉

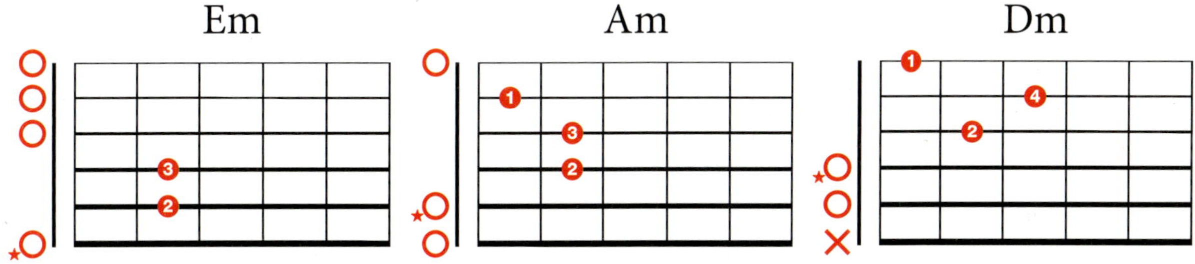

〈 세븐 코드 〉

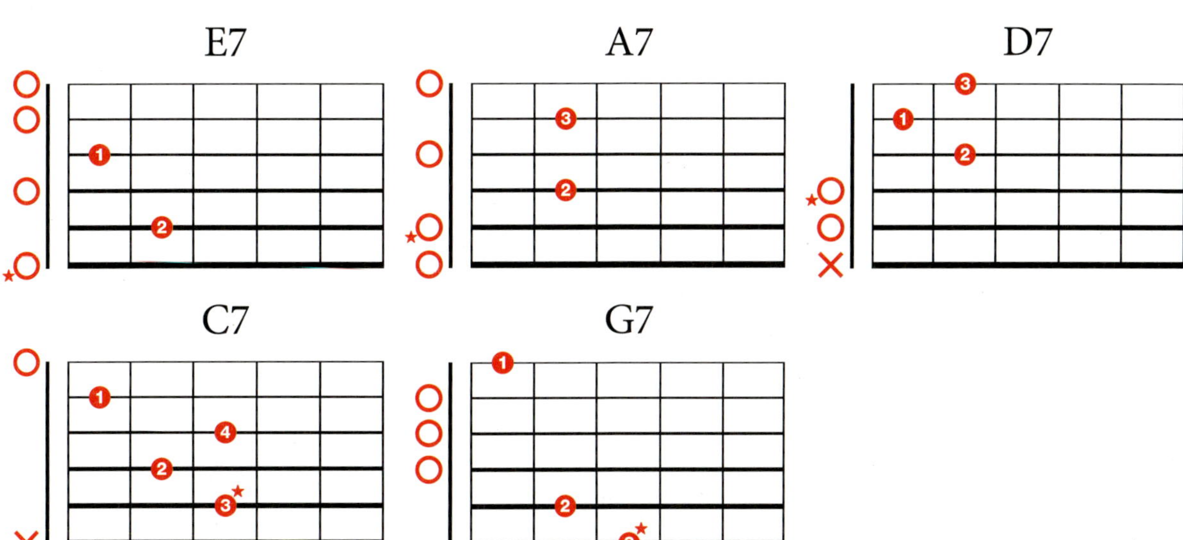

3주차,
코드가 이어질 때까지

교본에 나오는 다른 과제들은 잊어 버려라.
무엇보다 먼저 당신은 발로 박자를 맞추는 법부터 익혀야 한다.
그러지 않으면 모든 연주가 난장판이 되고 말 것이다.

— 알 디 메올라 —

11일차, 코드는 한끝 차이

코드들의 집중포화를 맞고 나니 어질어질한가요? 그래서 오늘은 복습 겸 보충설명으로 기본 코드들과 좀 더 친해지는 시간을 가질까 합니다. 까짓 코드, 별거 아닙니다.

E코드, Em코드, E7코드 비교하기

일단 E음을 기본으로 하는 E코드, Em코드, E7코드를 비교해 보겠습니다. 대체로 코드폼이 비슷하지요? E코드에서 검지를 떼면 Em코드가 되고, 약지를 떼면 E7코드가 됩니다. E코드 → Em코드 → E7코드의 순서로 직접 소리를 내 보고 화음을 잘 들어 보세요. 밝은 느낌 → 어두운 느낌 → 역동적인 느낌 혹은 점잖은 느낌 → 우아한 느낌 → 유머러스한 느낌으로 변화되는 게 느껴지나요? 이처럼 기준음이 같다면 한끝 차이로 코드의 성격을 바꿀 수 있습니다.

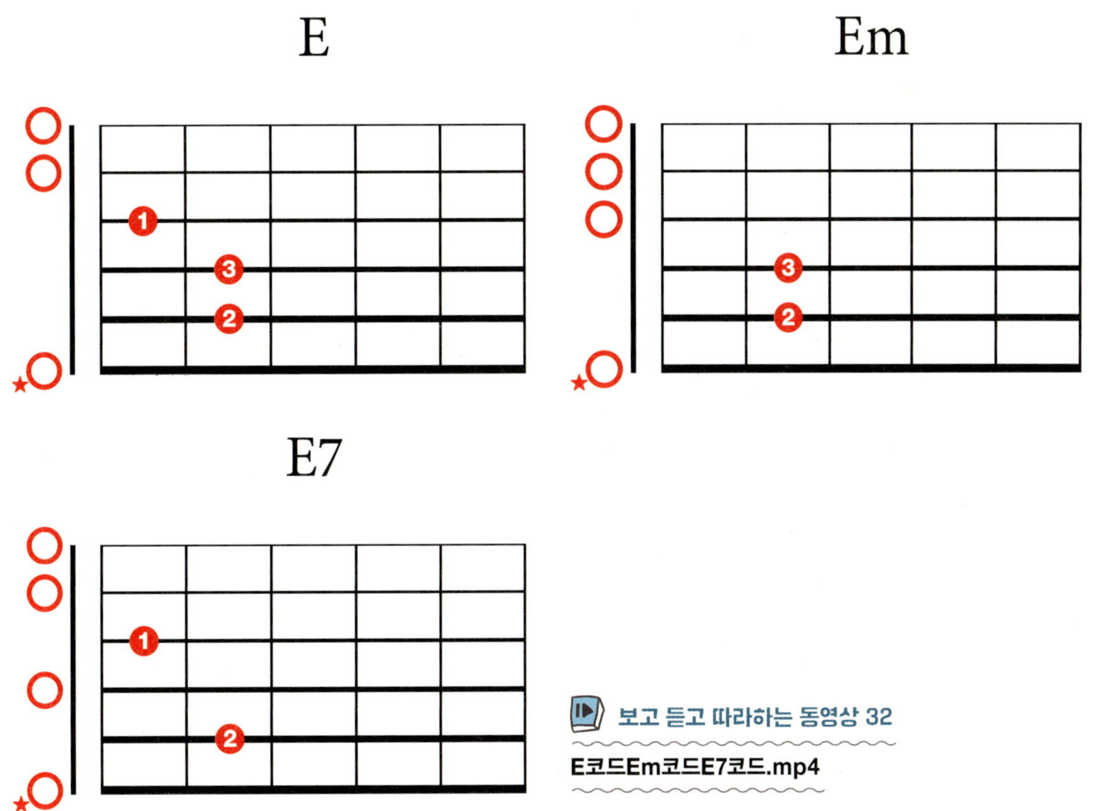

보고 듣고 따라하는 동영상 32

E코드Em코드E7코드.mp4

A코드, Am코드, A7코드 비교하기

A코드에서 소지를 떼고 검지로 2번줄 1번 프렛을 누르면 Am코드가 되고, 약지를 떼면 A7코드가 됩니다. 안정감을 위해 실제로는 소지의 역할을 약지로 대체합니다. A코드 → Am코드 → A7코드의 순서로 직접 소리를 내 보고 화음의 느낌을 귀 기울여 들어 보세요.

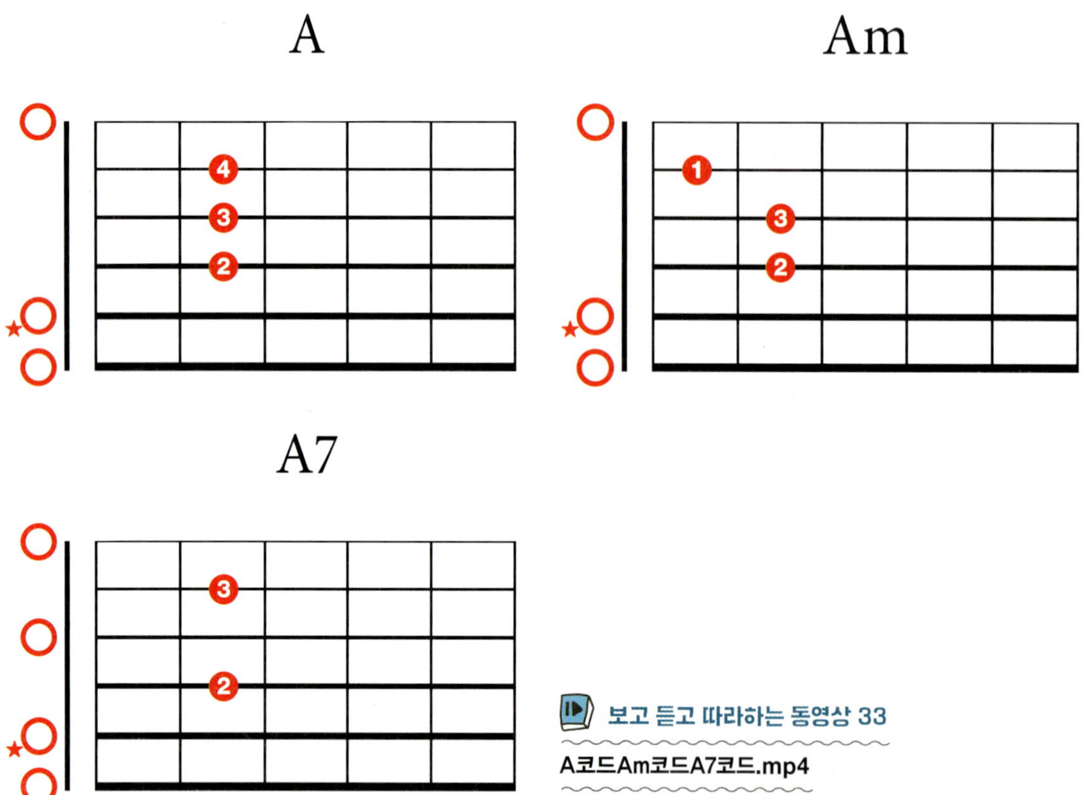

D코드, Dm코드, D7코드 비교하기

D코드의 경우는 안정감을 위해 손가락 배열이 좀 바뀌긴 하지만, 역시나 코드폼을 비교해 보면 하나의 음 차이로 Dm코드가 되고 또 D7코드가 된다는 사실을 알 수 있습니다. D코드 → Dm코드 → D7코드의 순서로 직접 소리를 내 보세요. 천천히 반복하며 코드와 친해지세요.

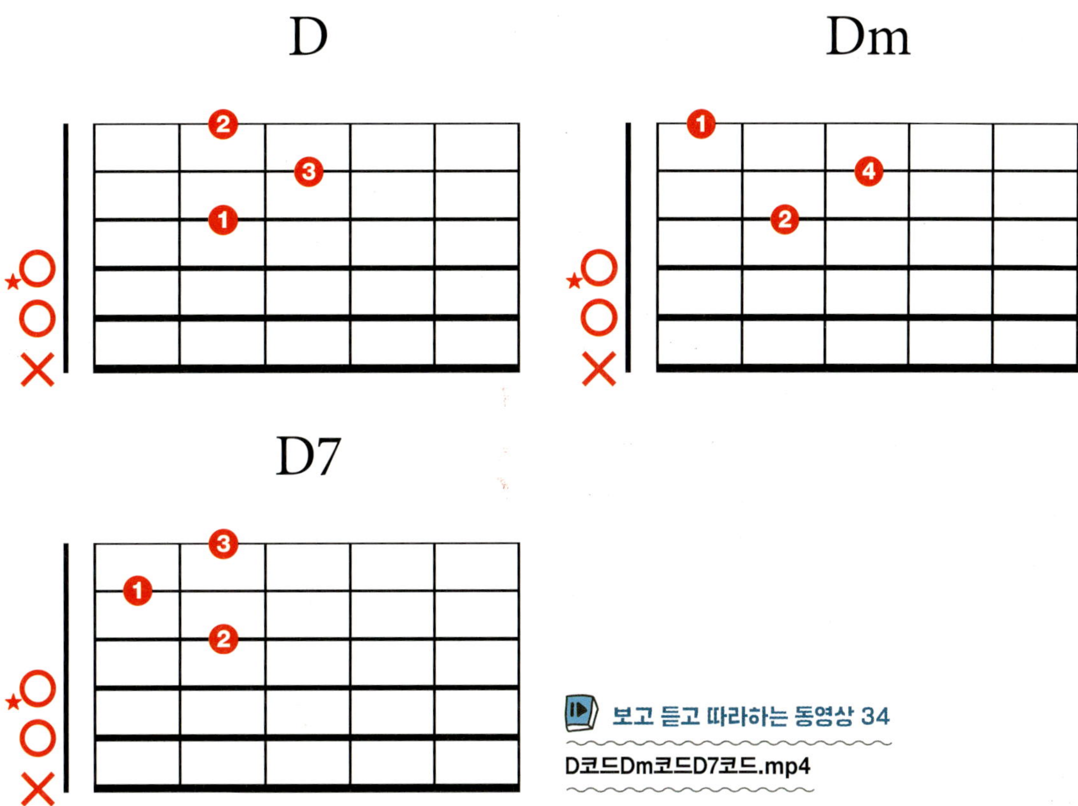

보고 듣고 따라하는 동영상 34

D코드Dm코드D7코드.mp4

C코드, C7코드 비교하기

C코드에서 소지로 3번줄 3번 프렛만 누르면 C7코드가 됩니다. 기본 코드에서 누락된 Cm코드에 대해서는 며칠 뒤에 설명하겠습니다. 복잡하게만 느껴졌던 코드폼들이 이제는 만만해 보이기 시작하지 않나요?

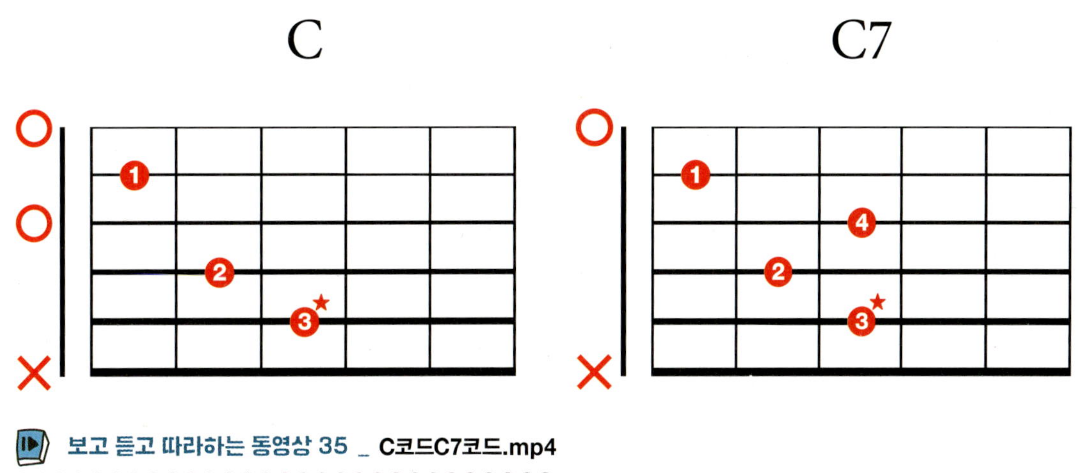

보고 듣고 따라하는 동영상 35 _ C코드C7코드.mp4

G코드, G7코드 비교하기

G코드에서 소지를 떼고 검지로 1번줄 1번 프렛을 누르면 G7코드가 됩니다. Gm코드에 대해서는 며칠 뒤에 설명하겠습니다.

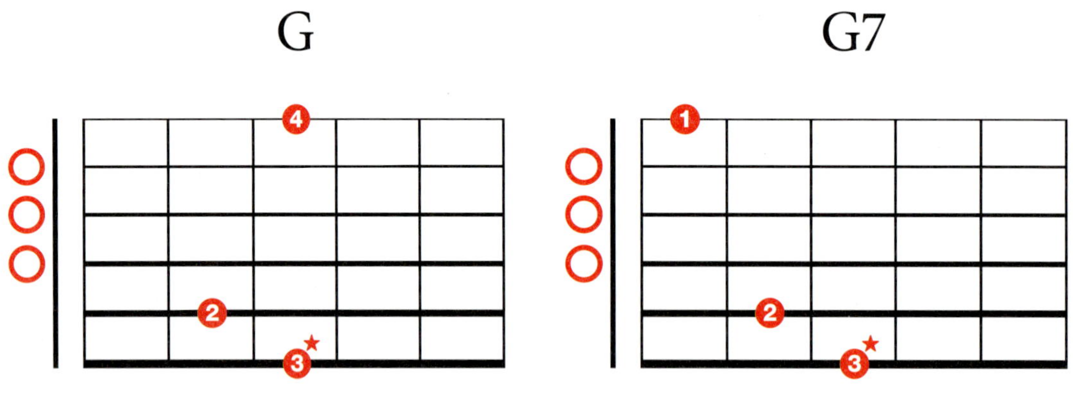

보고 듣고 따라하는 동영상 36 _ G코드G7코드.mp4

기준음도 바뀌고 코드의 성격도 바뀌는 코드 진행하기

그럼 여기서 한 발만 더 나가 보겠습니다. 간단하지만 진짜 평생 써먹게 될, 영어로 치면 "하우 아 유? 아임 파인 땡큐, 앤쥬?" 수준의 코드 진행입니다.

- E7코드를 치다가 곧장 A코드로 넘어가 보세요. (E7 → A)
- A7코드를 치다가 곧장 D코드로 넘어가 보세요. (A7 → D)
- D7코드를 치다가 곧장 G코드로 넘어가 보세요. (D7 → G)
- G7코드를 치다가 곧장 C코드로 넘어가 보세요. (G7 → C)

보고 듣고 따라하는 동영상 37 _ 코드변환하기.mp4

역동적인 세븐 코드가 안정된 메이저 코드로 바뀌는 순간 뭔가 분위기가 확 전환되는 느낌이 들 겁니다. 기타로 반주를 한다는 것은 바로 이런 느낌을 노래 뒤로 깔아 주는 작업입니다. 앞으로 사골처럼 우려먹게 될 위의 네 가지 코드 진행을 반복해서 연주해 보며 오늘의 연습을 마칩시다.

드디어 우리의 진짜 목표인 '노래 반주' 연습으로 들어갑니다. 그동안 고된 손가락 연습을 참아 내느라 고생 많았습니다.

우리가 처음 시도해 볼 노래는 '이치현과 벗님들'의 〈당신만이〉입니다. 좀 오래되긴 했지만 원곡 자체가 워낙 유명하고, 작년에 슈퍼스타K 프로그램에서 멋지게 리메이크된 적도 있어 대부분의 독자들에게 귀에 익은 멜로디일 겁니다. 참, 국민가수 김건모의 리메이크 버전도 훌륭했지요.

우리가 연주할 악보는 되도록 기초 코드가 많이 나오고 연주가 편하도록, 그리고 노래를 흥얼거리기 쉽도록 제가 조금 편곡한 것입니다. 원곡은 A키, 김건모 버전도 A키, 슈퍼스타K 버전은 F#키인데, G키로 바꿨고 — 간단히 설명하자면 노래방에서 '키 낮추기' 버튼을 두 번 누른 상태 — 전주와 간주도 빼고, 코드 진행도 한군데 생략했습니다. 그러니 다른 곳에서 찾아본 악보와 일치하지 않는다고 당황하지 않기 바랍니다.

그럼 앞의 네 마디를 만나 볼까요?

<당신만이> 네 마디 살펴보기

G → C → G → D7의 순서로 한 마디씩 코드가 바뀝니다. 4분의 4박자니까 천천히 "하나~ 둘~ 셋~ 넷~"을 세면 한 마디가 됩니다.

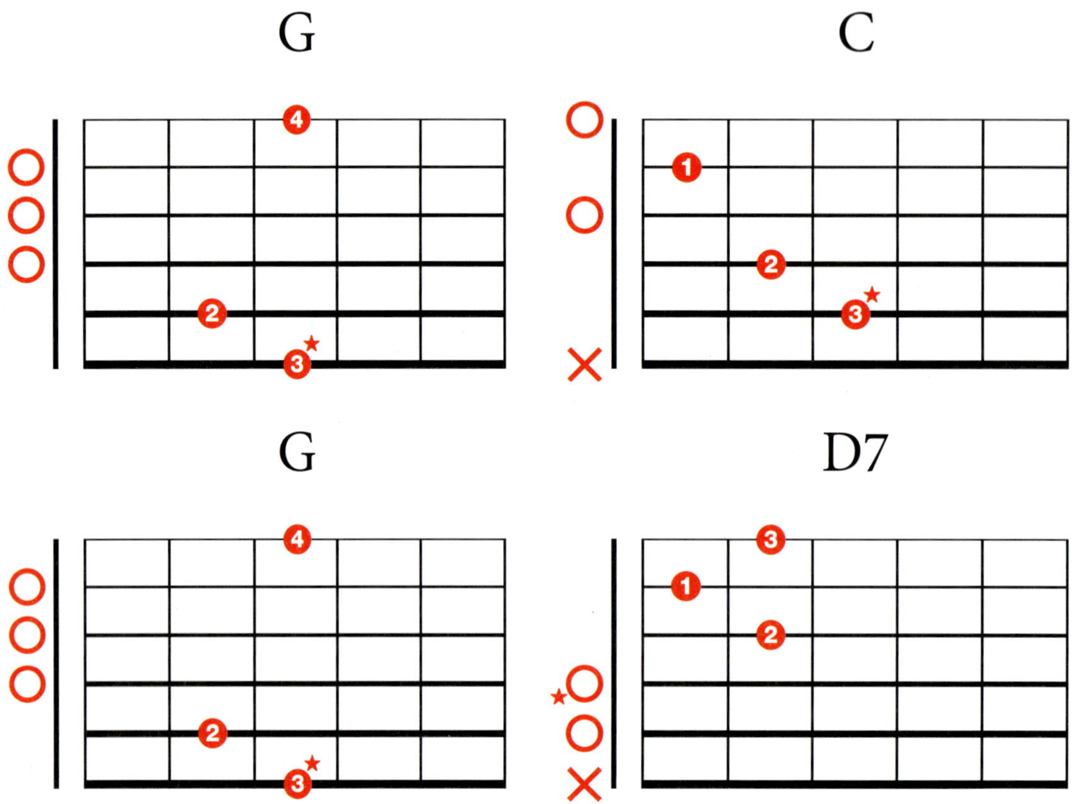

<당신만이> 네 마디 연주하기

일단 박자와 상관없이 G코드를 잡고 다운 스트로크, 즉 오른손 엄지로 6번줄에서 1번줄 방향으로 여섯 줄을 모두 튕긴 후에 노래를 흥얼거려 보세요.

"눈부신 햇~ 살이~"

첫 음정을 잘 모르겠으면 2번줄 개방현 소리를 들어 보세요. 그게 노래의 첫 음정입니다. 다시 G코드를 울리고 흥얼거려 봅니다.

"눈부신 햇~ 살이~"

이제 C코드로 손 모양을 바꾸고 다시 다운 스트로크를 하여 노래를 이어 봅니다.

"비춰 주어도~"

G코드로 돌아가서 다운 스트로크를 하고 또 노래합니다.

"제게 무슨 소용 있겠어요~"

당신만이4마디연주.mp4

노래에서 "요~"를 길게 빼는 동안 손은 D7코드로 바꿔 다운 스크로크를 합니다.

감이 오나요? 코드를 바꾸는 데 걸리는 시간은 '무조건' 시간이 해결해 줍니다. 재미를 붙여 무한반복하다 보면 여러분의 손이 알아서 최단거리의 동선을 찾아낼 겁니다. 거듭 강조하지만 지레 포기하지만 않으면 어느 날 갑자기 손이 알아서 움직이기 시작합니다. 조바심 내지 말고 차분히 그날을 기다립시다. 반주란 게 어떤 느낌인지를 충분히 맛봤다면 이제는 규칙적으로 박자를 맞춰 봅시다.

보고 듣고 따라하는 동영상 39 _ 당신만이4마디박자맞추기.mp4

노래는 속으로 흥얼거리고, 대신 입으로 "하나~ 둘~ 셋 ~ 넷~"의 구령을 붙이며 그에 맞춰 코드마다 네 번씩 다운 스크로크를 합니다. 코드가 맘처럼 쉽게 바뀌지 않아서 "넷~"에서 다시 "하나~"로 넘어가는 데 시간이 지체되겠지만 〈국민체조〉 노래처럼 자꾸 구령을 붙이며 해야 박자감이 손에 붙습니다.

"하나~ 둘~ 셋~ 넷~"의 패턴이 익숙해졌으면 다시 입으로 노래를 흥얼거리고 구령은 속으로 세는 식으로 바꿔서도 연습해 봅니다. 처음이니까 속도는 아주 느리게 해도 괜찮습니다. 속도보다 다운 스크로트의 시간 간격을 최대한 일정하게 유지하는 데 더 신경을 쓰세요. 〈당신만이〉의 이 멋진 멜로디를, 스스로 만들어 낸 기타 반주와 함께 30분 이상 즐기는 것이 오늘의 숙제입니다!

13일차, <당신만이> 8마디 연습

오늘은 어제에 이어서 네 마디를 더 해 보겠습니다. 그러니까 여덟 번째 마디까지 진도가 나가는 건데, 그 끝에 도돌이표가 있어서 사실은 두 배인 열여섯 마디 분량을 소화하게 되는 셈입니다. 요 정도만 돼도 기타 칠 줄 모르는 사람들 앞에서 잠깐 폼 잡는 데는 충분할 겁니다.

두 가지 난이도에 유의할 것

오늘의 연습은 두 가지 측면에서 난이도가 확 높습니다.

하나는 한 마디에 코드가 두 번 나오는 패턴입니다. 그러니까 "하나~ 둘~" 후에 코드를 바꾸고 "셋~ 넷~"을 해야 합니다. 다른 하나는 소위 바레(barre) 코드, 바(bar) 코드, 혹은 하이(high) 코드라고 불리는 지옥의 F코드와 유사한 코드폼이 등장한다는 점입니다.

코드도 빨리 바꿔야 하고 바레 코드까지 들어 있는 노래를 왜 첫 연습곡으로 골랐냐고요? 저도 그러고 싶지 않았지만, 솔직히 말씀드려서 한 마디에 코드가 하나씩만 나오고 바레 코드도 없는 노래는 동요 빼고는 거의 없다고 봐야 합니다. 웬만한 가요나 팝의 코드 진행상 코드가 빨리 바뀌는 부분, 바레 코드가 나오는 부분이 꼭 한두 번은 끼어 있습니다.

언젠가는 넘어야 할 산이니 빨리 부딪치는 편이 낫다는 게 제 생각입니다. 하지만 아직 바레 코드를 정식으로 잡는 것이 무리일 테니 오늘은 7일차 연습에서 해 봤던 약식 코드폼으로 소화해 볼 겁니다. 그리고 기초 코드 외의 새로운 코드가 나왔을 때 무척 중요한 '코드폼의 비밀'도 알려 드리겠습니다.

둘째 마디의 Bm코드는 일단 '버티기' 손 모양으로!

기초 코드에 포함되지 않은 Bm코드가 나왔습니다. Bm코드의 타브 악보와 코드표, 실제 손 모양은 다음과 같습니다.

검지를 일자로 세워서 5번줄과 1번줄 2번 프렛을 누르고 중지로 2번줄 3번 프렛, 약지로 4번줄 4번 프렛, 소지로 3번줄 4번 프렛을 누릅니다. 검지의 끝부분이 살짝 6번줄에 닿게 하여 6번줄은 음이 울리지 않게 합니다. 하지만 이 코드폼은 용을 쓰면 잡을 수는 있겠지만, 아직 자연스러운 코드 반주에 포함시키기에는 무리일 겁니다. 그래서 오늘 악보 둘째 마디의 Bm코드는 7일차 연습에서 했던 '버티기' 손 모양으로 돌파해 봅시다.

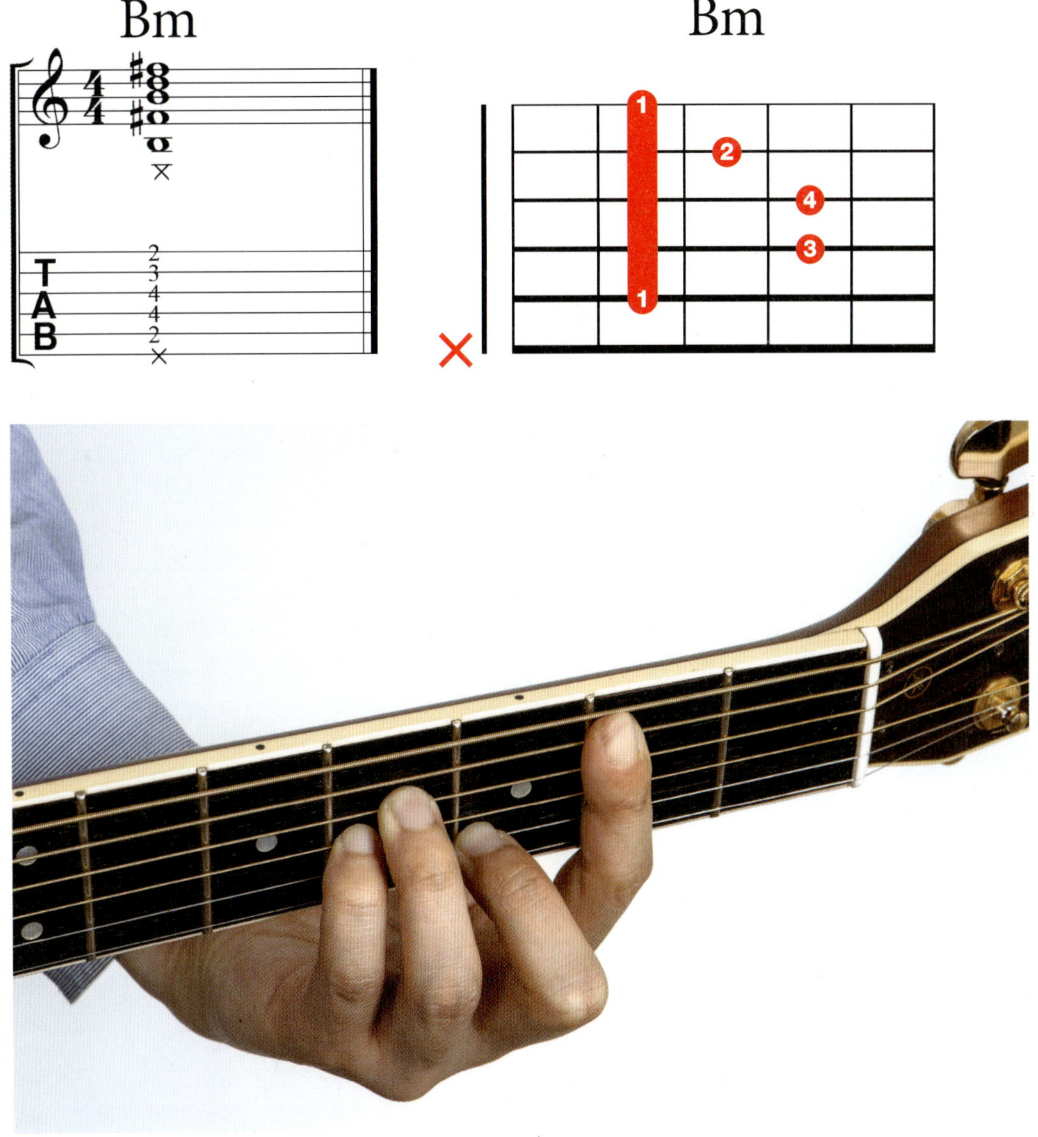

정식 Bm코드에서 1번줄과 2번줄을 생략한 형태입니다.

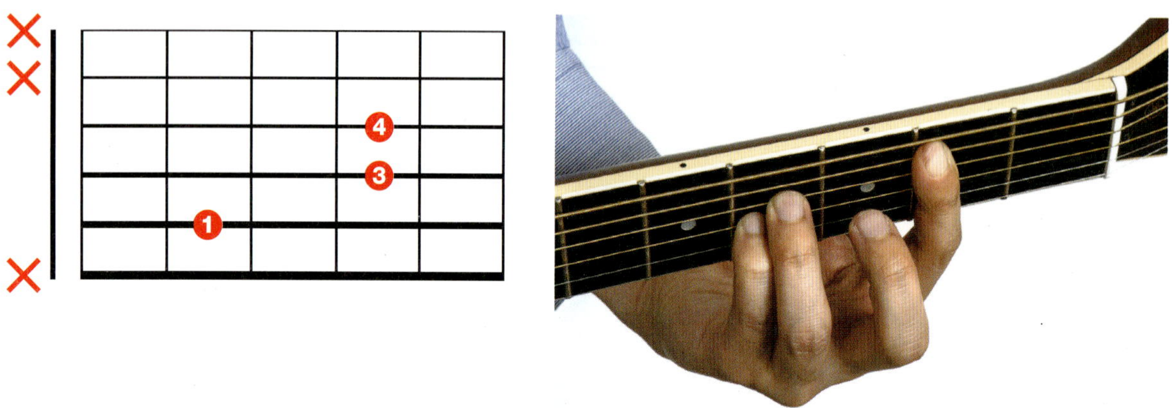

실제 연습하기

그럼 실제 연습을 해 봅시다. 방식은 어제와 같습니다. "하나~ 둘~ 셋~ 넷~"의 구령에 맞춰 다운 스트로크로 코드를 울리고, 익숙해지면 구령은 속으로 세고 입으로 노래를 흥얼거려 봅니다.

- G코드를 짚고 "하나~ 둘~" 하고 Bm코드로 바꿔 "셋~ 넷~"
- C코드를 짚고 "하나~ 둘~ 셋~ 넷~"
- G코드를 짚고 "하나~ 둘~" 하고 Am코드로 바꿔 "셋~ 넷~"
- G코드를 짚고 "하나~ 둘~" 하고 D7코드로 바꿔 "셋~ 넷~"

보고 듣고 따라하는 동영상 40 _ 당신만이8마디연주.mp4

〈당신만이〉의 반주에서 오늘의 연습이 가장 까다로운 부분입니다. 이 네 마디의 코드 진행에 익숙해졌다면 어지간한 포크송들은 만만해진다고 봐도 과언이 아닙니다. 천천히, 차분히, 인내심을 갖고 반복하세요. 오늘 하루에 스스로 만족할 만큼 연주가 되진 않을 겁니다. 하지만 일주일이나 열흘쯤 뒤에는 손놀림이 크게 달라져 있을 겁니다. 자신을 믿으세요!

코드의 비밀 파헤치기

혹사당한 손을 3분 정도 쉬게 해 주면서 '코드의 비밀'을 파헤쳐 보겠습니다. Bm코드표를 한번 봐 주세요. 그 손 모양을 그대로 유지하면서 2프렛을 하강시키면 어떨까요? 검지는 0번 프렛에, 중지는 1번 프렛에, 약지와 소지는 2번 프렛에 위치하게 됩니다. 직접 따라해 보세요. '엇, 0번 프렛은 개방현이니까 굳이 안 눌러도 되잖아요?' 맞습니다. 그래서 손 모양을 좀 더 편하게 고치면 바로 Am코드가 됩니다. 손가락 번호는 신경 쓰지 말고 동그라미들의 배치만 보면, Bm코드에서 그대로 2프렛 하강한 형태임을 알 수 있습니다. 단 Bm코드에서는 편의상 6번줄을 생략했다는 점만 다릅니다

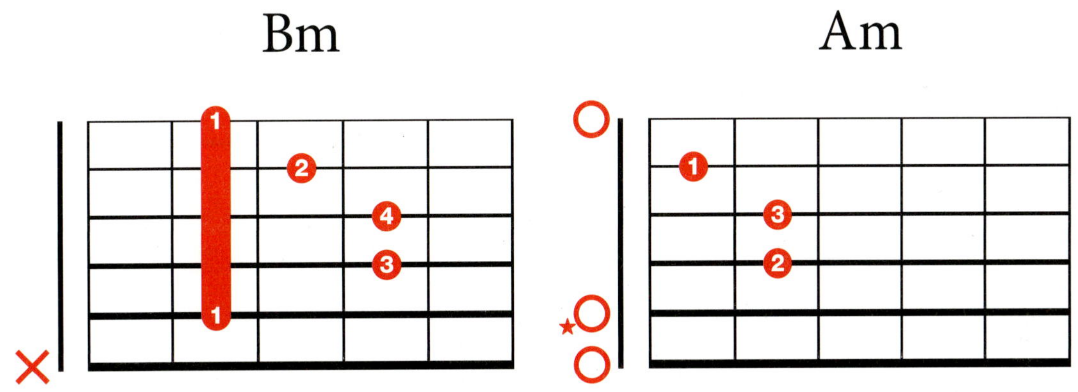

그럼 Bm코드를 하강시키는 것 말고 상승시킬 수도 있을까요? 물론입니다. 예를 들어 손 모양을 그대로 두고 한 프렛만 상승시키면 Cm코드가 됩니다.

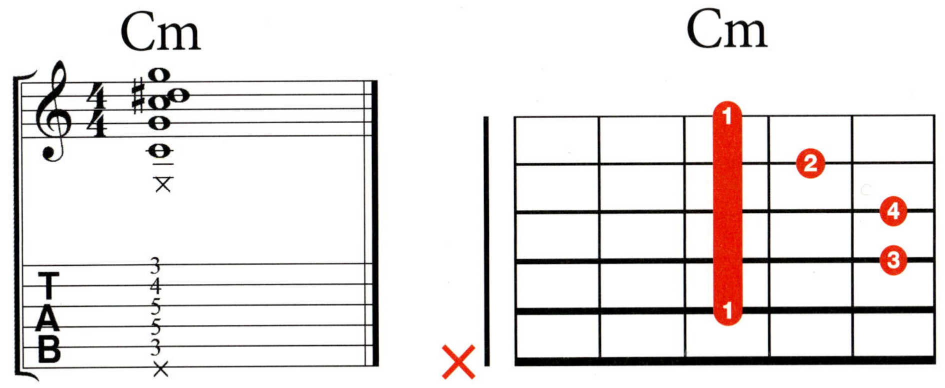

이런 식으로 같은 손 모양을 수평으로 이동시키면서 우리는 다양한 마이너 코드를 만들 수 있습니다. 검지를 0번 프렛에 두면 Am코드, 1번 프렛에 두면 A#m(=B♭m)코드, 2번 프렛에 두면 Bm코드, 3번 프렛에 두면 Cm코드, 4번 프렛에 두면 C#m(=D♭m)코드, 5번 프렛에 두면 Dm코드……. 이런 식으로 하나의 코드폼을 위치만 바꿔가며 다양하게 써먹을 수 있다는 것이 기타의 큰 장점입니다.

종전의 설명이 Am코드의 위치 변화였다면, 다른 기본 코드들도 마찬가지로 위치를 바꿔 볼 수 있지 않을까요? 물론입니다. 전부 다 가능하지만, 대표로 E코드의 위치 변화만 한 번 더 살펴보겠습니다.

E코드입니다. 이 형태를 그대로 1프렛 상승시키면 마의 F코드가 됩니다.

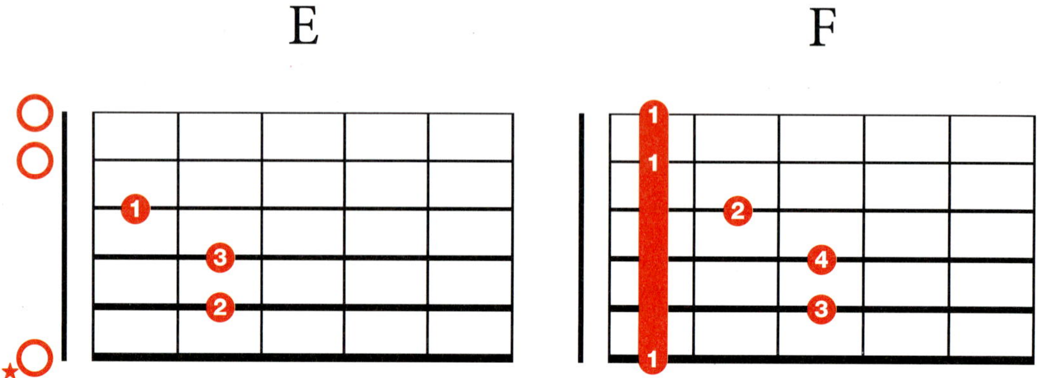

F코드와 같은 바레 코드는 왜 그렇게 잡기가 힘들까요? E코드와 비교하면, 너트(nut)라는 기타 부속이 잡아 주고 있는 개방현의 역할을 검지로 대체해서 손수 눌러야 하므로 그만큼 힘이 더 드는 겁니다. 앞서 설명한 것과 같은 원리로 F코드에서 1프렛을 더 올리면 F#(=G♭)코드, 또 1프렛을 올리면 G코드가 되는 식으로 계속 응용이 가능합니다.

이 비밀을 알게 됨으로써 여러분은 자신도 모르게 기타라는 미궁 속으로 깊숙이 발을 들여놓고야 말았습니다.

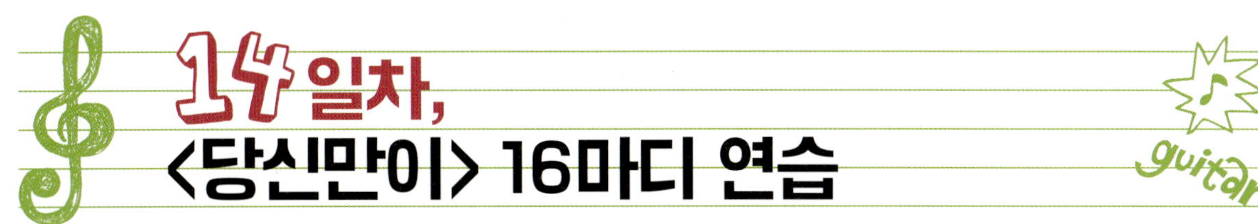

14일차, <당신만이> 16마디 연습

2절까지 연주하기

어제까지의 연습을 복습하다가 자연스럽게 진도를 나가 볼까요? 아래의 악보를 보면 도돌이표에 의해 다시 맨 처음으로 돌아갑니다. 그리고 노랫말도 2절로 바뀝니다.

전체적으로는 동일한 반복인데, 제일 마지막 코드만 이전과 다릅니다. G → G7으로 바뀌는 패턴인데, 타브 악보를 참고하세요. 1번줄에서만 3번 프렛(소지)을 1번 프렛(검지)으로 바꾸면 되므로 그리 어렵지 않을 겁니다.

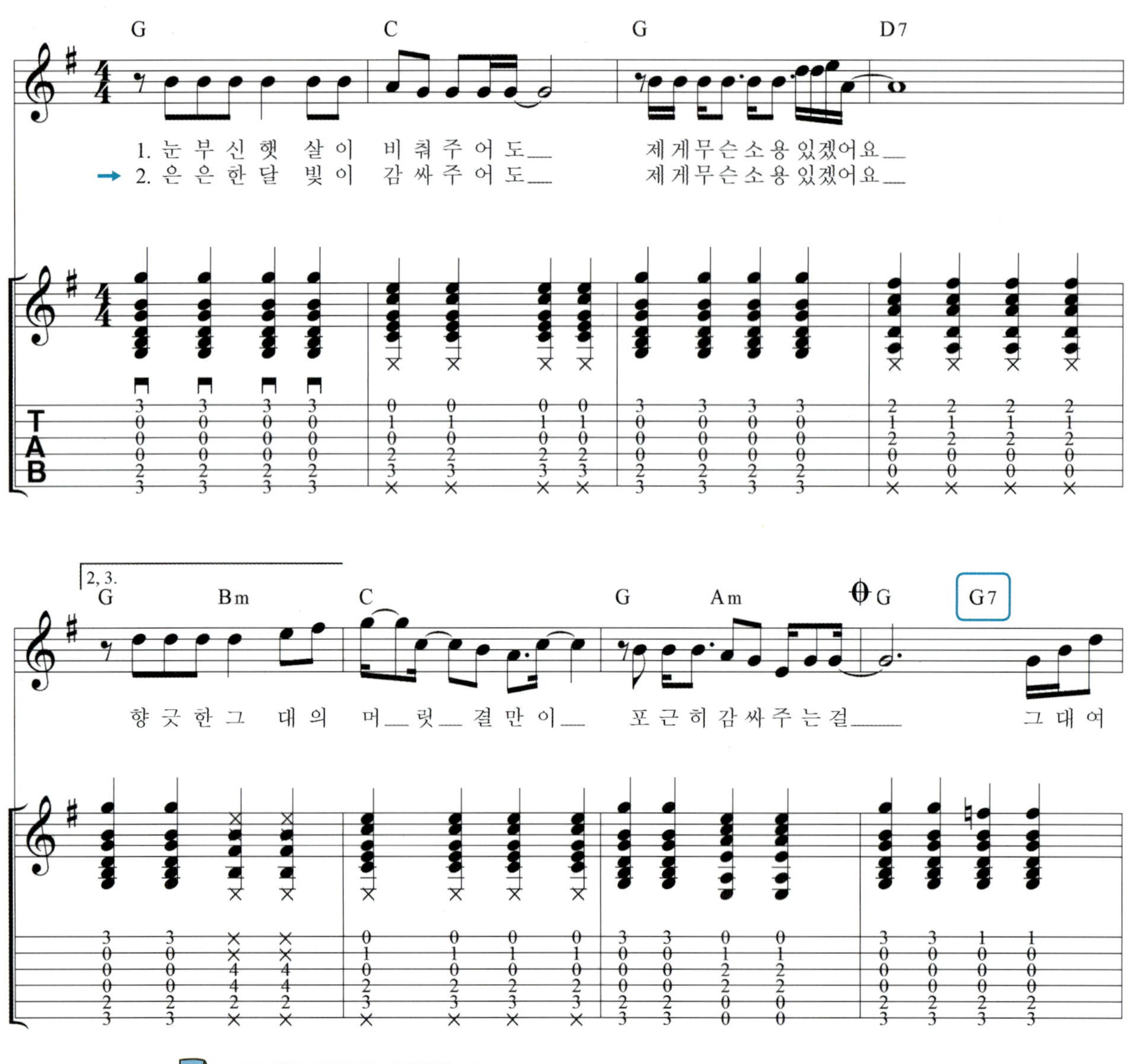

보고 듣고 따라하는 동영상 41 _ 당신만이2절까지연주.mp4

후렴 연주하기

자, 지금까지 노래가 "그대여~" 하며 후렴으로 이끄는 지점까지 총 열여섯 마디를 진행했습니다. 오늘은 후렴의 진도를 쭉쭉 나가 보겠습니다. 코드 진행의 패턴이 지금까지와 크게 다르지 않으니 편하게 반복 연습이라고 생각하면 됩니다. 타브 악보로는 다음과 같습니다.

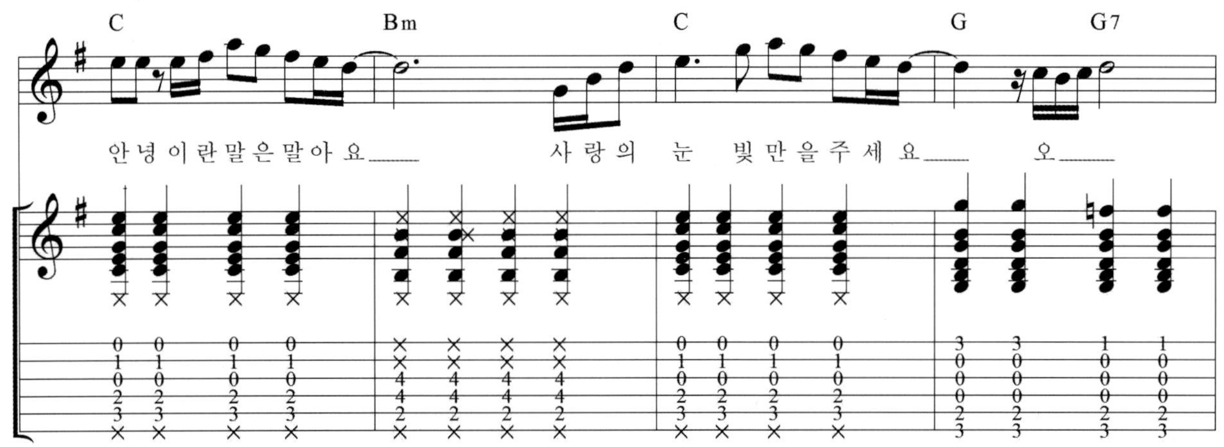
C
Bm
C
G
G7
안녕이란말은말아요
사랑의 눈 빛만을주세요
오

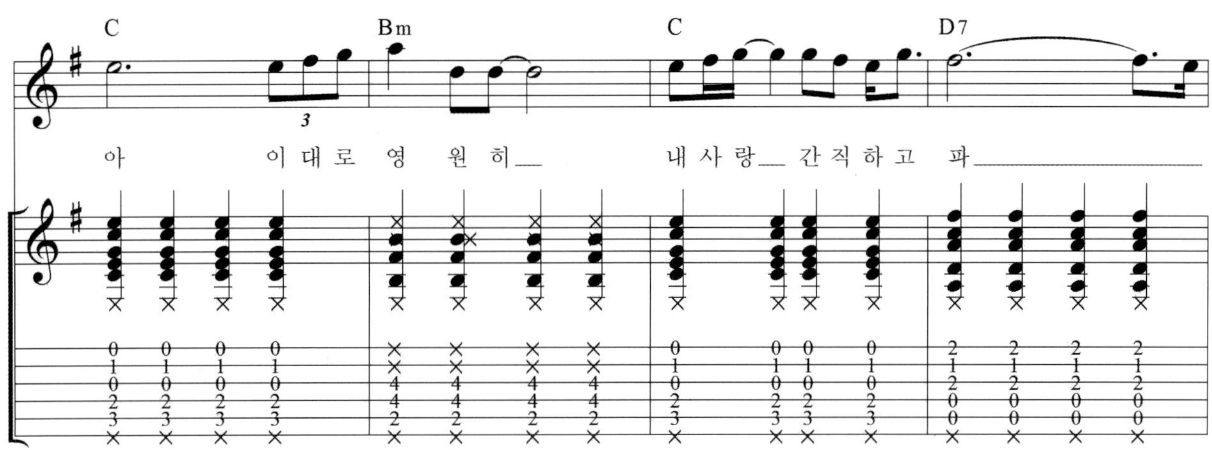
C
Bm
C
D7
아 이대로 영 원 히
내사랑 간직하고 파

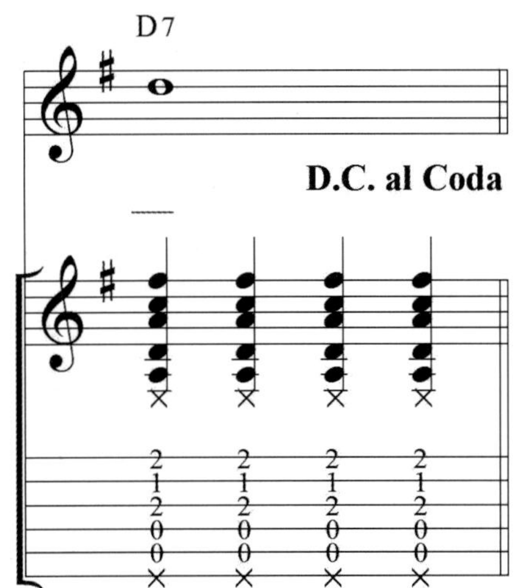
D7
D.C. al Coda

악보 끝에 보면 D.C. al Coda라고 쓰여 있습니다. D.C.(다 카포)는 노래의 맨 처음으로 돌아가라는 뜻입니다. 반면 D.S.(달 세뇨)라고 쓰여 있으면 노래의 맨 처음이 아니라 세뇨(𝄋) 표시가 붙은 마디로 돌아가라는 뜻입니다. al Coda는 다시 돌아간 상태에서 코다(𝄌) 표시가 있는 데까지 진행하라는 뜻인데, 바로 뒤에서 다시 설명하겠습니다.

악보에는 D.C.(다 카포)와 D.S.(달 세뇨) 같은 악상기호가 자주 등장하는데, 우리는 전공자가 아니니 외울 필요까진 없고 그때그때 인터넷 검색을 통해 찾아보는 정도로 타협합시다. 학창시절에 음악 수업을 열심히 들은 사람이라면 낯설지 않은 기호들일 겁니다.

보고 듣고 따라하는 동영상 42 _ 당신만이후렴연주.mp4

3절 연주하기

그럼 악상기호에 따라 다시 노래의 처음으로 돌아가 볼까요? 노래는 이제 3절로 이어집니다.

이어지는 부분도 처음에 연습했던 코드 진행과 같은데, 코다 기호(𝄌)가 있는 곳에서 아래 악보로 점프하여 그대로 G코드로 종료된다는 점만 유의하면 됩니다. 하나만 더 욕심을 부리자면, 끝나기 바로 전의 마디부터 천천히 속도를 줄이다가 마지막 코드를 천천히 훑어 내리면 그럴 듯한 엔딩 느낌이 납니다.

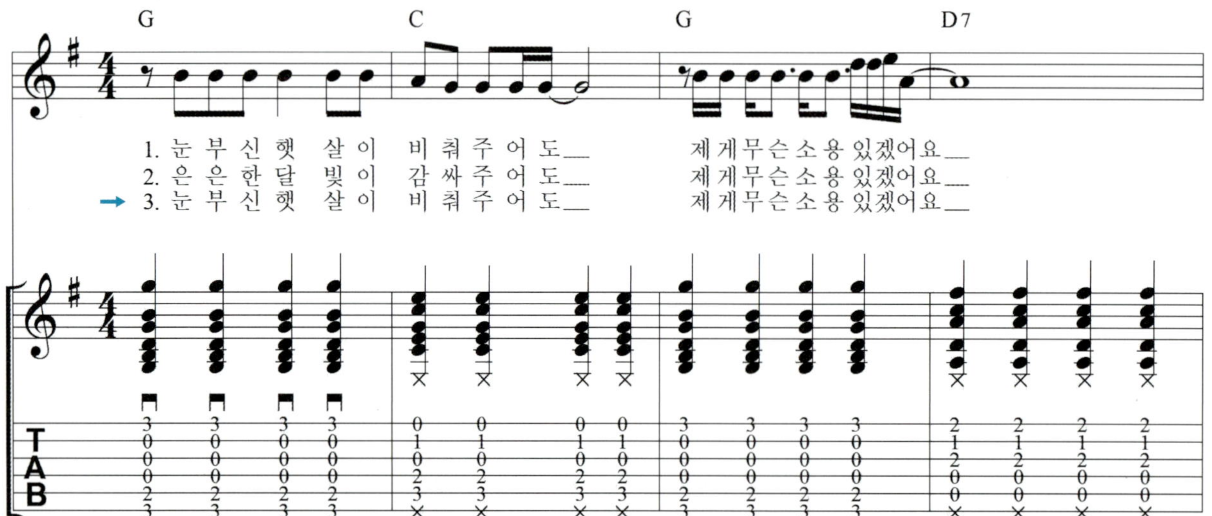

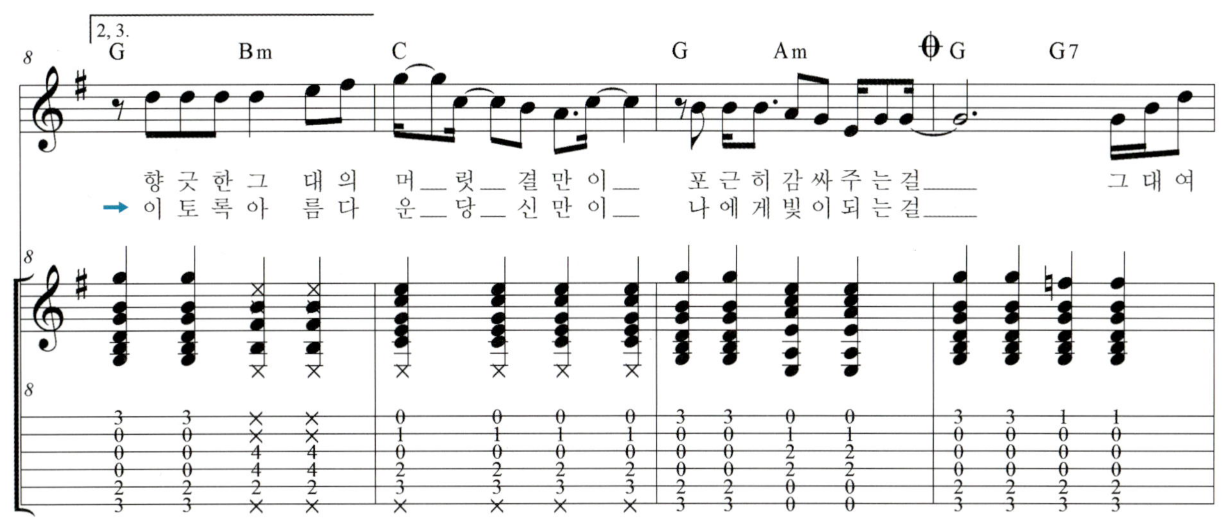

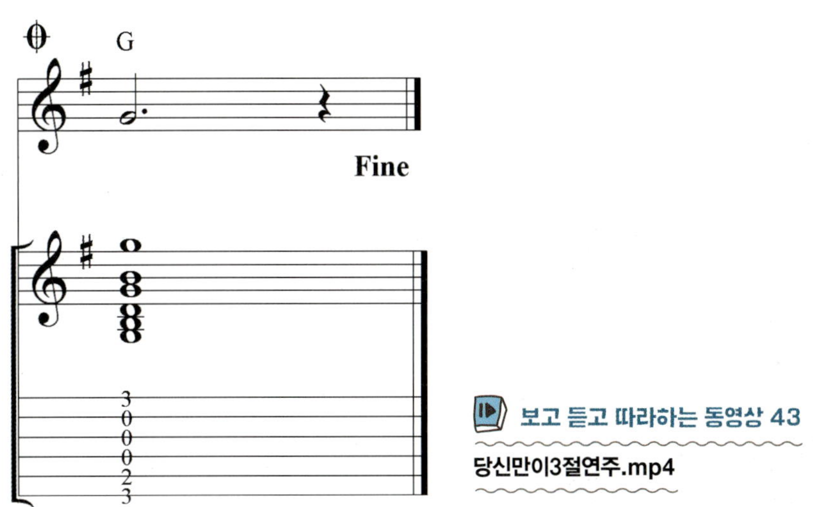

오늘은 〈당신만이〉의 반주를 처음부터 끝까지 해내는 연습을 반복합니다. 네 마디씩 연습할 때보다는 곡의 흐름이 한결 입체적으로 이해될 겁니다. 중간중간 버벅대더라도 자책하거나 좌절하지 마세요. 어차피 남은 6일 동안 계속 이 노래만 치게 될 테니까 포기하기엔 아직 멀었습니다. 스스로 듣기 민망해도 꾸역꾸역 반복하다 보면 결국, 손이 여러분의 노력에 감동하여 '척하면 착' 하고 움직여 줄 겁니다.

15일차, 리듬 변주 연습

오늘은 어제처럼 〈당신만이〉를 처음부터 끝까지 연습해 봅니다. 다만 하나의 요소가 추가되는데, 바로 '업 스트로크'입니다. 업 스트로크를 추가하는 것만으로 반주가 두 배 이상 풍성해지는 마법을 경험하게 됩니다.

다운 스트로크로 연주하기

다운 스크로크는 오른손 엄지로 6번줄부터 1번줄까지 훑어 내리는 것입니다.

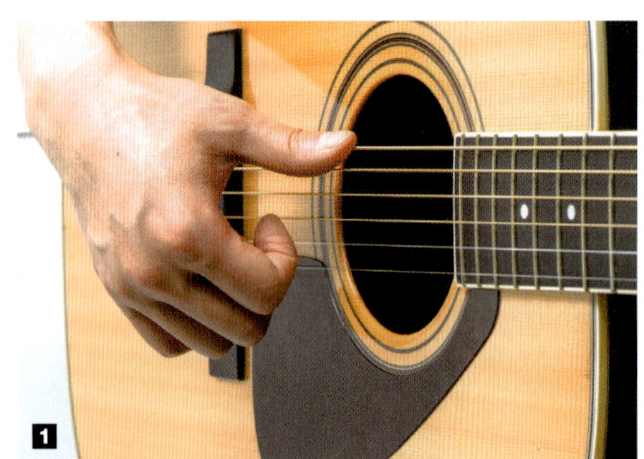

● 오른손 엄지를 6번줄에 대고 1번줄까지 단숨에 훑어 내립니다.

● 움직임의 중심은 팔꿈치입니다. 엄지의 힘과 손목 스냅은 팔꿈치의 움직임을 자연스럽게 보조하는 정도의 느낌으로만 씁니다.

보고 듣고 따라하는 동영상 44
다운스트로크로당신만이연주.mp4

업 스트로크로 연결하기

이렇게 다운 스트로크를 하면서 아래로 내려간 팔꿈치를 다시 들어 올릴 때 오른손의 검지를 1번줄에 닿게 하여 업 스트로크로 연결합니다.

● 검지를 1번줄에 닿게 하고 팔꿈치를 들어 올리면서 6번줄까지 훑어 올립니다.

● 여전히 움직임의 중심은 팔꿈치입니다. 검지의 힘과 손목 스냅은 팔꿈치의 움직임을 자연스럽게 보조하는 정도의 느낌으로만 씁니다.

보고 듣고 따라하는 동영상 45

업스트로크.mp4

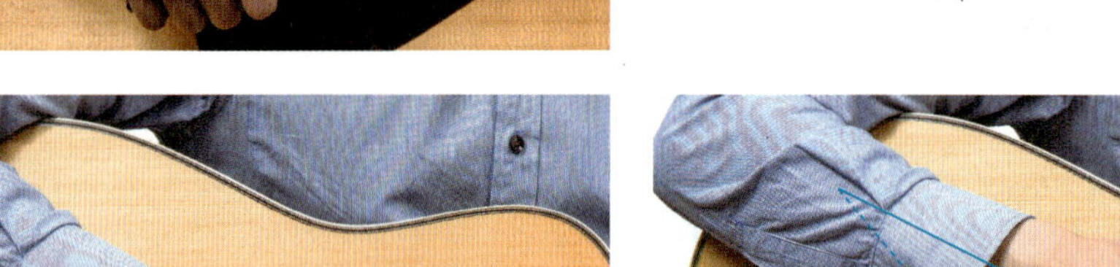

다운 스크로크 동작을 업 스크로크 동작으로 연결시켰듯이, 업 스크로크 동작도 다운 스크로크 동작으로 연결시킬 수 있습니다. 아무 코드나 잡은 후에 천천히 다운 스크로크와 업 스크로크를 반복하면서 그 둘이 부드럽게 하나의 패턴으로 이어지도록 해 보세요. 요점은 팔꿈치의 '왕복' 운동입니다. 기타의 여섯 줄을 위아래로 '훑는' 데 필요한 최소한의 팔꿈치 각도를 찾아보세요.

다운 스트로크를 할 때 엄지에 힘이 들어가면 저음현의 소리만 크게 나고 고음현의 소리는 묻혀 버립니다. 업 스트로크를 할 때도 검지에 힘이 들어가면 고음현의 소리만 크게 나고 저음현의 소리는 묻혀 버립니다. 엄지와 검지는 그저 팔꿈치의 왕복에 따라 자연스럽게 흔들리면서 기타줄을 '훑을' 때 버텨 주는 역할만 잘 해내면 됩니다. 오른손의 손가락, 손목의 힘을 빼세요!

<당신만이> 새롭게 연주하기

5분 정도 다운&업 스트로크를 연습했으면 〈당신만이〉를 새롭게 연주해 봅시다.

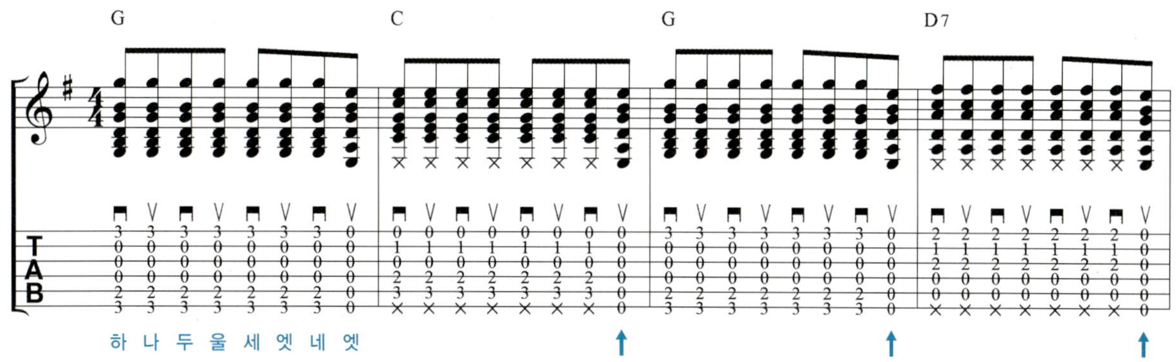

지금까지는 편하게 "하나~ 둘~ 셋~ 넷~"으로 구령을 붙였지만 오늘은 박자를 두 배로 쪼갭니다. "하 / 나 / 두 / 울 / 세 / 엣 / 네 / 엣"으로 한 마디를 여덟 박으로 나눠서 연주하는 겁니다. 복잡해 보이지만 업 스트로크가 추가된 것 말고는 어제와 전혀 다를 바가 없습니다. 다만 처음에는 박자를 일정하게 유지하기가 쉽지 않으니 노래를 흥얼거리는 일은 뒤로 하고 우선 새로운 구령에 익숙해지는 데 집중합니다.

이렇게 연주하다 보면 애로사항이 하나 꽃을 피웁니다. "네 / 엣"까지 연주하고 하니 바로 코드를 바꿔 "하 / 나"로 진행하기에 시간적 여유가 너무 없습니다. 이것은 어지간히 기타를 잘 치는 사람도 극복하기 어려운 문제입니다. 그래서 타브 악보에 화살표로 표시했듯이, 코드가 바뀌기 전의 마지막 업 스트로크는 여섯 줄 모두 개방현을 울리면서 코드폼을 바꿀 시간을 법니다. 이 마지막 8분음표는 코드와는 무관하고, 그저 코드 변화를 암시하는 효과음 역할을 하게 됩니다.

한 마디 안에 두 개의 코드가 나오는 다음 마디들도 같은 요령으로 연주합니다.

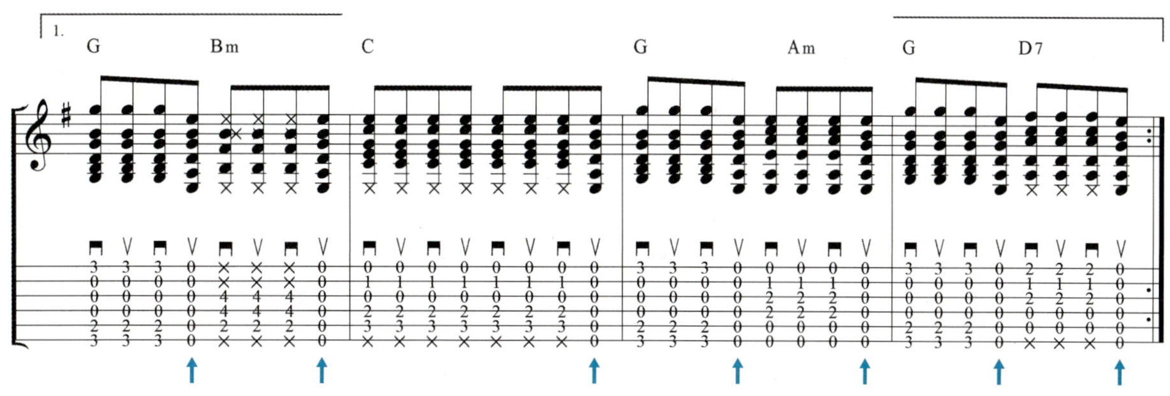

보고 듣고 따라하는 동영상 46 _ 당신만이다운&업.mp4

이상의 여덟 마디를 여러 번 반복해 보고, 감이 잡혔으면 노래를 처음부터 끝까지 연주해 봅니다. 오늘의 요점은 박자감을 향상시키는 것, 그리고 코드를 바꿀 시간을 버는 요령을 터득하는 것입니다.

<당신만이> 곡 전체 연주하기

곡 전체의 악보와 코드표를 보면서 업 스트로크의 마법을 한껏 즐기시기 바랍니다.

당신만이 _ 이치현과 벗님들

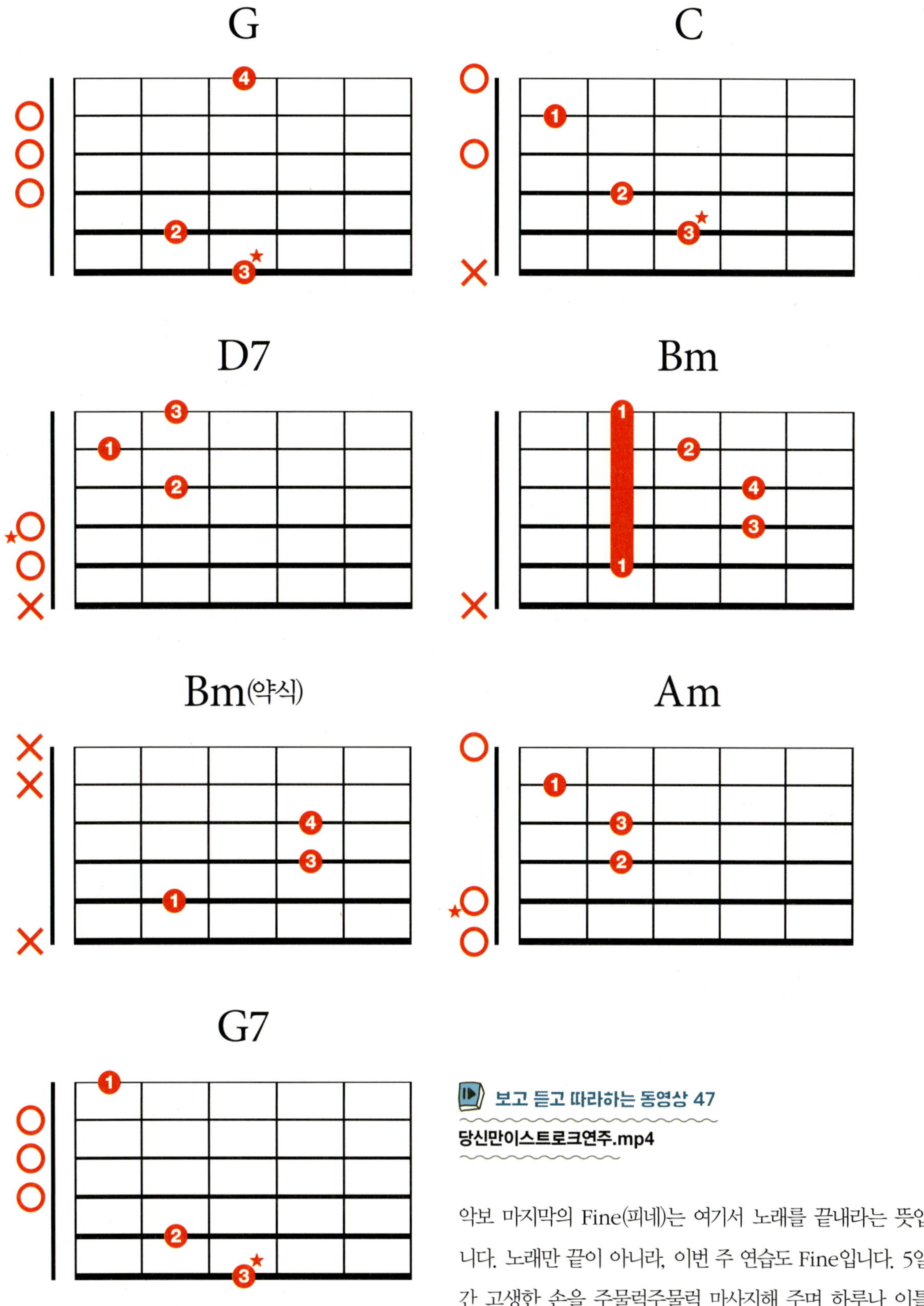

보고 듣고 따라하는 동영상 47

당신만이스트로크연주.mp4

악보 마지막의 Fine(피네)는 여기서 노래를 끝내라는 뜻입니다. 노래만 끝이 아니라, 이번 주 연습도 Fine입니다. 5일간 고생한 손을 주물럭주물럭 마사지해 주며 하루나 이틀 정도 휴식합시다.

4주차,
기타가 놓기 싫어질 때까지

나는 음악을 하겠다는 생각이 전혀 없었는데 처음 기타를 집어 든 순간
다시는 이걸 내려놓지 못하리란 것을 직감했다.

— 슬래쉬 —

16일차, 피크 사용하기 1

오늘은 그동안 묵혀 두었던 피크를 사용해 보겠습니다. 피크는 제조사에 따라, 재질에 따라, 모양에 따라, 두께에 따라 그 종류가 천차만별인데, 초보 단계에서는 고민할 필요 없습니다. 그냥 기타 살 때 서비스로 끼워 준 피크를 쓰면 됩니다.

피크의 종류

아마도 여러분이 갖고 있는 피크는 아래의 두 가지 모양 중 하나일 겁니다.

하단의 뾰족한 부위로 기타줄을 튕깁니다.

요놈은 세 모서리를 모두 연주에 쓸 수 있습니다.

피크 잡는 법

피크 잡는 법에 정석이 따로 있지는 않습니다. 자세히 보면 연주자마다 다 다른 게 사실인데, 그래도 초보자가 주의해야 할 사항은 몇 가지 있습니다. 간단히 알아봅시다.

첫째, 너무 세게 혹은 약하게 쥐면 안 됩니다. 맨손으로 연주할 때 오른손 엄지와 검지의 힘을 빼라고 했던 이치와 같습니다. 너무 세게 쥐면 여섯 줄의 소리가 고르게 나지 않고, 너무 약하게 쥐면 기타줄과 피크가 부딪히는 순간에 나는 듣기 싫은 소리가 강조돼 버립니다.

● 이렇게 검지를 기역 자로 굽힌 후에 손가락 끝에 피크를 올려놓고 엄지를 붙여 잡니다.

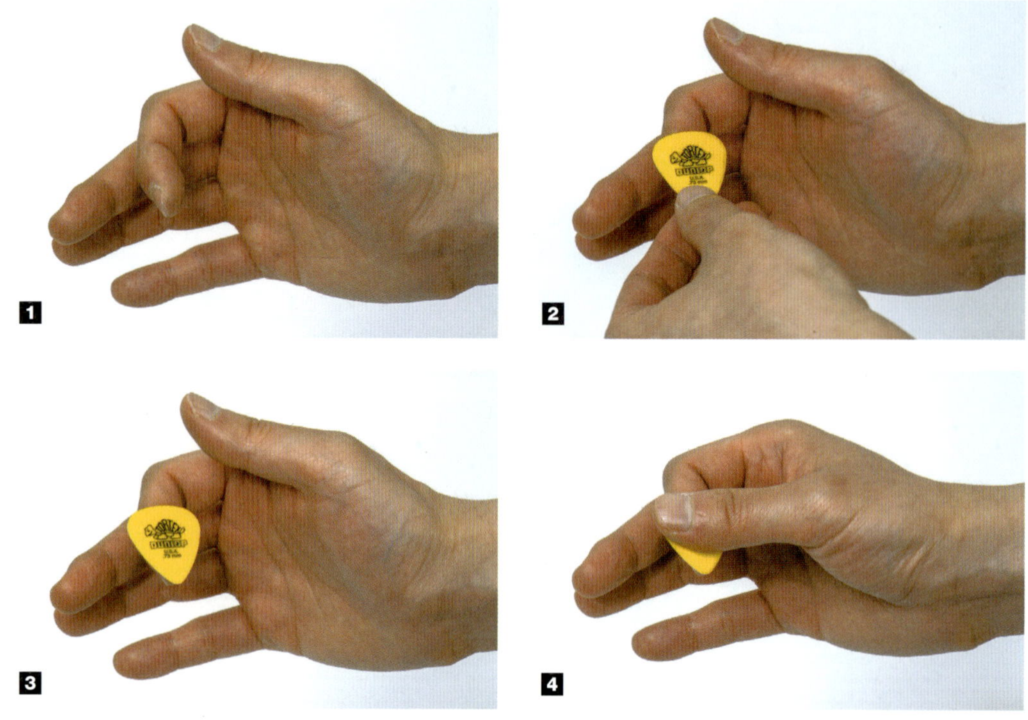

● 이렇게 검지를 디귿 자로 굽힌 후에 관절 부위에 피크를 올려놓고 엄지를 붙여 쥐는 방식을 선호하는 사람도 있습니다.

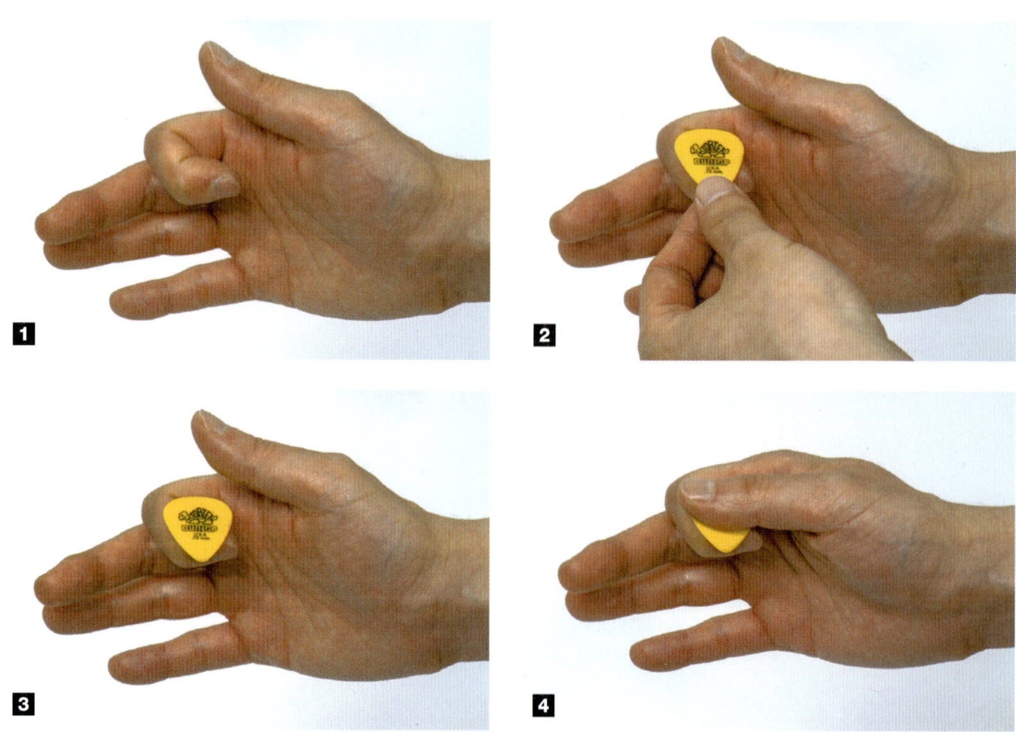

둘째, 기타줄에 닿는 각도를 직각에 가깝게 유지해야 합니다. 사선으로 닿게 되면 소리도 좋지 않고 연주 자세도 점점 틀어질 가능성이 많습니다.

피크와 기타줄이 되도록 직각으로 닿게 합니다. 안쪽이나 바깥쪽으로 꺾이는 습관이 들면 연주의 난이도가 높아질수록 애를 먹게 됩니다.

- 이렇게 기타줄에 직각으로 닿게! O

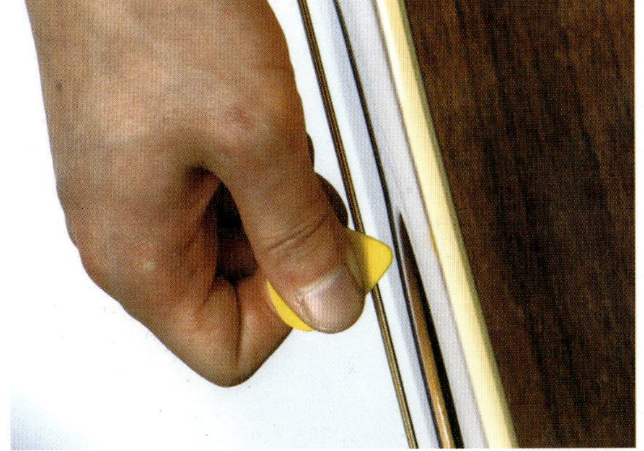

- 이렇게 안쪽으로 꺾여도 안 되고! X

- 이렇게 바깥쪽으로 꺾여도 안 되고! X

피크연주법기초.mp4

셋째, 스트로크의 중심은 팔꿈치입니다. 피크로 단음을 빠르게 연주할 때는 상황이 좀 달라지지만, 우리의 주된 목표인 코드 반주를 놓고 보면 다운&업 스트로크의 중심은 늘 팔꿈치의 왕복 운동이 되어야 합니다. 맨손으로 연주할 때와 똑같습니다. 손목의 스냅과 엄지-검지의 힘 조절은 팔꿈치의 움직임을 보조하는 역할을 합니다.

● 팔꿈치를 움직이면 이렇게 피크의 끝이 비스듬히 호를 그리며 기타줄들을 튕깁니다. 점선의 방향처럼 수직으로 내리긋는 것이 아닙니다.

● 다운 스트로크를 할 때는 기타줄과 부딪히며 피크의 끝이 위를 향하고 업 스트로크를 할 때는 피크의 끝이 아래를 향하게 됩니다. 엄지-검지의 쥐는 힘과 손목의 스냅은 이런 기타줄의 장력을 이겨 낼 정도만 발휘되면 됩니다.

보고 듣고 따라하는 동영상 49 _ 피크로스트로크하기.mp4

피크로 <당신만이> 연주하기

그럼 이제 피크를 쥐고 지난 15일차 연습을 해 봅시다. 다운&업 스트로크 패턴을 오늘은 피크로 연주합니다. 맨손으로 할 때보다 엄청나게 풍성해진 음량이 피크의 중요성을 실감하게 해 줍니다.

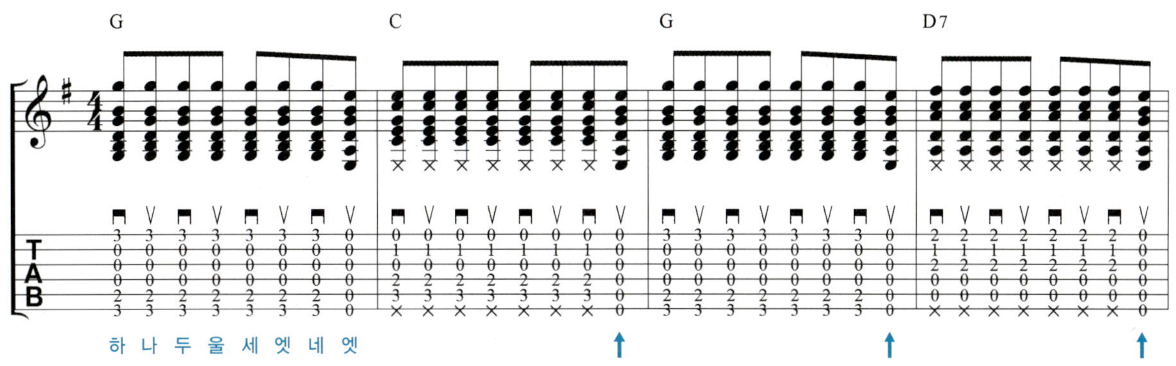

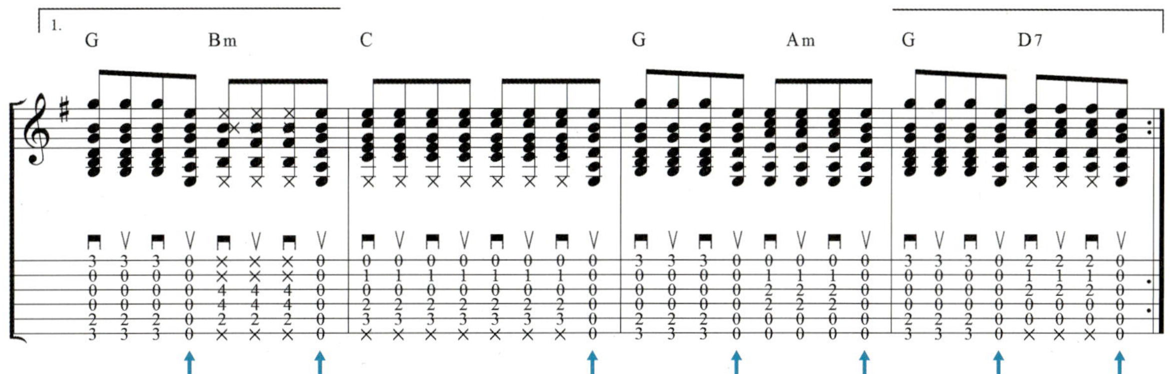

보고 듣고 따라하는 동영상 50 _ 당신만이피크연주.mp4

몇 분간 반복해서 감이 잡혔으면 앞장(162쪽)의 전체 악보를 보면서 〈당신만이〉를 처음부터 끝까지 피크로 연주해 봅니다. 왼손의 코드 진행은 그대로 두고 오른손의 연주법만 바꿈으로써 이처럼 반주의 느낌을 다채롭게 변화시킬 수 있습니다.

17일차, 피크 사용하기 2

오늘은 피크를 통한 스트로크 연주를 좀 더 고급스럽게 바꿔 보겠습니다. 어제처럼 다운&업 패턴만 계속 반복하면 편하기야 하지만 어딘가 경직되게 들리는 느낌을 지울 수 없습니다. 중간중간 여백의 미가 없기 때문에 그렇습니다. 그래서 다운&업 스트로크 연주에서는 대개 한 마디에 한두 박씩 기타 줄을 일부러 튕기지 않음으로써 근사한 리듬을 만들어 냅니다.

헛피킹으로 근사한 리듬감 연출하기 : A패턴

말로는 전달이 어려우니 직접 연주하며 들어 봅시다.

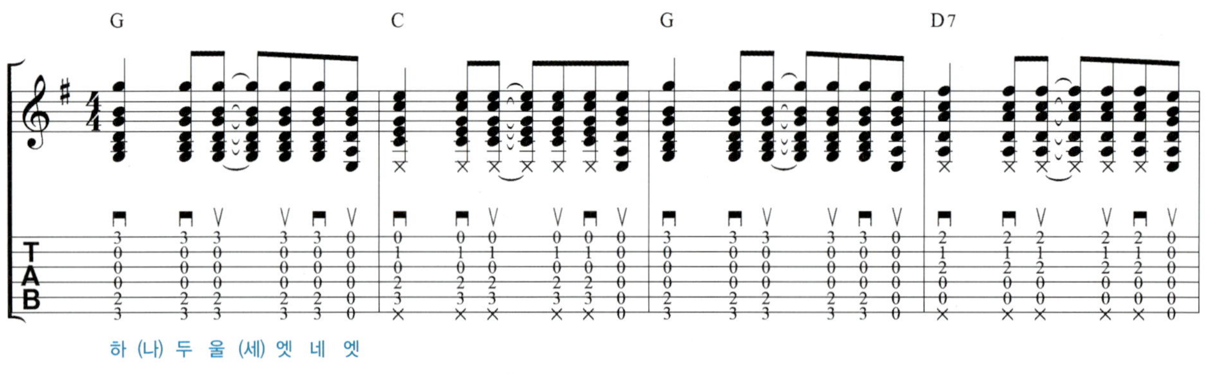

— 평생 써먹을 만큼 유용한 스트로크 패턴(A) —

타브 악보 위의 오선보를 보면 전부 다 8분음표인 것이 아니라 4분음표와 이음표가 중간에 끼어 있습니다. 그래서 "하 / (나) / 두 / 울 / (세) / 엣 / 네 / 엣"의 구령 중에 괄호 안에 들어간 두 번의 스트로크는 기타줄을 튕기지 않습니다. 팔꿈치의 왕복 운동은 쉬지 않고 지속하되 그 두 번은 피크가 기타줄을 건들지 않게 오른손을 허공에서 놀리는 것입니다. 이것을 '헛피킹'이라고 합니다. "하 / (나)"의 (나)는 업 스트로크를 헛피킹으로 하고, "(세) / 엣"의 (세)는 다운 스트로크를 헛피킹으로 합니다.

보고 듣고 따라하는 동영상 51 _ 헛피킹으로리듬감연출A.mp4

헛피킹해야 할 지점을 잘 되뇌면서 악보에 나온 대로 연주해 봅시다. 여백의 미와 리듬의 율동이 느껴지나요? 몸과 손이 이 리듬을 기억하도록 충분히 반복합니다. 이것을 편의상 A패턴이라고 합시다.

헛피킹으로 근사한 리듬감 연출하기 : B패턴

이어지는 네 마디는 다른 패턴으로 연주해 봅니다.

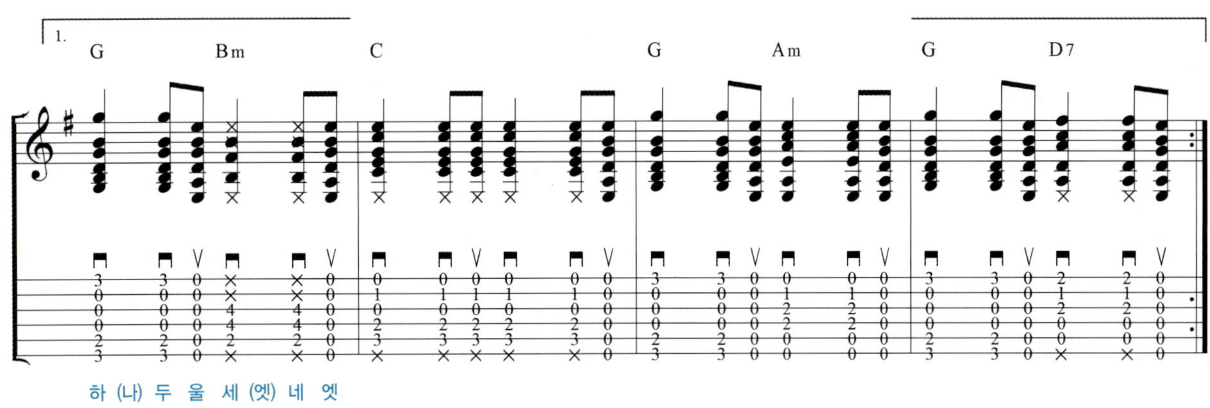

— 평생 써먹을 만큼 유용한 스트로크 패턴(B) —

“하 / (나) / 두 / 울 / 세 / (엣) / 네 / 엣”입니다. “하 / (나)”의 (나), “세 / (엣)”의 (엣) 지점에서 업 스트로크를 헛피킹으로 합니다. 같은 패턴이 두 박마다 반복되기 때문에 몸에 익히기가 더 쉽습니다. A패턴보다 단순하면서 힘이 느껴지는 리듬입니다. 역시 몸과 손이 이 리듬을 기억하도록 충분히 반복합니다. 이것을 편의상 B패턴이라고 합시다.

보고 듣고 따라하는 동영상 52 _ 헛피킹으로리듬감연출B.mp4

감이 잡혔으면 앞장(162쪽)의 전체 악보를 보면서 〈당신만이〉를 처음부터 끝까지 새로운 리듬으로 연주해 봅니다. 한 마디에 코드가 하나씩 나오는 부분은 A패턴으로, 한 마디에 코드가 두 개씩 나오는 부분은 B패턴으로 연주합니다. 제가 왜 ‘고급스럽다’고 표현했는지 실감했다면 대성공입니다.

18일차, 아르페지오 1

어제의 연습으로 '고급스러움'을 장착했다면, 오늘은 여기에 '우아함'까지 덧붙여 보겠습니다. 오늘 배울 '아르페지오'는 지금까지의 리듬 스트로크와는 또 다른 신세계를 펼쳐 보일 겁니다.

아르페지오 알아보기

아르페지오(arpeggio)는 분산화음을 뜻합니다. 말 그대로 화음(코드)을 구성하는 음들을 한 번에 튕기는 것이 아니라 시차를 두고 나누어서 튕기는 것입니다. 리듬 스트로크와는 달리 음들이 차곡차곡 아름답게 쌓이는 느낌이 일품인데, 대신 코드를 정확히 눌러서 각각의 음이 선명하게 울리도록 해야 한다는 어려움이 있습니다.

오늘은 피크를 내려놓고 다시 맨손 연주로 복귀합니다. 아르페지오를 연주하기에 앞서 오른손에 붙는 손가락 기호를 알아보겠습니다.

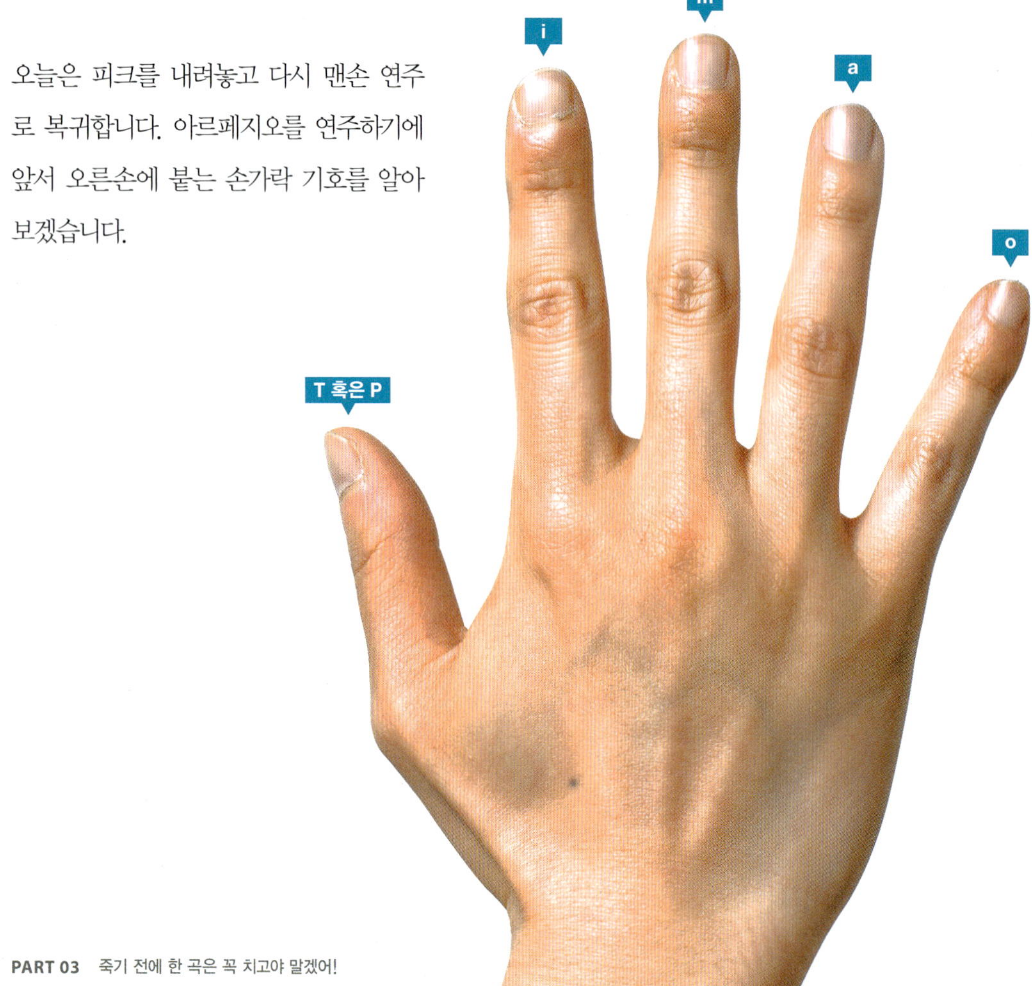

오른손 엄지로 기타줄을 튕기는 경우에 기타 악보에는 T 혹은 P라고 표시합니다. 영어로 thumb, 스페인어로 pulgar의 약자입니다. 오른손 검지는 i로 표시합니다. 영어로 index finger, 스페인어로 indice의 약자입니다. 오른손 중지는 m으로 표시합니다. 영어로 middle finger, 스페인어로 medio의 약자입니다. 오른손 약지는 a로 표시합니다. 스페인어 anular의 약자입니다. 오른손 소지는 o로 표시하기는 하는데, 통상의 아르페지오 연주에서는 거의 사용되는 일이 없습니다.

아르페지오로 G코드 연주하기

그럼 G코드를 아르페지오로 연주해 볼까요?

G코드를 잡은 상태에서 오른손 엄지로 6번줄, 검지로 3번줄, 중지로 2번줄, 약지로 1번줄을 일정한 간격을 두고 차례로 튕깁니다. 엄지는 아래로, 검지/중지/약지는 위로 튕깁니다.

● 엄지는 6번줄, 검지는 3번줄, 중지는 2번줄, 약지는 1번줄 근처에서 스탠바이합니다. 아르페지오 연주에서 엄지는 6번줄, 5번줄, 4번줄을 넘나들지만 검지, 중지, 약지는 각각 3번줄, 2번줄, 1번줄로 제 구역이 정해져 있습니다. 반드시 그런 것만은 아니지만요.

● 엄지를 6번줄에 갖다 대고 아래로 튕깁니다.

● 이어서 검지를 3번줄에 갖다 대고 위로 튕깁니다.

● 이어서 중지를 2번줄에 갖다 대고 위로 튕깁니다.

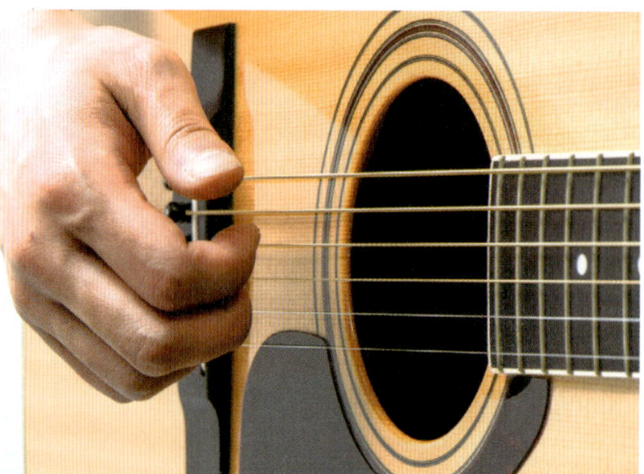

● 이어서 약지를 1번줄에 갖다 대고 위로 튕깁니다.

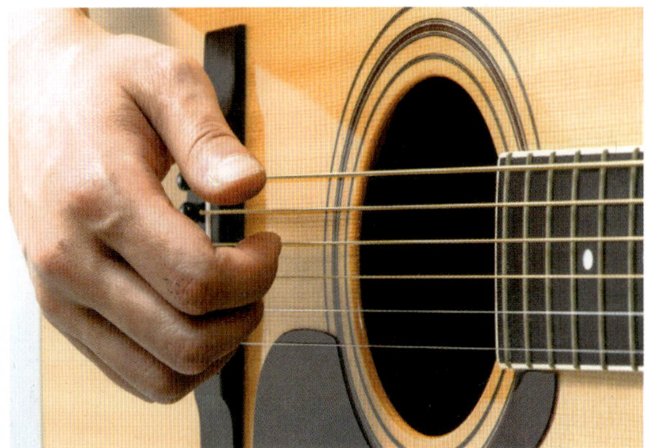

보고 듣고 따라하는 동영상 53 _ 아르페지오G코드연주.mp4

아르페지오 연주 시 세 가지 주의할 사항

첫째, 1~2주차의 연습에서는 엄지로 기타줄을 아래로 튕길 때 그 다음번 줄에 닿아서 멈추게 했지만 아르페지오에서는 다른 줄에 닿게 하면 안 된다는 점입니다. 검지, 중지, 약지로 기타줄을 위로 튕길 때도 마찬가지입니다.

클래식 기타에서는 오른손 손가락을 그 다음번 줄에 닿아 멈추게 하는 것을 아포얀도(apoyando) 주법, 닿지 않게 하는 것을 알 아이레(al aire) 주법이라고 부르며 구분해서 씁니다. 하지만 소위 통기타 연주에서 쓰는 아르페지오는 99퍼센트 후자의 방식이라고 생각하면 됩니다.

둘째, 오른손 엄지의 관절을 굽히면 안 됩니다. 첫 번째 관절을 굽혀서 줄을 튕기는 게 아니라 두 번째 관절의 힘으로 눌러야 다른 줄들을 건드리지 않고 원하는 줄만 안정적으로 연주할 수 있습니다.

셋째, 엄지를 제외한 다른 손가락들을 자연스럽게 살짝 오므리고 있어야 합니다. 손가락마다 굽은 각도가 제멋대로이면 안정된 연주를 하기 힘듭니다. 검지, 중지, 약지가 비슷한 각도로 기타줄에 닿도록 하는 것이 실력 향상의 지름길입니다.

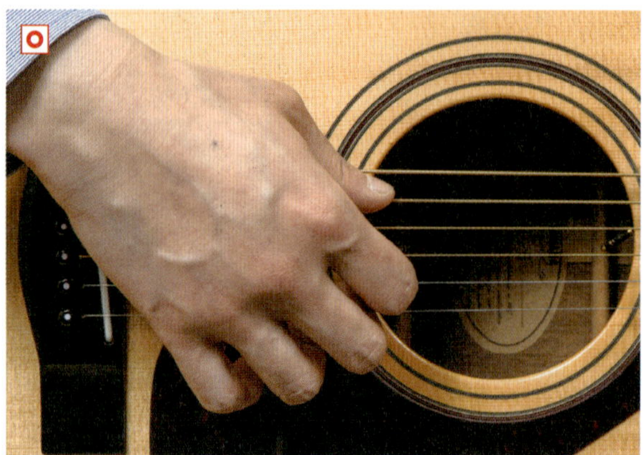

<당신만이> 아르페지오 패턴으로 연습하기

오늘은 〈당신만이〉를 아르페지오 패턴으로 연습하겠습니다. 처음 네 마디 악보를 보면 엄지가 각 코드의 기준음 — 코드표에서 별표를 쳐 놓았던 음 — 을 울리는 것으로 연주가 시작된다는 사실을 알 수 있습니다. 이것이 아르페지오의 기본입니다. 예를 들어 G코드라면 일단 저음부에서 G를 울리고 시작하는 것이죠. 다시 한번 코드표를 보면서 각 코드의 기준음 위치를 기억해 두기 바랍니다.

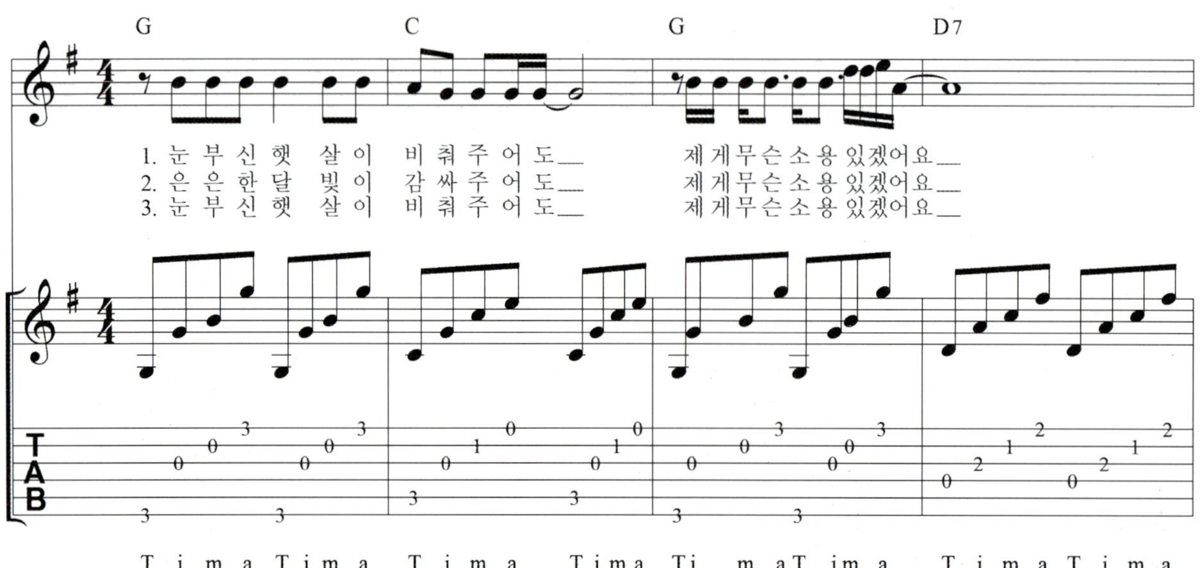

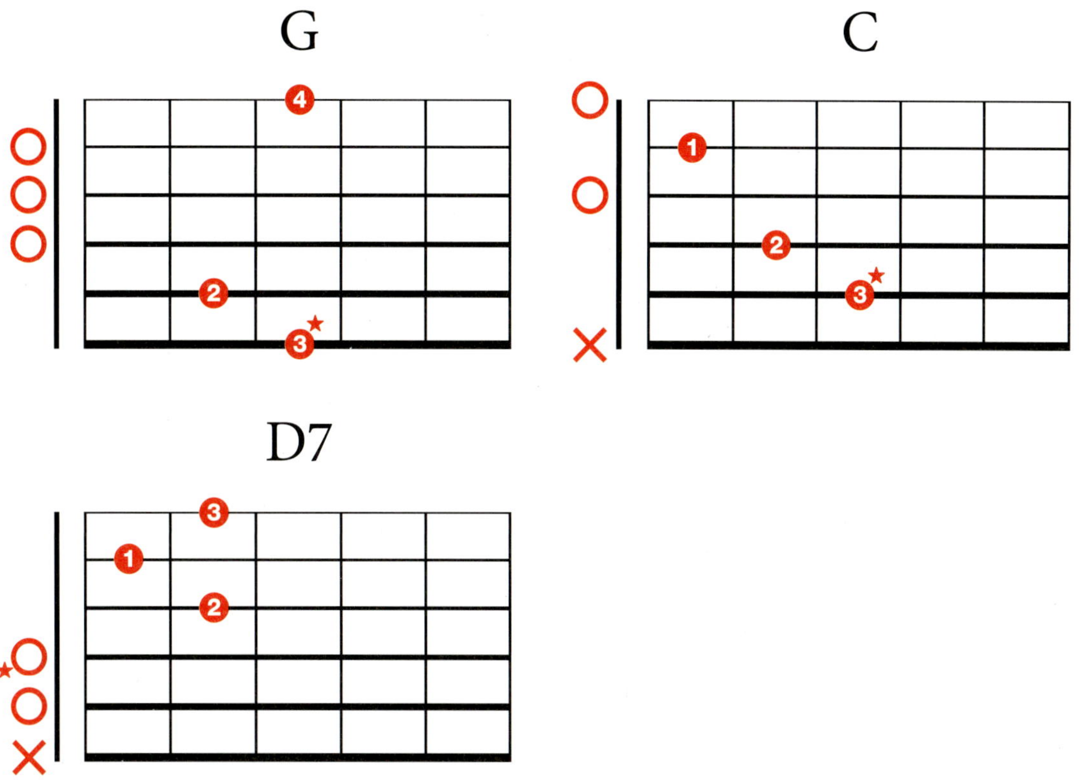

준비가 됐으면 이제 노래 전체를 아르페지오로 연주해 보겠습니다.

당신만이 _ 이치현과 벗님들

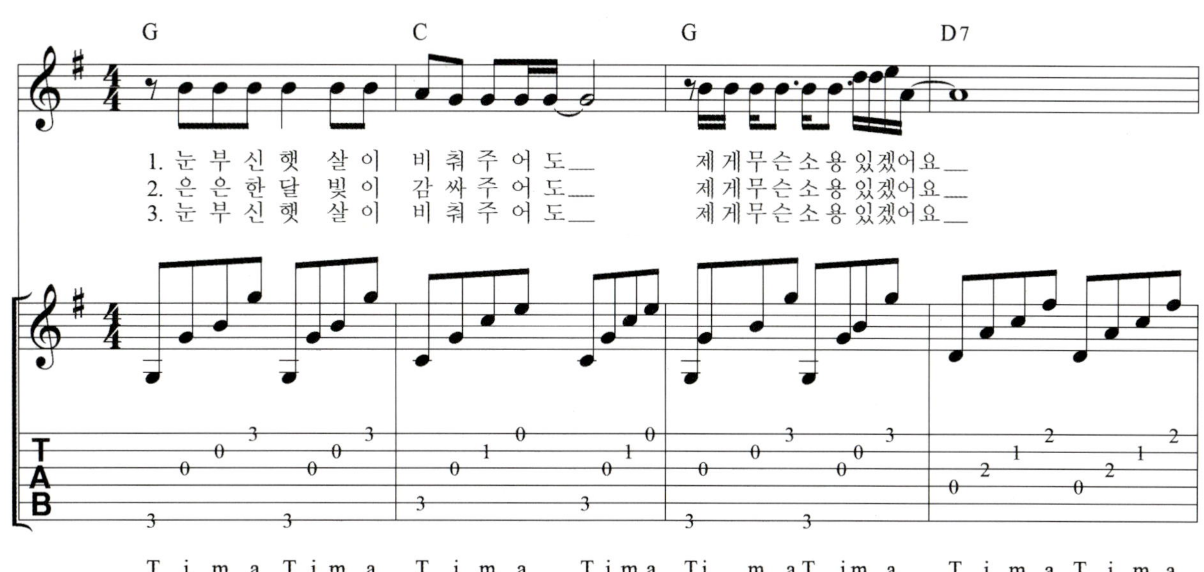

1.
G Bm C G Am G D7
이 토 록 아 름 다 운 당 신 만 이 나 에 게 빛 이 되 는 걸 음
2, 3.
G Bm C G Am G G7
향 긋 한 그 대 의 머 릿 결 만 이 포 근 히 감 싸 주 는 걸 그 대 여
이 토 록 아 름 다 운 당 신 만 이 나 에 게 빛 이 되 는 걸
C Bm C G G7
안 녕 이 란 말 은 말 아 요 사 랑 의 눈 빛 만 을 주 세 요 오

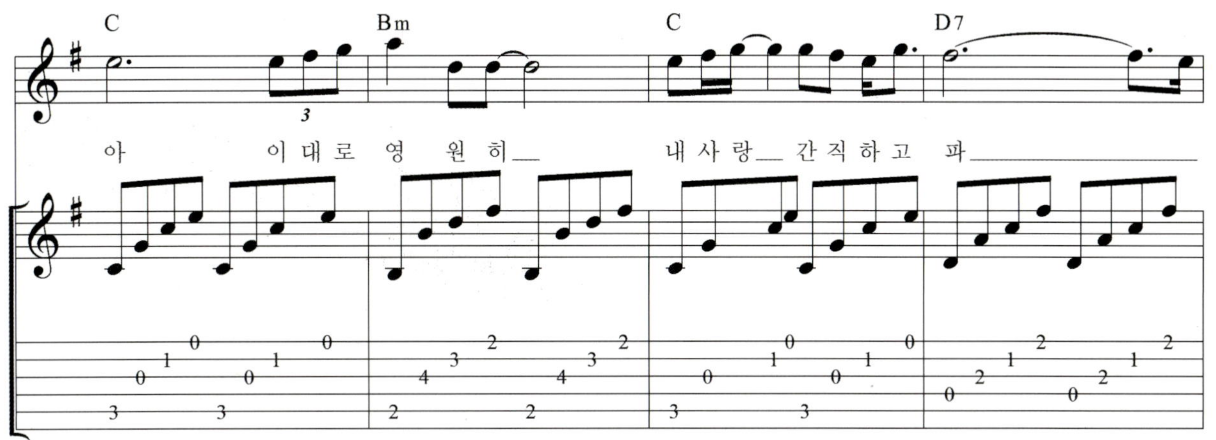

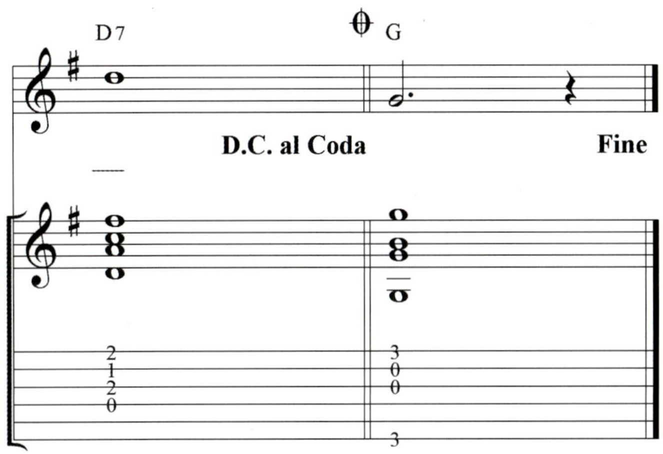

오른손 패턴만 바뀌었을 뿐 왼손의 변화는 지금까지와 동일합니다. 단, 한 가지 도전을 더 해야 합니다. 그동안 약식으로 잡았던 Bm코드를 이제는 힘이 들더라도 제대로 잡아 봅시다.

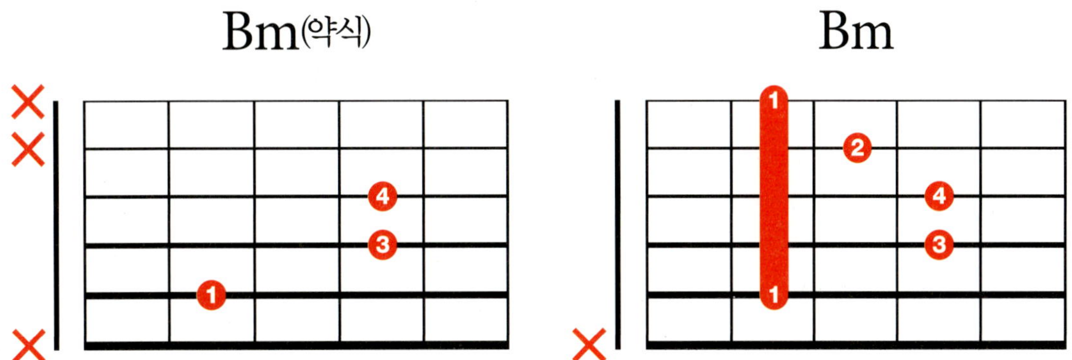

● 약식 코드 상태에서 중지로 2번줄 3번 프렛을 누르고, 검지의 밑둥을 지판에 붙여 1번줄 2번 프렛을 누르면 됩니다.

악보의 D.C.(다 카포) 부분을 보면 D7코드의 구성음들을 분산해서 치지 않고 한 번에 뜯게 되어 있습니다. 오른손 엄지, 검지, 중지, 약지로 동시에 네 줄을 튕기면 됩니다. 마찬가지로 코다(𝄌) 기호에 의해 건너뛰어 연결되는 마지막 마디에서도 G코드를 한 번에 튕기며 엔딩의 느낌을 살려 봅시다.

보고 듣고 따라하는 동영상 54 _ 아르페지오로당신만이연주.mp4

19일차, 아르페지오 2

일단 어제의 아르페지오 연습부터 복습하고 시작하겠습니다. 앞장으로 되돌아가서 5~10분 동안 오른손 엄지-검지-중지-약지 패턴을 연주하고 다시 오세요!

어제보다 손놀림이 편해졌나요? 그럴 수도 있고 아닐 수도 있습니다. 어쨌든 당장의 결과나 오늘내일의 성과는 중요하지 않습니다. 우리는 포기하지 않고 계속 전진할 것이고, 그것만이 초보 딱지를 뗄 수 있는 유일한 길입니다.

새로운 아르페지오 패턴 익히기

오늘은 한결 '있어 보이는' 새로운 아르페지오 패턴을 섞어서 〈당신만이〉를 연주해 볼 겁니다. 처음 네 마디 악보를 볼까요?

T-i-m-i-a-i-m-i, 즉 엄지-검지-중지-검지-약지-검지-중지-검지 반복 패턴입니다. 어제의 T-i-m-a-T-i-m-a 패턴은 화음이 저음부터 고음을 향해 단순하게 쌓이는 구조였다면, 오늘의 패턴은 저음과 고음이 오르락내리락하면서 우아한 느낌을 더해 줄 겁니다.

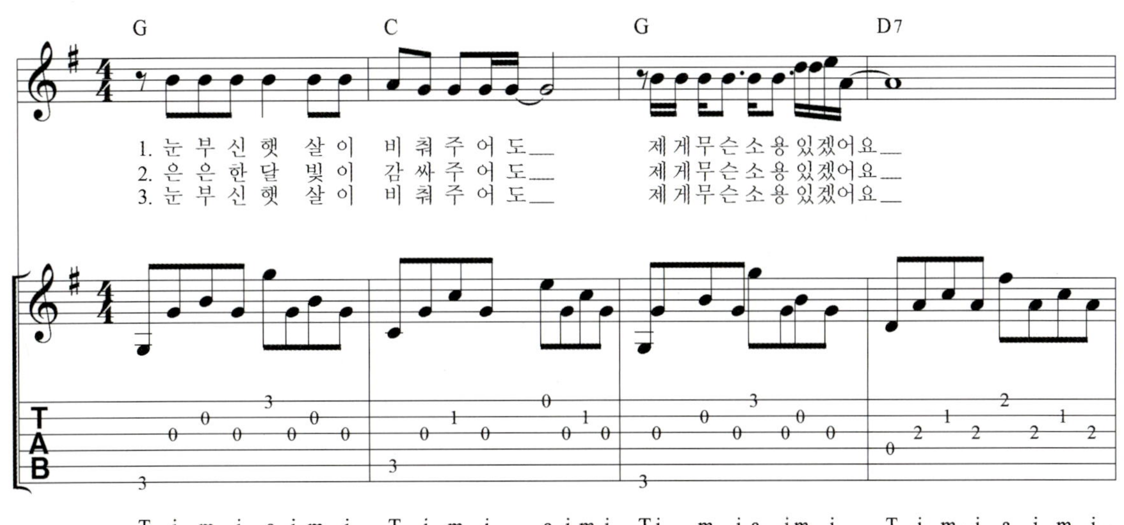

보고 듣고 따라하는 동영상 55 _ 아르페지오패턴익히기.mp4

천천히 반복해서 연습해 보고, 감이 잡혔다면 노래를 완주해 봅시다.

2, 3.
G
Bm
C
G
Am
G
G7
향 긋 한 그 대 의 머__ 릿__ 결 만 이__ 포 근 히 감 싸 주 는 걸____ 그 대 여
이 토 록 아 름 다 운__ 당__ 신 만 이__ 나 에 게 빛 이 되 는 걸____
C
Bm
C
G
G7
안 녕 이 란 말 은 말 아 요____ 사 랑 의 눈 빛 만 을 주 세 요____ 오____
C
Bm
C
D7
아 이 대 로 영 원 히__ 내 사 랑__ 간 직 하 고 파________________

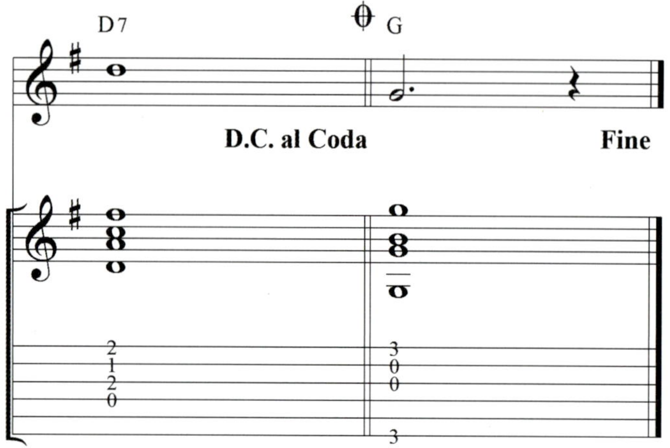

보고 듣고 따라하는 동영상 56 _ 아르페지오패턴으로당신만이연주.mp4

한 마디에 두 개의 코드가 나오는 부분은 어제 배운 T-i-m-a-T-i-m-a 패턴이고, 한 마디에 하나의 코드만 나오는 부분은 오늘 새로 배우는 T-i-m-i-a-i-m-i 패턴입니다. 오른손 손가락 기호에 유의하면서 두 패턴의 조합이 어떤 느낌의 연주를 창조해 내는지 충분히 음미하기 바랍니다.

드디어 지옥훈련의 마지막 날입니다. 축하합니다!

짧다면 짧은 기간이었지만, 왼손 손가락의 근력을 강화하는 연습부터 시작해서 '도 레 미 파 솔 라 시 도'와 기본 코드들(메이저/마이너/세븐), 리듬 스트로크와 피크 사용법, 아르페지오까지 기타라는 악기를 접한 이상 여러분이 반드시 알아야 할 거의 모든 패턴의 연주에 첫발을 들여놓았습니다. 이제는 더 많은 노래를 섭렵하면서 더 깊게 숙달하고 더 넓게 응용하는 일만 남았습니다.

여러분은 20일 전에는 상상도 못했던 화려한 기타 소리를 스스로 만끽할 수 있게 되었습니다. 오늘은 〈당신만이〉를 지금까지 해 온 각종 주법을 총동원하여 멋들어지게 연주해 보겠습니다. 말하자면 〈당신만이〉 반주의 최종판, 끝판왕 악보입니다. 자신이 어디까지 해낼 수 있는지, 이 악보를 째려보며 기타와 뜨겁게 씨름해 보시길 — 아니 우정을 나누시길 — 바랍니다.

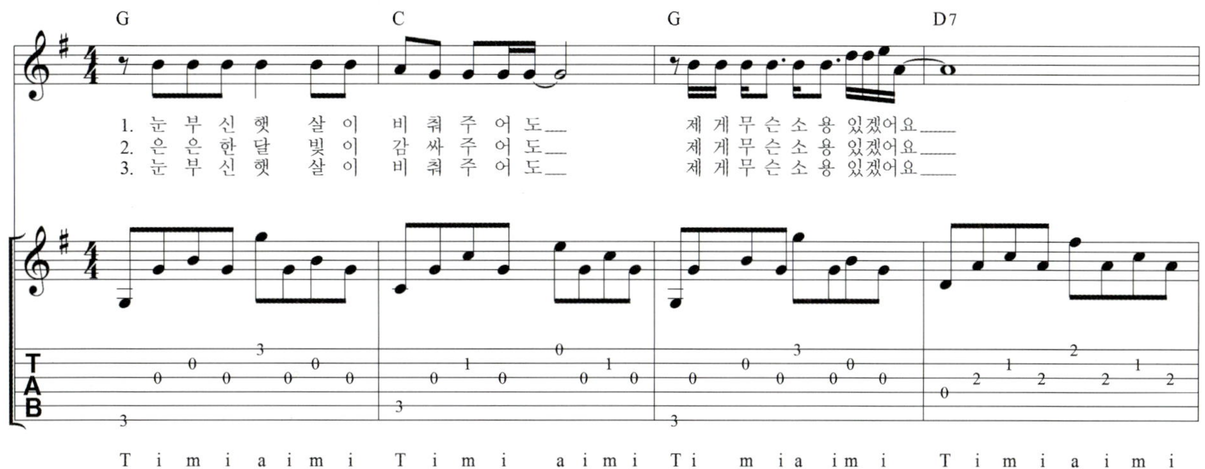

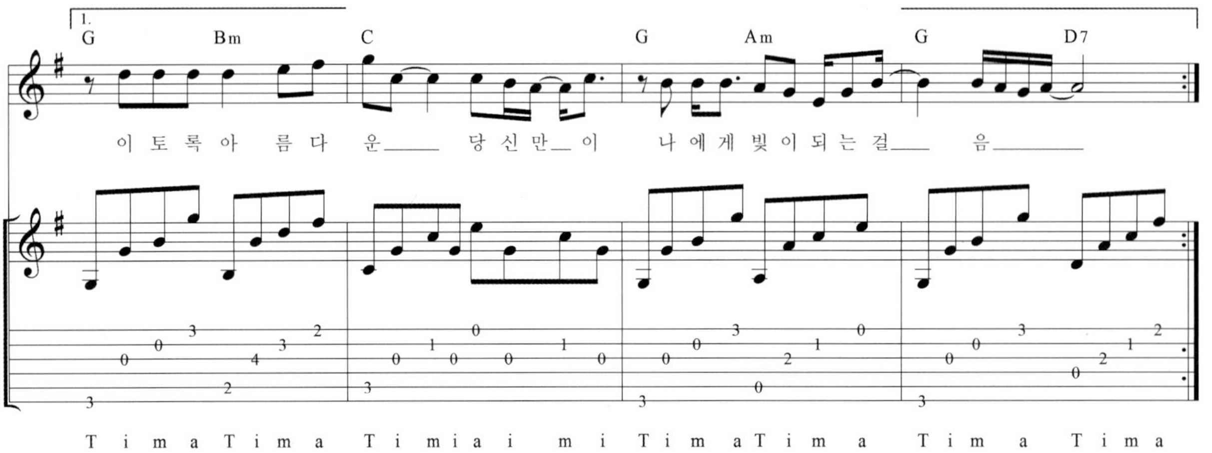
1.
G Bm C G Am G D7
이 토 록 아 름 다 운 당 신 만 이 나 에 게 빛 이 되 는 걸 음
T i m a T i m a T i m i a i m i T i m a T i m a T i m a T i m a

2, 3.
G Bm C G Am G G7
향 긋 한 그 대 의 머 릿 결 만 이 포 근 히 감 싸 주 는 걸 그 대 여
이 토 록 아 름 다 운 당 신 만 이 나 에 게 빛 이 되 는 걸
T i m a T i m a T i m i a i m i T i m a T i m a T i m a T i m a

C Bm C G G7
안 녕 이 란 말 은 말 아 요 사 랑 의 눈 빛 만 을 주 세 요 오

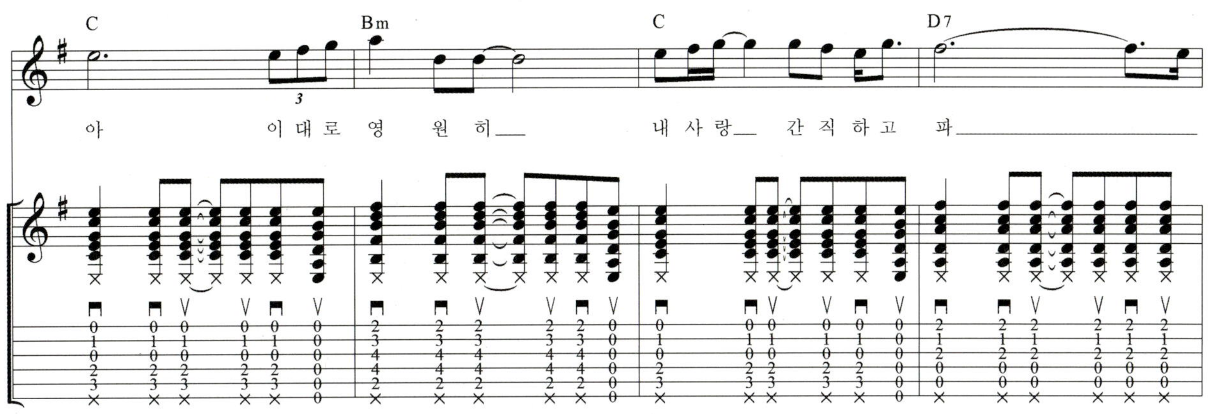

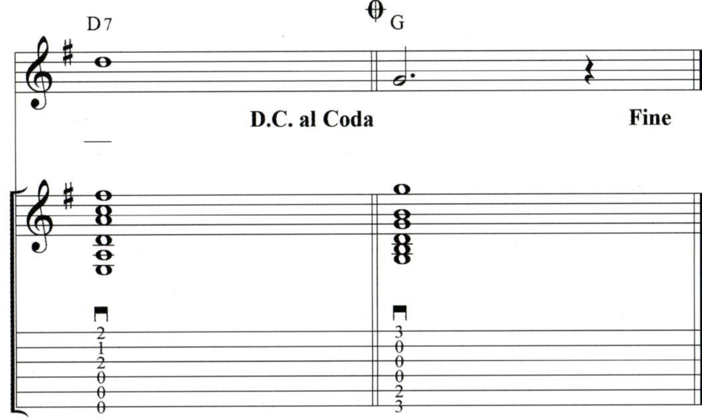

보고 듣고 따라하는 동영상 57 _ 종합패턴으로당신만이연주.mp4

GUITAR
PART 04
MUSIC

이미 나는 기타의 노예

진짜 치고 싶은 노래는 따로 있는데

기타를 칠 때는 항상 오늘이 마지막인 것처럼.

— 에릭 클랩튼 —

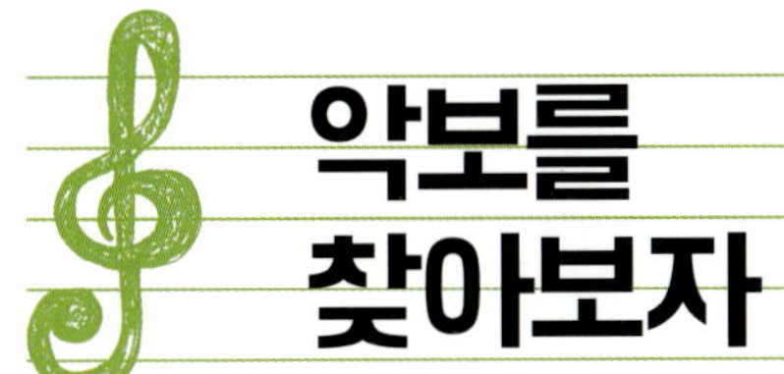

악보를 찾아보자

지난 한 달간의 스파르타 훈련이 어땠나요? 힘들지만 재미는 있었을 겁니다. 뭔가를, 그것도 자신이 진심으로 원했던 것을 배우는 일만큼 설레는 경험은 없지요.

혹시 연습곡이었던 〈당신만이〉가 별로 취향에 안 맞았거나 잘 모르는 노래여서 답답했다면 이제 홀로 날개를 펼쳐 볼 때가 됐습니다. 여러분이 평소에 '기타로 쳐 보고 싶다', '기타 반주에 맞춰 흥얼거리고 싶다'고 생각해 왔던 노래에 당당히 도전하는 겁니다.

그러려면 먼저 악보가 있어야겠죠? 일단 가장 좋은 상황은, 여러분이 음감이 정말로 뛰어나거나 기타 외에 능숙하게 다룰 수 있는 악기가 있어서 직접 귀로 '듣고 따는' 겁니다. 노래를 듣고 그 멜로디, 코드, 박자를 악보로 그려 내거나 악기로 연주해 내는 작업을 속칭 '듣고 딴다'고 말합니다. 소위 고급진 말로는 '채보(採譜)한다, 카피(copy)한다'고도 합니다.

왕초보 교재에서 무슨 무리한 요구냐고요? 저도 제 경우를 돌아보면 터무니없다고 생각하지만, 음악을 전문적으로 배우지도 않고 능숙한 연주 실력이 없어도 기가 막히게 귀가 좋은 분들이 간혹 있습니다. 혹시 여러분에게도 그런 은총이 주어졌을지 모릅니다. 그러니까 당장은 아니더라도, 이 책을 다 뗄 즈음에는 꼭 좋아하는 노래를 들으면서 기타로 비슷하게 들리는 코드를 찾으려고 시도해 보세요. 그러다가 뭔가 감이 잡히면 대박, 아니더라도 밑져야 본전입니다. 되든 안되든 수십 번 돌려 듣다 보면 같은 곡이 이전과는 전혀 다르게 들리는 신기한 경험을 하게 됩니다.

어쨌든 대부분의 경우에는 누군가가 '듣고 따 놓은' 악보를 찾아야 하는데, 여기에는 대략 세 가지 방법이 있습니다.

서점에서 해당 곡의 악보가 수록되어 있는 악보집을 산다

말 그대로 시판 중인 악보를 사면 됩니다. 옛날에는 〈가요대백과〉, 〈7080 노래사전〉, 〈추억의 팝송〉류의 수백 곡씩 수록된 두꺼운 악보집이 흔했을 뿐더러 동네 문구점에서도 낱장으로 유행하는 노래의 악보를 팔곤 했습니다. 타브 악보처럼 상세하진 않지만 코드를 보며 간단히 따라 치는 반주용으로는 더할 나위 없었지요.

요즘은 저작권 문제 때문인지 그런 두꺼운 악보집이 귀해졌습니다. 서점가에서 몇 종 팔고 있긴 하지만 대부분 오래전에 만들어 놓은 책의 재탕인 경우가 많고, 요즘 신곡들까지 포함한 업데이트 버전은 가뭄에 콩 나듯 드뭅니다. 그래도 아직 명맥을 유지하고 있는 그 책들이 옛날 노래를 좋아하는 분들에게는 필수 아이템입니다.

잘 모르는 분들이 많은데 악보에도 저작권이 있습니다. 내가 직접 귀로 듣고 따서 그린 악보라 해도 그걸 공개적으로 유포할 때는 — 특히 판매하는 경우에는 더더욱 — 저작권협회를 통해 저작권자에게 일정 비용을 지불해야 합니다. 그러니 수백 곡씩 수록한 악보집을 출판하려면 지불해야 할 저작권료만 해도 엄청나겠지요.

어쨌든 한 번쯤은 서점에 들러 어떤 종류의 악보집들이 있고 그중에 내가 치고 싶은 노래가 담긴 책도 있는지 살펴보세요. 단순한 기타 반주를 위해 코드와 리듬 정도가 제시된 악보집도 있고, 본격적으로 기타 실력을 연마하고 싶은 분들을 위해 원곡의 연주를 타브 악보로 아주 상세하게 옮겨 분석해 놓은 악보집도 있고, 교본 안에 연습곡 형태로 좋아하는 노래가 실려 있을 수도 있습니다. 연주곡 위주로 활동하는 기타리스트들 중에는 자기 음반에 실린 곡들의 정확한 악보를 직접 책으로 발매하는 사례도 있습니다. 정말 정말 드물긴 하지만요.

인터넷 악보 사이트에서 낱곡으로 구매한다

인터넷 검색창에 '악보'라고 치면 유료로 악보를 제공하는 사이트들이 많이 뜹니다. 전문가들이 귀로 듣고 딴 악보를 마치 음원을 다운로드하듯이 유료로 구매할 수 있는 서비스입니다. 비용이 쪼끔 들기는 하지만 정확하고 상세한 악보를 쉽고 빠르게 구할 수 있습니다. 잘 알려지지 않은 노래 같은 경우에는 따로 제작신청을 할 수도 있는데, 이런 주문제작은 비용이 좀 많이 비쌉니다. 서점에서 파는 악보집에서는 본인이 치고 싶은 노래를 찾기 어렵거나 딱 서너 곡의 악보만 있으면 충분하다고 생각되는 경우에는 합리적인 선택이 될 겁니다.

인터넷에서 무료로 볼 수 있는 게시글, 동영상 레슨을 참고한다

아마도 현실적으로는 이 세 번째 방법이 여러분에게 가장 유용할 겁니다. 정보가 넘쳐 나는 인터넷 세상이다 보니, 아마추어와 프로를 막론하고 노래를 카피할 수 있는 수준 이상의 연주자들이 본인이 듣고 딴 내용을 블로그나 동영상 등을 통해 공개하는 경우가 많습니다.

물론 아까 말했듯이 악보는 저작권이 있기 때문에 제대로 양식을 갖춘 악보를 유포해서는 안 됩니다. 하지만 그냥 코드 진행을 '텍스트'로 적어 놓거나 동영상을 통해 이렇게 저렇게 치라고 '말'과 '동작'으로 설명해 주는 수준은 용인되는 듯합니다.

어지간한 유행곡은 이 방법을 통해 어떻게 기타 반주를 하면 될지 파악할 수 있습니다. 이 방법의 장점은 돈이 들지 않는다는 점, 그리고 인터넷의 특성상 관련 정보들을 연쇄적으로 접하게 되면서 자신도 모르게 견문이 넓어진다는 점입니다. 동영상의 경우에는 손 모양과 연주법까지 확실히 확인할 수 있고요.

단점은 생각 외로 정확하지 않은, 즉 잘못 듣고 딴 정보가 적지 않다는 점입니다. 그래서 노래 제목으로 검색해서 여러 가지 게시글을 찾았다면, 그중에 하나만 보지 말고 여러 정보를 비교해서 서로 차이가 없는지를 확인해 보는 것이 좋습니다. 만약 차이가 있다면 직접 연주해 보고 본인 귀에 더 '맞게' 들리는 쪽으로 선택해서 연습하시기 바랍니다.

- 흘러간 옛노래들을 좋아한다면 두꺼운 노래책을 구입한다.
- 최신 유행곡을 치고 싶다면 악보 사이트에서 낱곡 악보를 구입한다.
- 무료로 빠른 정보를 얻고 싶다면 [곡명+코드]의 검색어 등으로 동호인들이 공유한 게시글, 동영상을 찾는다.
- 이 책을 뗄 즈음에는 되든 안되든 '귀로 듣고 따기'에 도전해 본다.

느낌을 살리되 일단은 단순하게

도전할 노래를 정했고, 악보도 구했다면 반복 연습할 일만 남았는데 그 과정에서 놓치기 쉬운 두 가지 주의사항 혹은 조언을 드리고자 합니다.

모르는 코드에 당황하지 말 것

당연한 얘기지만, 새로운 악보를 접하다 보면 우리가 연습한 기초 메이저/마이너/세븐 코드 이외의 낯설고 복잡해 보이는 코드들을 많이 만나게 됩니다. 그러나 당황할 필요 없습니다. 누차 설명했듯이 코드는 메이저 계열, 마이너 계열, 세븐 계열의 세 덩어리로 구분할 수 있다는 점을 숙지한 상태에서 그때그때 모르는 코드만 찾아보거나 악보와 함께 제시된 코드표를 참고하면 됩니다.

예로 들면, Cmaj7이라는 코드가 있습니다. '씨 메이저 세븐'이라고 읽습니다. maj라는 철자 대신 대문자 M을 써서 CM7이라고 적거나, 삼각형을 써서 C△7이라고 적기도 합니다. '메이저'라는 말에서 알 수 있듯 C코드의 형제뻘이라고 보면 됩니다.

C코드가 도-미-솔의 3화음인 데 비해 Cmaj7코드는 도-미-솔-시의 4화음입니다. 코드표를 보면 C코드와 Cmaj7이 같은 손 모양을 공유한다는 사실을 알 수 있습니다. 4화음은 음이 하나 추가된 만큼 더 화려하고 고급스럽게 들리지만 3화음 특유의 힘 있고 선이 굵은 느낌은 사라집니다.

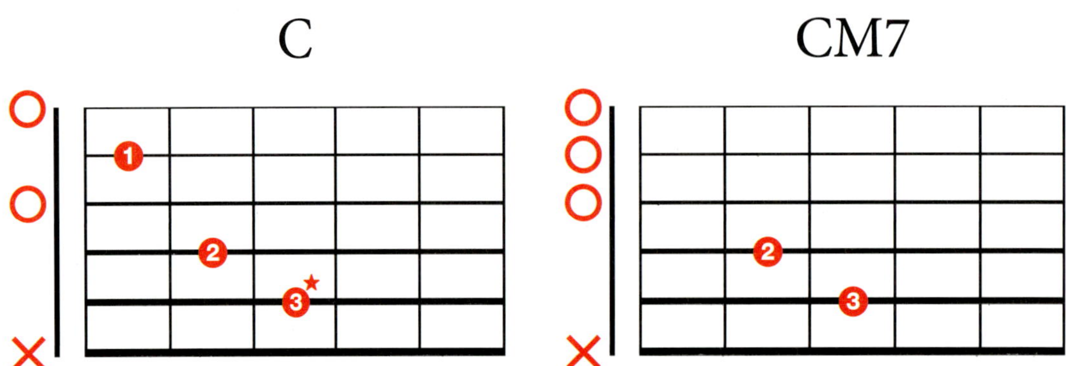

마찬가지로 마이너 코드도 '마이너 세븐'이라는 형제가 있습니다. 예를 들어 Am코드의 형제는 Am7 코드입니다. Am코드는 라-도-미의 3화음이고, Am7코드는 라-도-미-솔의 4화음입니다. 따라서 비슷한 손 모양을 공유합니다.

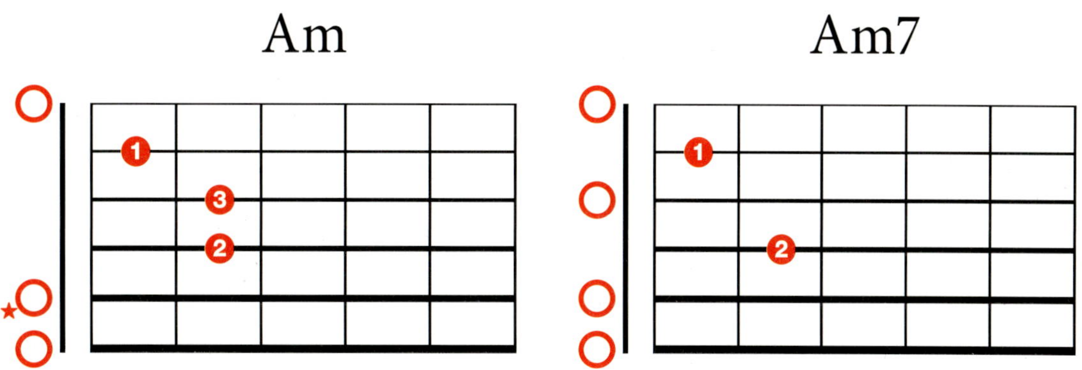

그럼 세븐 코드는 어떨까요? 다행스럽게도 세븐 코드는 형제가 없습니다. '세븐'이라는 말이 이미 4화음이라는 뜻이니까요.

C7코드는 도-미-솔-시♭의 4화음입니다. Cmaj7은 도-미-솔-시라고 했었죠. 그러니 Cmaj7과 C7은 '시'에 플랫(♭)이 붙고 안 붙고의 여부만 다릅니다. 그래서 이론적으로만 따지면 세븐 코드도 메이저 계열의 코드로 볼 수 있습니다.

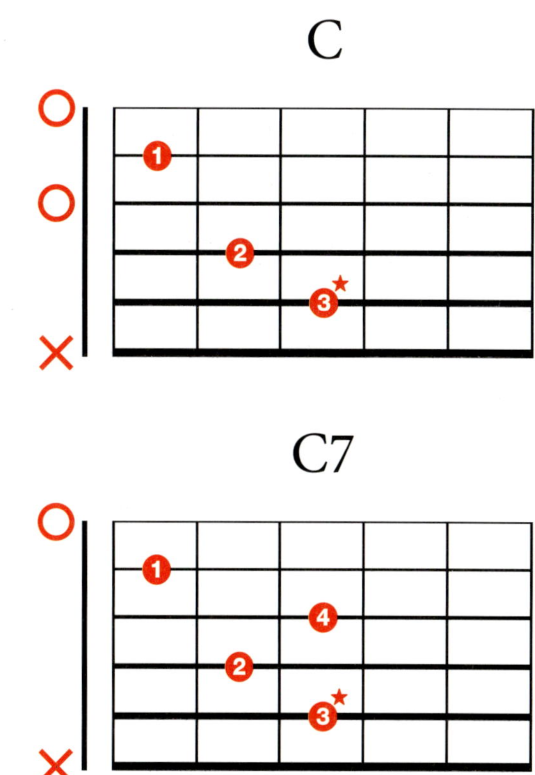

CM7

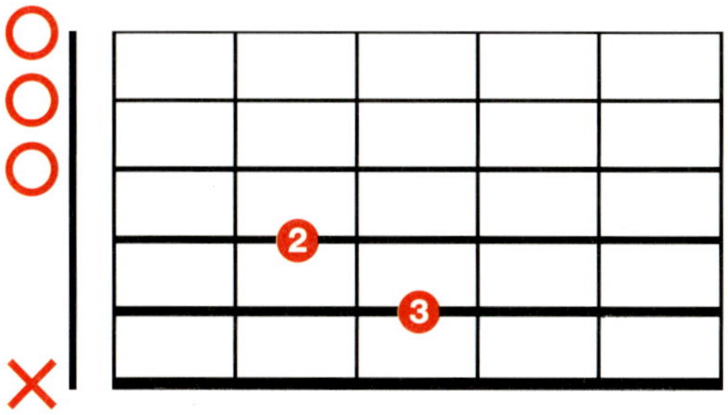

하지만 실전에서는 C코드와 Cmaj7코드는 서로 바꿔치기가 가능하지만 C7코드는 아예 역할이 다른 코드로 이해하는 것이 적절합니다. 그래서 코드를 크게 메이저/마이너/세븐의 세 덩어리로 보라고 한 것입니다.

낯선 코드가 나와서 헷갈리면 일단 그 코드가 메이저 계열인지, 마이너 계열인지, 세븐 계열인지를 판단하세요. 만약 Emaj7이라는 코드가 나왔는데, 어떻게 잡아야 할지 모르겠다면? 고민하지 말고 일단 E코드로 잡으세요. 만약 Bm7이라는 코드가 나왔다면? 그냥 Bm코드로 잡으세요. 그래도 곡 전체의 분위기가 크게 달라지진 않습니다.

때로는 코드에 7 이외에 6, 9, 11, 13 등의 숫자가 붙기도 합니다. Emaj9, Bm9, G13과 같은 식으로요. 마찬가지로 일단 숫자는 무시하고 E코드, Bm코드, G7코드로 잡으면 됩니다.

그렇게 어느 정도 노래에 익숙해진 후에 Emaj9, Bm9, G13은 대체 어떻게 잡는지를 확인하고 또 도전하면서 차근차근 이해의 폭을 넓혀가면 됩니다. 작곡자가 그 마디에 그냥 E코드가 아니라 Emaj9 코드를 사용한 데에는 분명 이유가 있을 테니까요. 요점은 큰 틀에서 메이저/마이너/세븐 계열로 나뉜다는 가이드라인 없이 모든 코드를 일대일로 상대하려다 보면 끝없는 코드의 늪에서 허우적대기 쉽다는 것입니다.

노래를 많이 듣고 리듬과 구성을 익힐 것

노래마다 리듬은 천차만별이고, 한 곡 안에서 여러 번 바뀌는 경우도 많습니다. 소위 고고(Go-Go)니, 슬로 고고(Slow Go-Go)니, 스윙(Swing)이니, 셔플(Shuffle)이니, 보사노바(Bossa-nova)니 하는 말들로 리듬을 표시하는데, 물론 알아두면 좋지만 취미 수준에서는 이것들을 따로 연습하거나 외울 필요는 없다고 생각합니다. 왜냐하면 우리는 용어에만 익숙지 않을 뿐 이미 유행가를 통해 이 리듬들을 충분히 들어 왔기 때문입니다.

코드가 손에 익고 나면 그다음에는 원곡의 리듬을 최대한 비슷하게 흉내 내는 데 신경을 써 보세요. 리듬에만 집중해서 노래를 여러 번 들어 보면 이전엔 들리지 않던 부분이 들리면서 '이렇게 하면 좀 더 느낌이 살겠구나' 하고 감이 잡힐 겁니다. 예를 들어 다운 스트로크와 업 스트로크의 똑같은 반복 연주여도 '다운'에 강세를 두고 칠 때와 '업'에 강세를 두고 칠 때는 느낌이 상당히 다릅니다. 이것은 악보만으로는 파악할 수 없는 부분입니다. 또한 말로도 설명하기 어려운 부분입니다. 기타 실력이 비슷하더라도 원곡을 주의 깊게 들은 사람은 자신도 모르게 훨씬 느낌이 살아 있는 연주를 하게 됩니다.

리듬에서 한 발 더 나가, 곡 전체의 구성과 흐름을 잘 기억해 두는 습관을 들이면 실력이 팍팍 늡니다. 도입부에서는 여리게 치고, 노래가 시작되면 좀 더 세게, 후렴에서는 더욱 세게 쳐서 고조시키다가 간주로 넘어갈 때 확 힘을 빼서 아주 여리게 치는 식으로 극적인 효과를 만들어 내는 겁니다.

아무리 상세하고 정확한 악보를 구한다고 해도 결국 원곡의 느낌을 살려 내는 것은 연주자의 몫입니다. 그리고 무엇보다도, 이렇게 기타 한 대만으로 나름의 기승전결을 만들어 낼 때의 짜릿함과 성취감이야말로 기타에서 손을 뗄 수 없게 만드는 원동력입니다.

- 당장 소화할 수 없는 코드가 나와도 당황하지 말고 메이저/마이너/세븐 계열로 구분하여 단순화시킨다.
- 일단 단순한 코드로 대체하여 소화한 후에 차근차근 새로운 코드에 도전한다.
- 코드에만 정신을 빼앗기지 말고 리듬에도 신경을 쓴다.
- 곡의 구성과 흐름을 이해할수록 연주의 맛이 살아난다.
- 결론은 귀에 딱지가 앉도록 원곡을 듣고 또 들을 것!

못 칠 노래는 없지만 어려운 노래는 있다

앞장까지가 코드 얘기의 끝이었다면 참 좋겠는데, 안타깝게도 코드의 세계는 끝이 없어서 골치 아픈 설명을 한 번 더 할 수밖에 없네요.

지금껏 강조했듯이 코드는 일단 메이저 계열, 마이너 계열, 세븐 계열의 세 덩어리로 크게 나눌 수 있습니다. 근데 여기에 포함되지 않는 변종 코드들이 제법 있습니다. 축구에 비유하면 메이저 코드가 공격수, 마이너 코드가 수비수, 세븐 코드가 미드필더라고 할 수 있습니다. 하지만 골대 앞엔 골키퍼도 필요하고, 작전에 따라 딱히 포지션을 특정하기 어려운 전천후 플레이메이커가 교체 투입되기도 하지요. 마찬가지로 코드에도 이런 제4의 세력들이 있습니다.

m7(♭5), sus4, aug, dim, add9처럼 이름만 봐도 그냥 복잡해 보입니다. 예를 들어 Am는 알았고 Am7도 뭐 그럭저럭 이해는 됐는데 Am7(♭5)란 놈이 있습니다. 심지어 읽기조차 힘듭니다(에이 마이너 세븐 플랫 파이브). 그 뒤엔 Adim란 놈도 있지요(에이 디미니쉬드). 나머지 놈들도 마찬가지입니다. C코드나 Cmaj7코드라면 이제 좀 알겠는데 Csus4(씨 서스 포), Caug(씨 어그멘티드), Cadd9(씨 애드 나인)이란 놈들이 나타나서 머릿속을 뒤죽박죽 헤집습니다.

악보에서 이런 변종 코드들을 만나면 무조건 피하세요! 농담입니다. 세련된 느낌을 내려면 이런 코드들을 양념처럼 슬쩍슬쩍 넣을 수밖에 없습니다. 문제는 이 코드들을 머리로 '이해하려면' 본격적으로 음악이론을 파고들어야 한다는 점입니다. 그러니 내키진 않지만 취미 수준을 목표로 삼은 초심자분들께는 '그냥 외우세요'라고 권할 수밖에 없습니다. 아니, 사실 외울 필요도 없습니다. 그때그때 코드표를 찾아서 따라 치는 것으로도 충분합니다. 그러다 보면 조금씩 익숙해지고 하나둘씩 외워지기도 할 것입니다. 불행 중 다행으로 이 변종들은 말 그대로 '양념'의 역할이므로 나와 봤자 한 곡에 한두 개뿐입니다.

마지막으로 하나의 변종만 더 언급하자면, Am/G처럼 코드 이름 뒤에 사선 표시를 하고 별도의 음명을 붙여 놓는 경우도 있습니다. 이것은 Am코드를 치되 저음부에서는 G음을 함께 울려 주라는 뜻입니다. 초보자에게는 역시나 버거운 주문이지요. 이런 코드를 만나면 추가주문은 무시하고 그냥 Am코드로 단순화시켜 치도록 합시다.

저도 기타를 한참 치고 난 후에야 알게 된 사실인데, 많은 노래를 연습하다 보면 어떤 악보는 딱 보는 순간 '아, 이건 기타친화적인(guitar-friendly) 노래가 아니구나' 하고 직감하게 됩니다. 재즈처럼 원래 코드가 복잡한 장르가 아닌데도 변종 코드들 혹은 플랫(♭)과 샵(#)이 줄줄이 등장하는 악보들이 그렇습니다. 이런 경우에는 십중팔구 작곡가가 건반 연주자입니다.

작곡가가 기타로 곡을 쓴 경우에는 아무래도 기타로 연주하기 편한 코드들이 주로 사용됩니다. 하지만 작곡가가 건반으로 곡을 쓴 경우에는 그걸 기타로 연주하기가 간단치 않습니다. 물론 어떻게든 연주는 할 수 있지만, 태생적으로 난이도가 다를 수밖에 없습니다. 그래서 혹시 좋아하는 노래의 악보를 구해 봤는데 이건 도저히 엄두가 안 난다 싶은 상황이라면, 아예 그 곡은 한참 뒤로 미루고 좀 더 쉬운 노래부터 도전하는 것이 좋습니다. 이것은 결코 비겁한 핑계가 아니라 현명한 전략입니다.

명곡들과의 일대일 맞짱

내가 죽고 나면 사람들은 내 연주력이 형편없었다고,
하지만 듣기엔 참 좋았다고 말할 것이다.

— 하운드 독 테일러 —

널 사랑하겠어
곡 전체 연주해 보기

guitar

널 사랑하겠어 _ 동물원

1 ♩= 90

G Em C D7

2

5 G Em C D7

9 G C D7

내 뜨 거 운 입___ 술 이__ 너 의___ 부 드 러 운 입

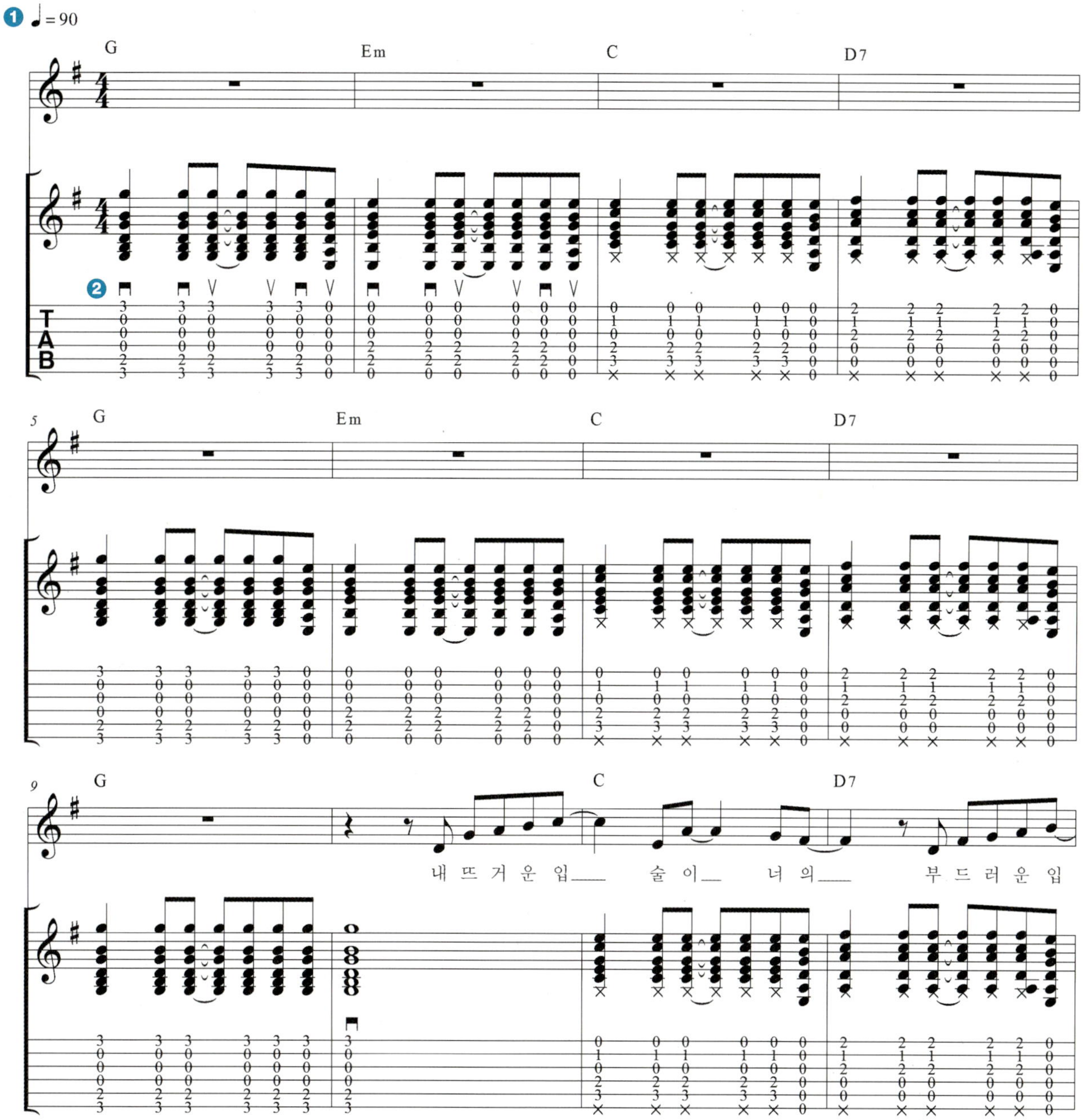

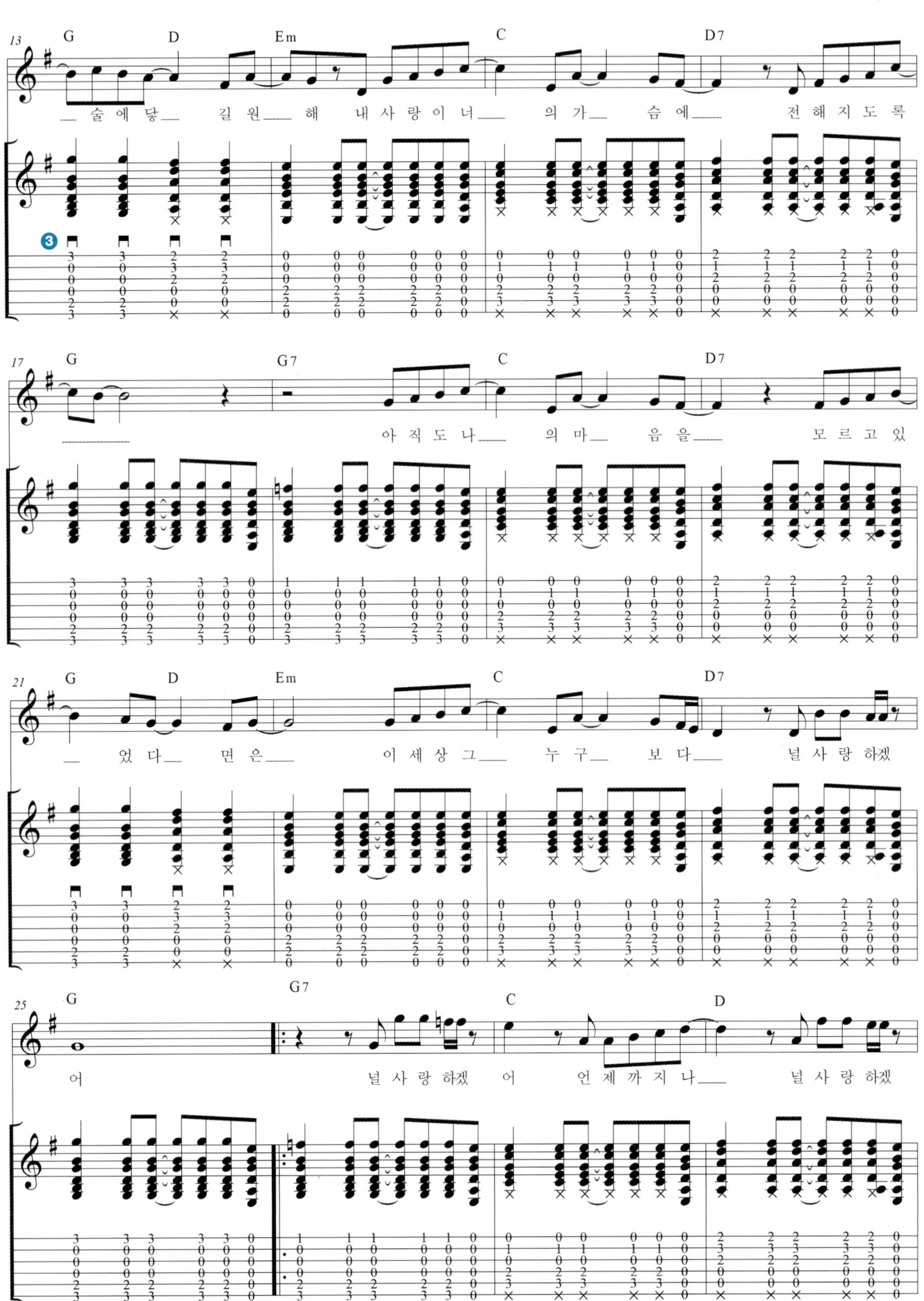
13
G D Em C D7
술 에 닿 길 원 해 내 사 랑 이 너 의 가 슴 에 전 해 지 도 록
3
17
G G7 C D7
아 직 도 나 의 마 음 을 모 르 고 있
21
G D Em C D7
었 다 면 은 이 세 상 그 누 구 보 다 널 사 랑 하겠
25
G G7 C D
어 널 사 랑 하겠 어 언 제 까 지 나 널 사 랑 하겠

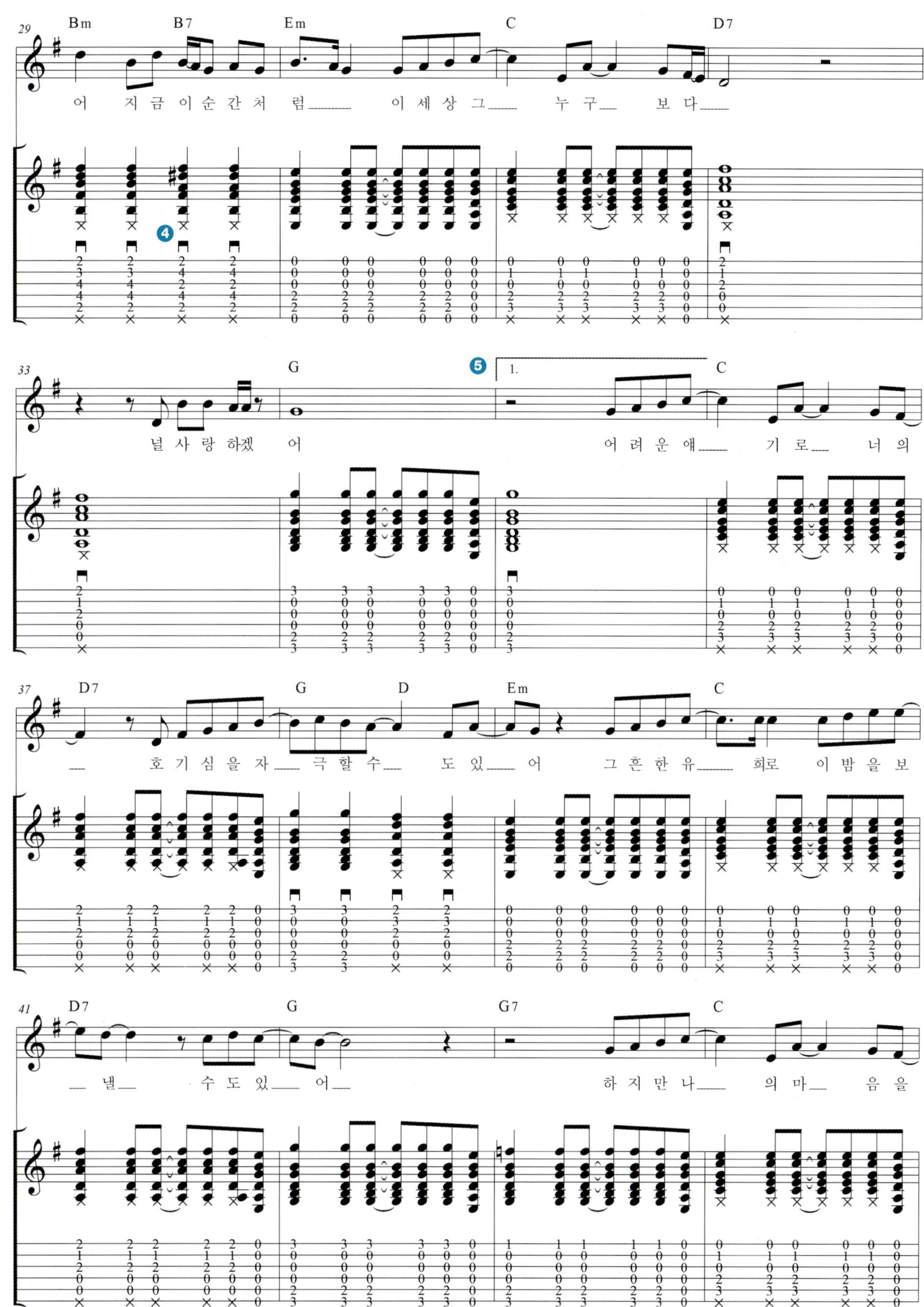
Bm B7 Em C D7
어 지금 이 순간처럼 이 세상 그 누구 보다
G 1. C
널 사랑하겠 어 어려운 얘 기로 너의
D7 G D Em C
호기심을 자 극할 수 도 있 어 그 흔한 유 희로 이 밤을 보
D7 G G7 C
낼 수도 있 어 하지만 나 의 마 음을

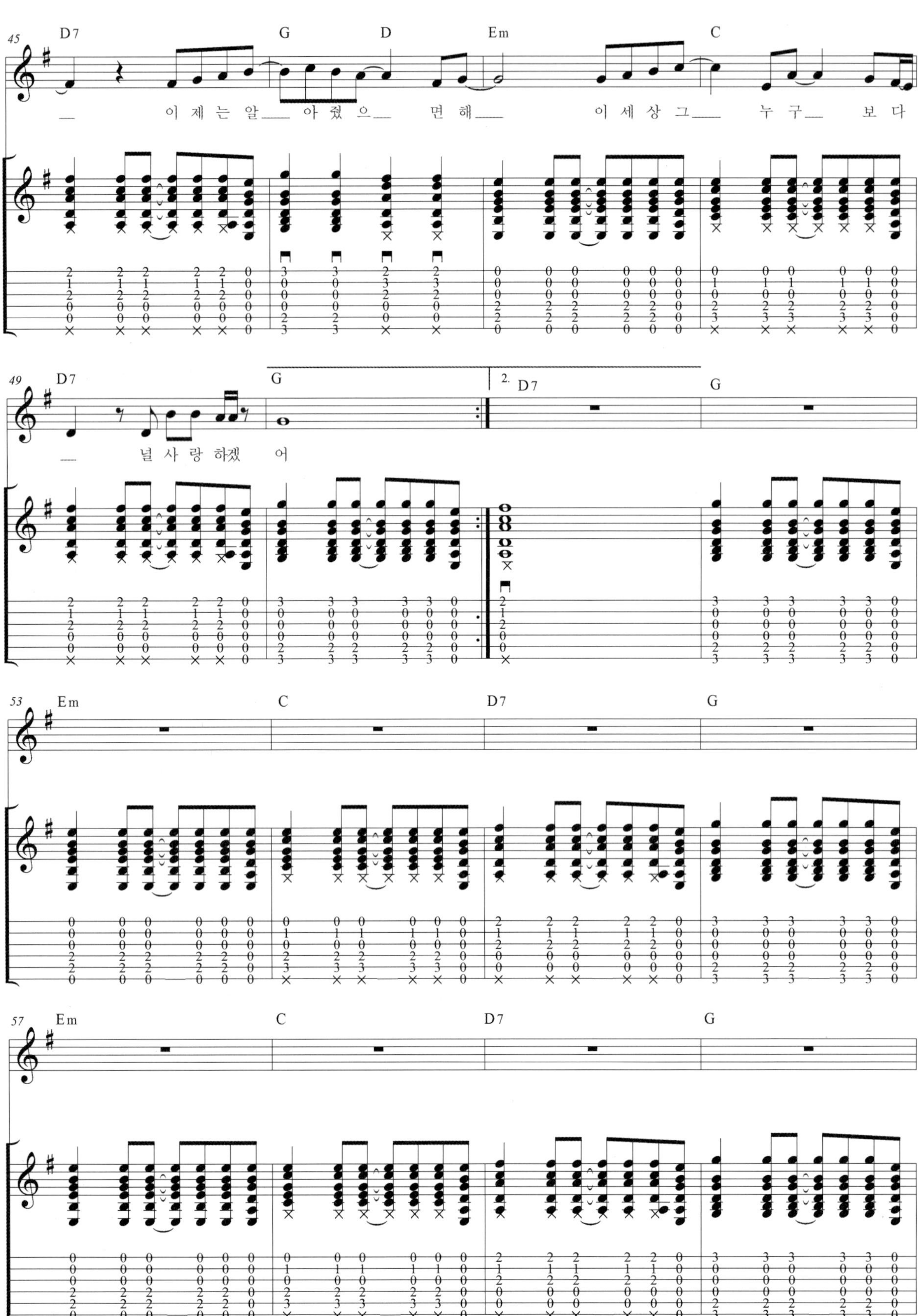
45
D7 G D Em C
이 제 는 알 아 줬 으 면 해 이 세 상 그 누 구 보 다
49
D7 G 2. D7 G
널 사 랑 하겠 어
53
Em C D7 G
57
Em C D7 G

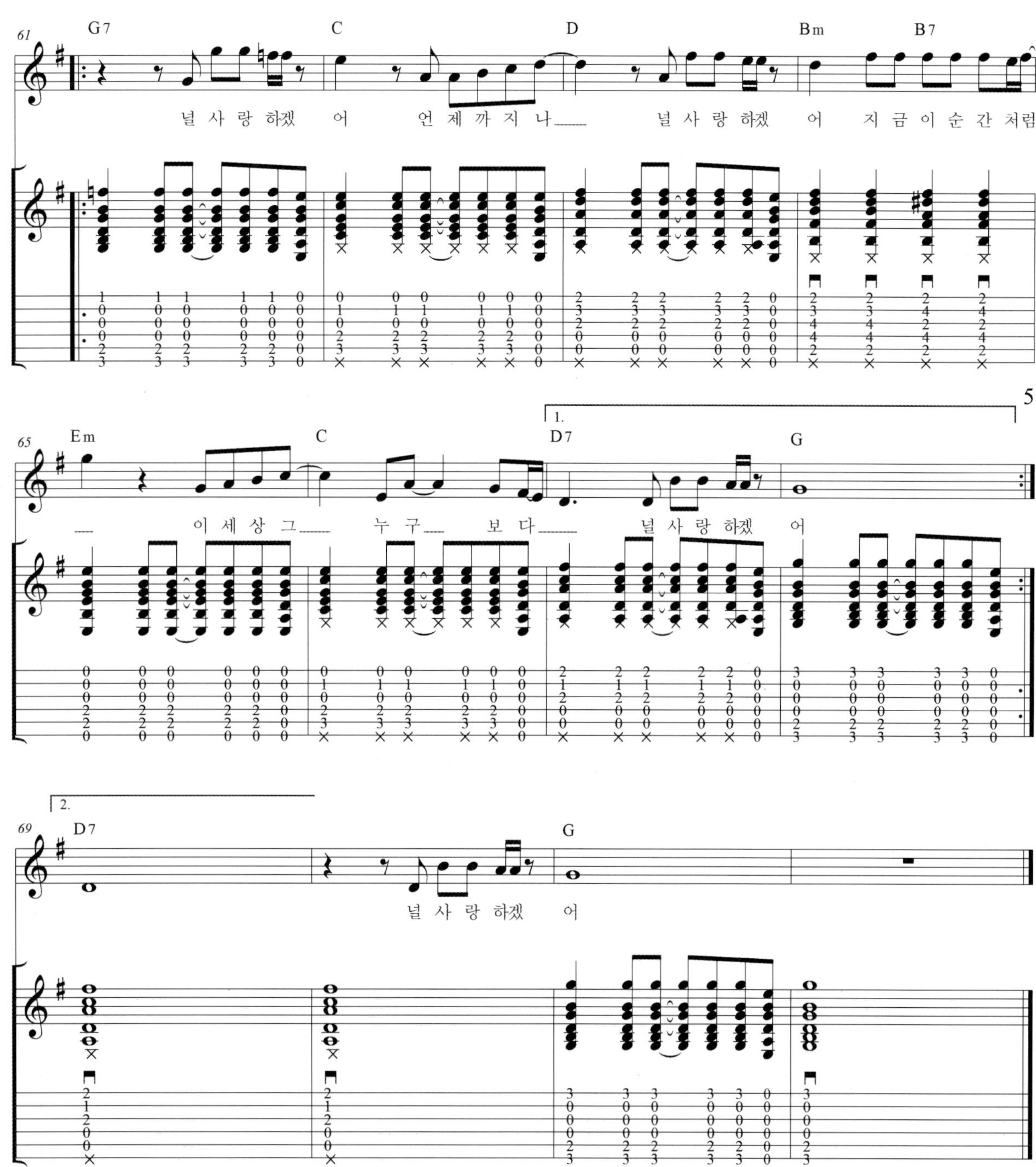
G7
C
D
Bm
B7
널 사 랑 하겠 어 언 제 까 지 나 널 사 랑 하겠 어 지 금 이 순 간 처럼
Em
C
1.
D7
G
이 세 상 그 누 구 보 다 널 사 랑 하겠 어
2.
D7
G
널 사 랑 하겠 어

<널 사랑하겠어>에 나오는 코드표

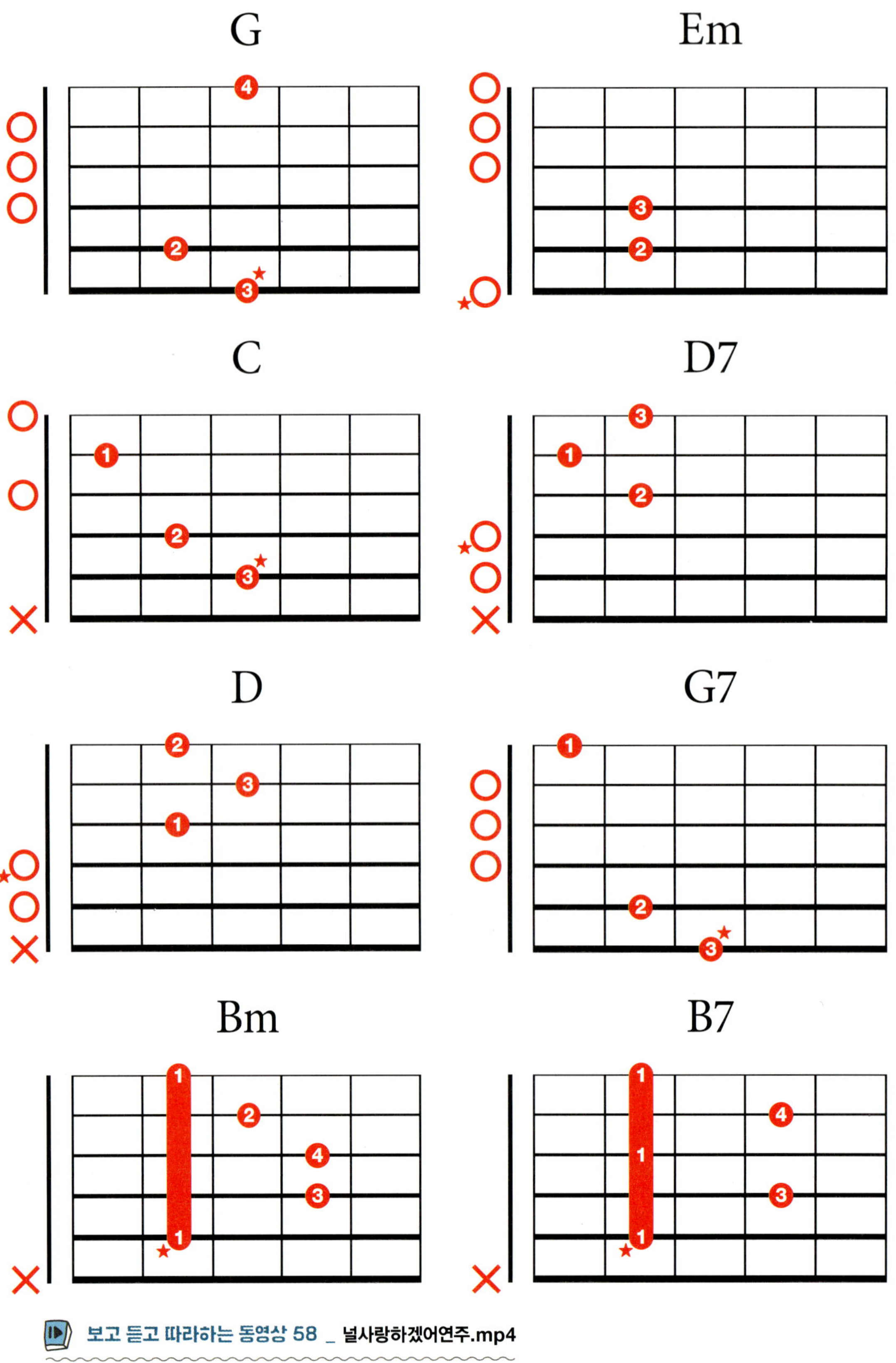

보고 듣고 따라하는 동영상 58 _ 널사랑하겠어연주.mp4

주법 설명

① 메트로놈으로 90 정도의 빠르기입니다. 복잡하게 생각할 것 없이 원곡을 듣고 감을 잡으면 됩니다. 곡 자체가 워낙 아름다운 데다가 난이도도 적당하여 초보자의 연습곡으로 안성맞춤입니다.

② 17일차에 배운 헛피킹이 포함된 스트로크 패턴입니다. 제 말대로 써먹을 데가 많지요?

③ 한 마디에 코드가 두 개 나오는 부분은 단순하게 다운 스트로크만 칩시다.

④ 처음 접하는 B7코드입니다. A7코드의 형태를 2프렛 상승시킨 바레 코드입니다. Bm코드를 치다가 왼손 검지는 그대로 두고 나머지 손가락들을 움직여서 코드를 바꿉니다. B7코드 잡는 법은 코드표와 동영상을 참고하세요.

⑤ 처음에는 그대로 진행하지만 도돌이표에 의해 두 번째 반복할 때는 여기서 51번째 마디로 건너뜁니다.

옛사랑
곡 전체 연주해 보기

옛사랑 _ 이문세

11
Bm E7 A
Bm E7 A
F#m C#7 D C#7
껴 불러 보네 찬 두 거짓 인걸
이 제 그리운 것 은 그리운 대
T a m i T a m i T ima
6
D A E7 F#m C#7 D C#7
로 내 맘 에__ 둘거 야
그 대 생 각이 나 면 생각 난대
D A E7 A E F#m C#7
로 내 버 려__ 두듯 이
흰 눈 내 리면 들판 에 서 성 이다 옛
사 랑 이 란게__ 지겨 울 때 가 있지 내
7

21
D A Bm E7 A E F#m C#7
사 랑___ 생각 에___ 그 길 찾아 가 지 광 화 문 거리 흰눈 에 덮 여 가고 하
맘 에___ 고독 이___ 너 무 흘러 넘 쳐 눈 녹 은 봄날__ 푸르 른 잎 새 위엔 옛
25
D A F#m Bm E7 A
12
8
C키로 전조
C G
얀 눈___ 하늘 높이 자 꾸 올라 가네
사 랑___ 그대 모습 영 원 속에 있네
29
Am E F C Dm G7 C G

33 Am E F C Am Dm G7 C
9
A키로 다시 전조
D.S. al Coda
10
13
37 A E F#m C#7 D A Bm E7
41 A E F#m C#7 D A F#m Bm E7 A
흰

45 A E F#m C#7 D A Bm E7

눈 내 리면 들판 을 서 성 이다 옛 사 랑___ 생각 에___ 그 길 찾아 가 지 광

14

rit.

49 A E F#m C#7 D A F#m Bm E7 A

화 문 거리 흰눈 에 덮 여 가고 하 얀 눈___ 하늘 높이 자 꾸 올라 가네

<옛사랑>에 나오는 코드표

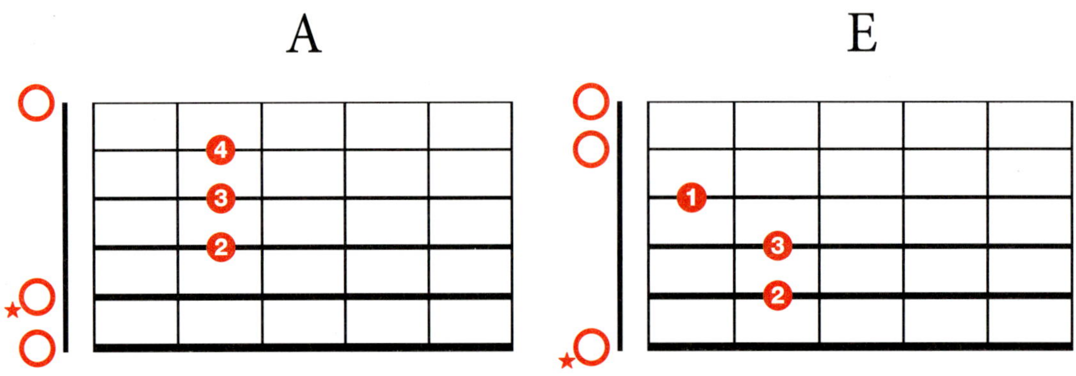

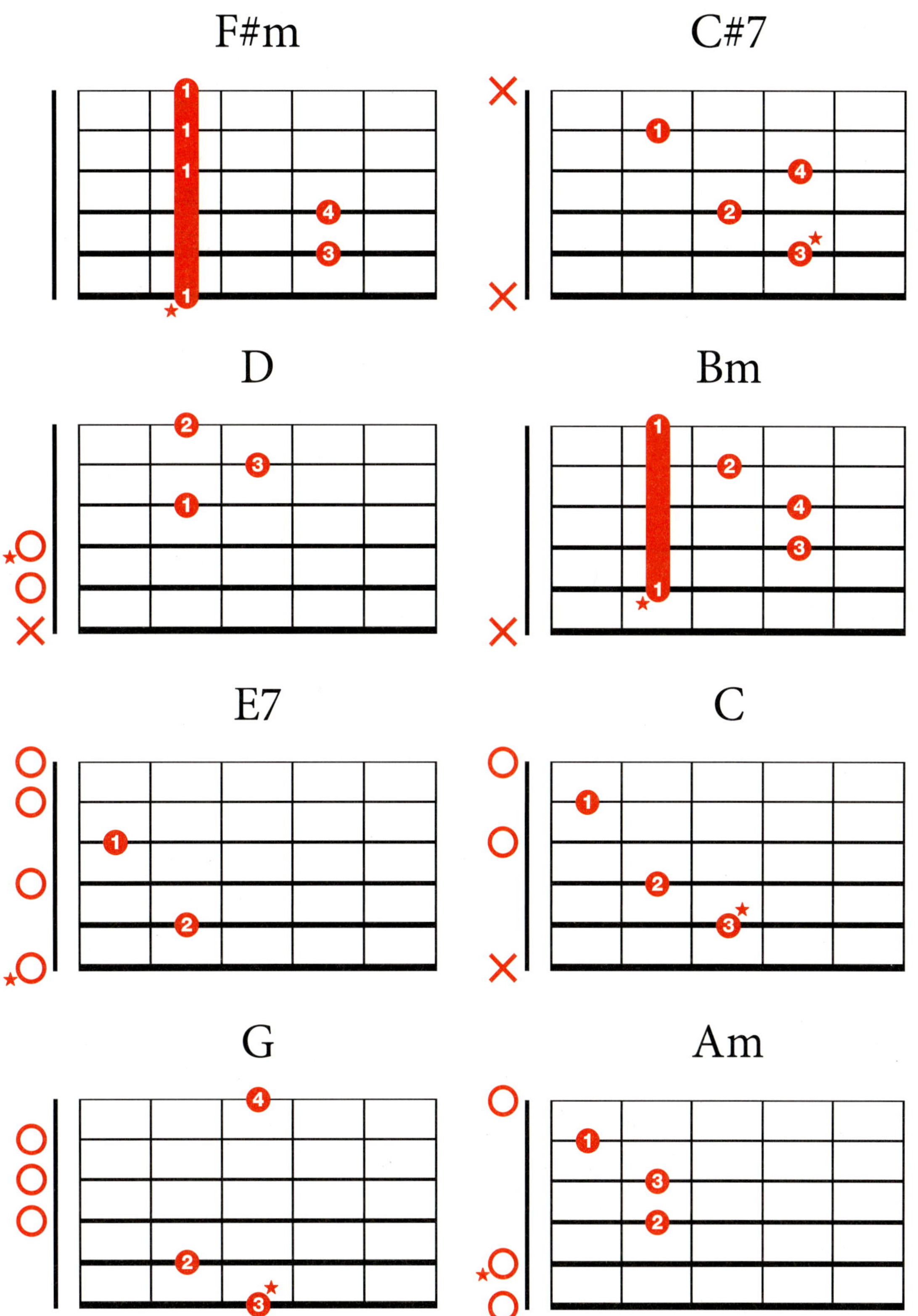
F#m
C#7
D
Bm
E7
C
G
Am

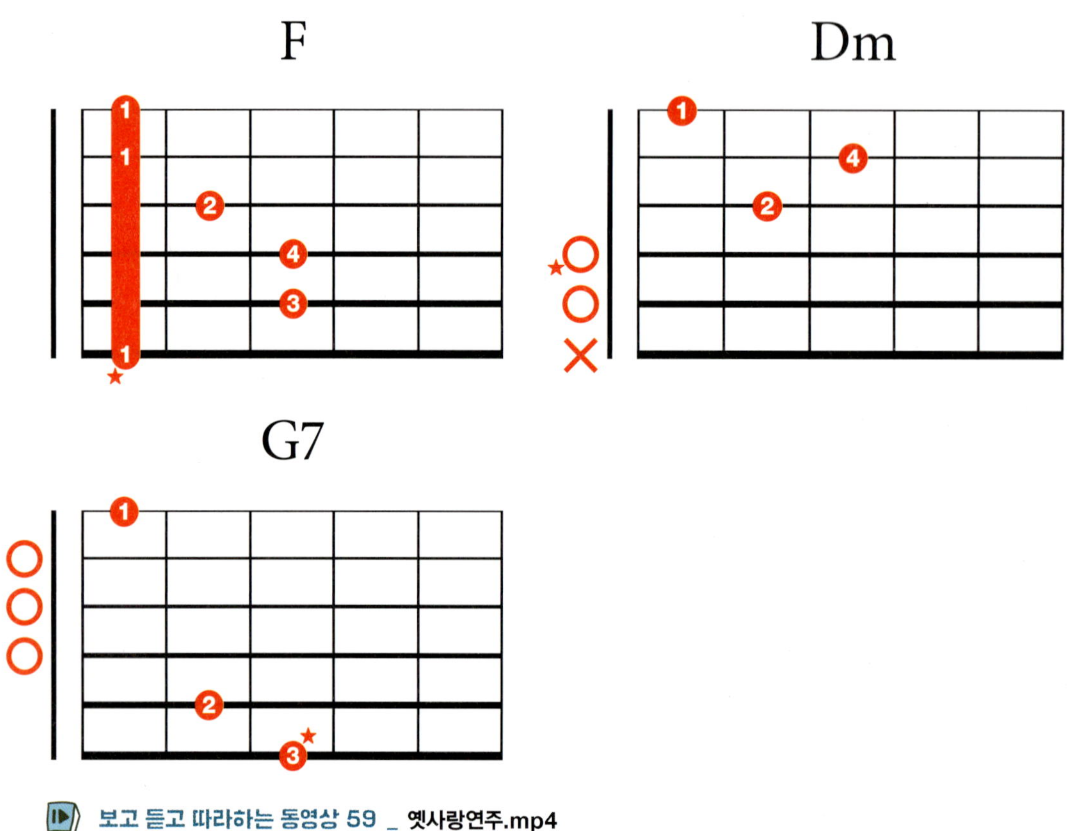

보고 듣고 따라하는 동영상 59 _ 옛사랑연주.mp4

주법 설명

① 메트로놈으로 64 정도의 빠르기입니다. 느리니까 좀 쉽겠다고요? 전혀 그렇지 않습니다. 쉼 없이 코드가 바뀌고 중간에 조바꿈(전조)까지 있어서 초보자의 연습곡으로는 그야말로 '끝판왕'이라 할 수 있습니다. 시중의 악보들은 대개 원곡의 A키를 G키 등으로 바꾸고 중간의 간주 부분도 생략한 버전이 많은데, 여기서는 원곡의 향기를 그대로 느낄 수 있게 편곡 없이 악보로 옮겼습니다.

② 오른손으로 아르페지오를 칠 때의 손가락 기호 잊지 않으셨죠? T가 엄지, i가 검지, m이 중지, a가 약지입니다. 정확한 리듬은 예제 영상을 참고하세요.

③ 처음 보는 F#m코드입니다. Em코드의 형태를 2프렛 상승시킨 바레 코드입니다. 코드표를 참고하세요.

④ 처음 보는 C#7코드입니다. C7코드의 형태를 1프렛 상승시킨 코드입니다. 코드표를 참고하세요.

⑤ 한 박자마다 코드가 하나씩 바뀌는 고난이도 연주입니다. 오른손 검지(i), 중지(m), 약지(a)를 함께 튕기는 주법을 씁니다. 정확한 리듬은 예제 영상을 참고하세요.

⑥ 여기서부터는 리듬이 단순하고 힘 있게 바뀝니다. 오른손 검지(i), 중지(m), 약지(a)를 함께 튕기는 주법을 연속적으로 활용합니다.

⑦ 다시 원래의 아르페지오 패턴으로 돌아갑니다.

⑧ 여기서 A키가 C키로 바뀝니다. 한숨 돌리면서 C코드 잡을 준비를 하세요.

⑨ 여기서 다시 A키로 원상복구됩니다.

⑩ **D.S. al Coda** | 앞의 11번째 마디 세뇨 표시(⑪)로 되돌아가라는 뜻입니다.

⑪ 세뇨

⑫ **코다** | 두 번째로 반복할 때는 전조 부분으로 계속 진행하는 게 아니라 다음의 코다 표시(⑬)로 건너뜁니다.

⑬ 코다

⑭ **rit** | 리타르단도(ritardando)의 약자입니다. 점점 느리게 연주하라는 뜻입니다. 자연스럽게 연주의 속도를 늦춰 끝마치는 느낌을 줍니다.

하늘을 달리다
곡 전체 연주해 보기

guitar

하늘을 달리다 _ 이적

❶ ♩= 120

B7 A E A

❷

5 B7 A E A

두근 거렸 지__ 누 군 가
내가 미 웠 지__ 날 결 국

9 E A E A

나 의뒤 를 쫓 고 있 었 고 검은 절 벽 끝__ 더 이 상
이 것밖 에 안 돼 보 였 고 오랜 꿈 들 이__ 공 허 한

13
D A E A
발 디딜 곳 하나 없었 지 자 꾸 목 이메 어 간 절 히
어 린날 의 착 각 같 았 지 울 먹 임 을참 고 남 몰 래
17
E A E G A C
네 이름 을되 뇌 였 을 때 귓 가 에 울 리는 그 대의 뜨 거운 목 소리
네 이름 을속 삭 였 을 때 귓 가 에 울 리는 그 대의 뜨 거운 목 소리
3
9
21
D A E A
그게 나 의 구 원 이 었 어 마른 하 늘 을 달 려 나
그게 나 의 희 망 이 었 어
25
B7 E 4 C#m 5 F#7
그대 에 게 안 길 수 만 있 으면 내 몸 부서 진 대 도 좋 아
29
B7 A B7 E A
설혹 너 무 태 양 가 까 이 날 아 두 다 리

33
B7
E
C#m
F#7
모두 녹 아 내 린 다 고 해 도 내__ 맘___ 그대 마 음 속___ 으 로
37
B7
A
G
10
1.
E
A
___
영원 토 록 달 려 갈 거야__
41
E
A
2.
C
6
45
C
Bm
Em
허 약 한 내___ 영 원__ 에 힘___ 을
49
C
Bm
E7
날 개 를 달___ 수 있__ 다 면___

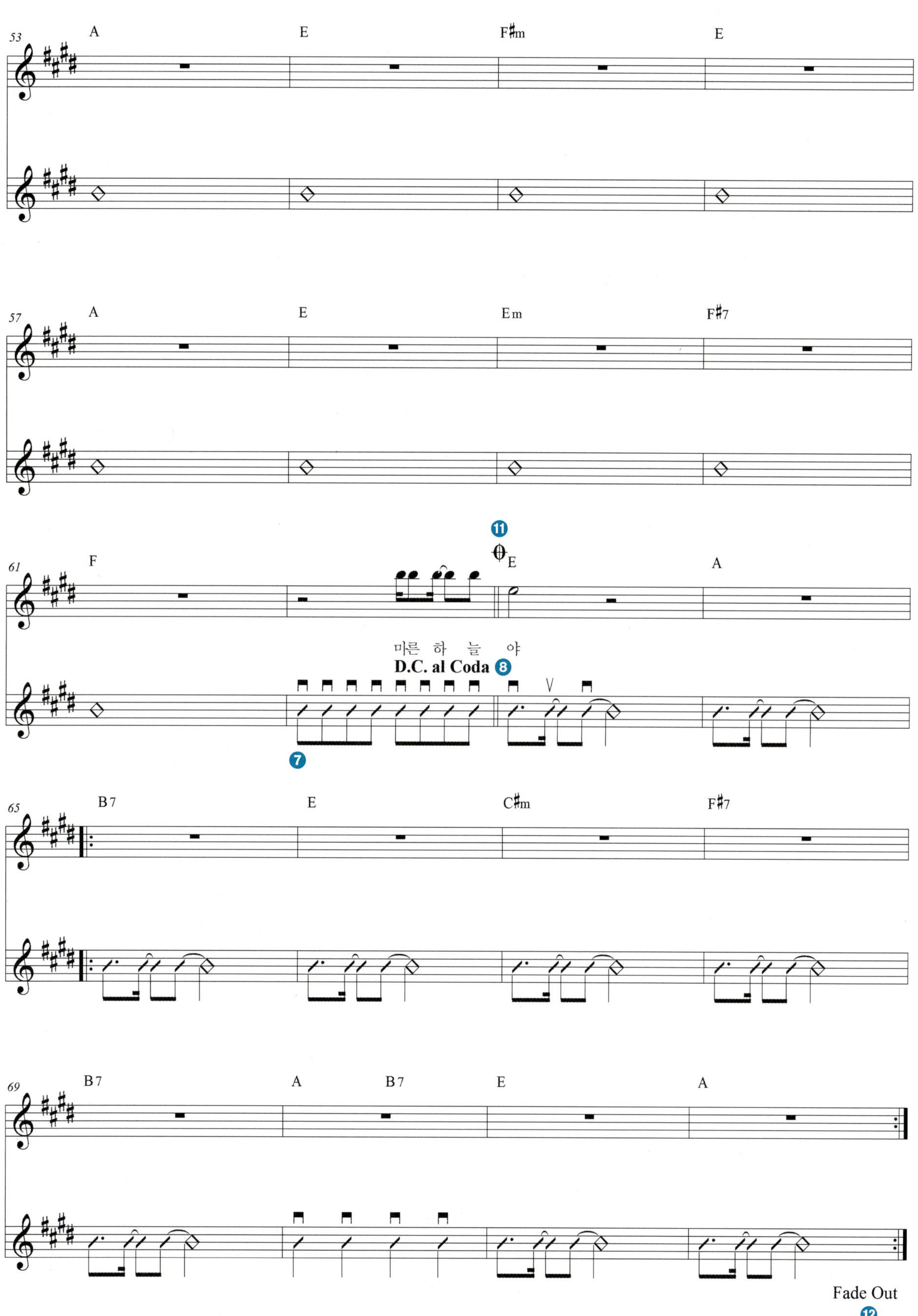
53
A
E
F♯m
E
57
A
E
Em
F♯7
61
F
11
E
A
마른 하 늘 야
D.C. al Coda 8
7
65
B7
E
C♯m
F♯7
69
B7
A
B7
E
A
Fade Out
12

<하늘을 달리다>에 나오는 코드표

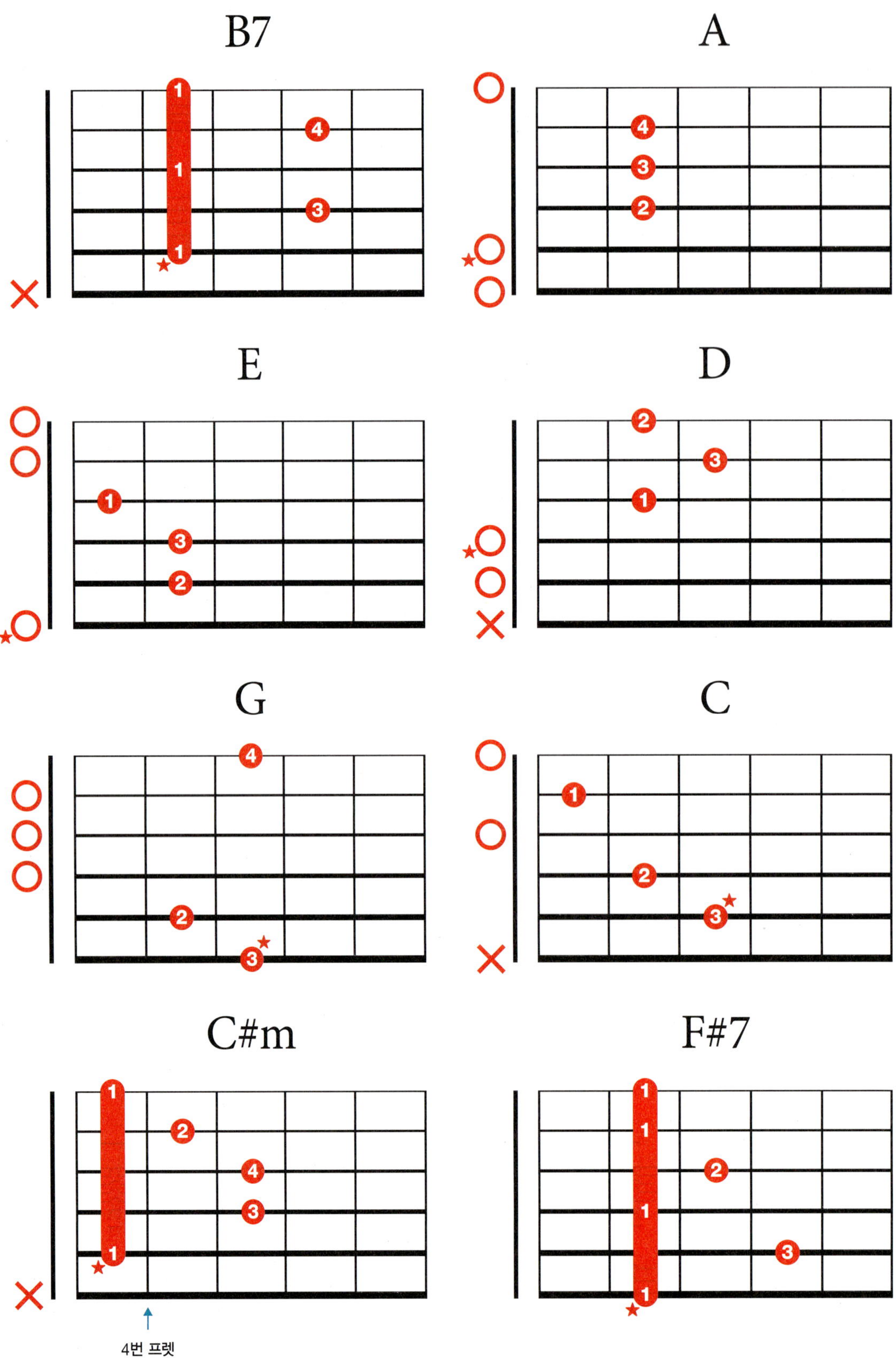

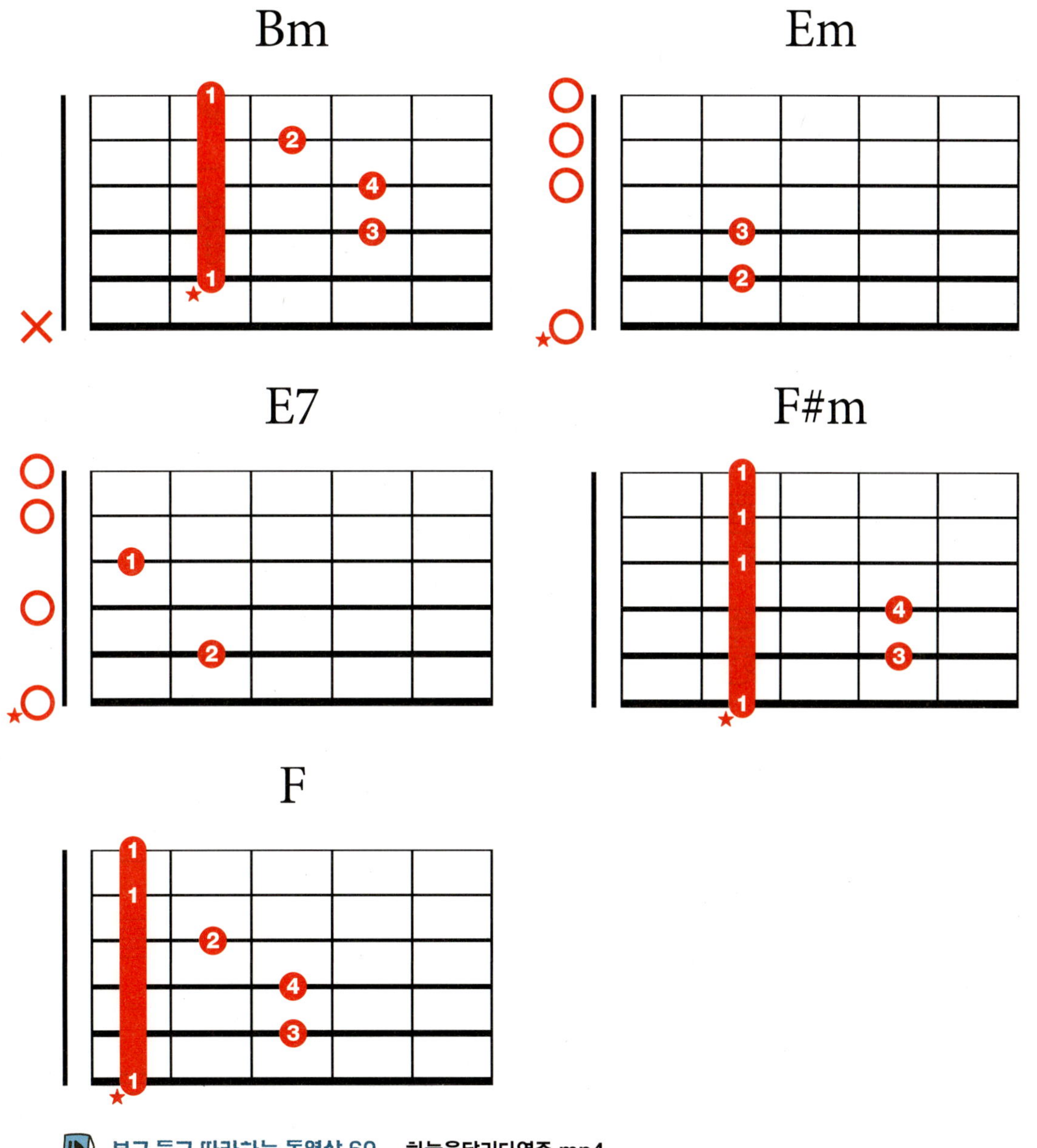

보고 듣고 따라하는 동영상 60 _ 하늘을달리다연주.mp4

주법 설명

① 메트로놈으로 120 정도의 빠르기입니다. 원곡을 들어 보면 기타가 정말 쉼 없이 스트로크를 하는데, 이 악보에서는 난이도를 낮춰 단순한 패턴으로 바꿨습니다. 처음부터 끝까지 코드 스트로크만으로 이루어진 곡이라 타브 악보도 제외했습니다. 이처럼 코드 이름과 리듬 패턴만 제시하는 악보들도 꽤 많기 때문에 익숙해져야 합니다. 이 곡을 잘 연주하는 비결은 피크를 단단히 쥐고 '시원시원하고 거침없이' 스트로크를 하는 것입니다. 단 옆집에서 항의가 들어올 수도 있으니 방문과 창문은 꽁꽁 닫고 연습하세요.

② 다운-업-다운 스크로크 패턴인데 16분음표가 끼어 있어 초보자에게는 쉽지 않은 리듬입니다. 글로는 설명이 어려우니 예제 영상을 참고하세요.

③ 코드가 자주 바뀌는 마디는 강하게 다운 스트로크만 합니다.

④ 처음 보는 C#m코드입니다. Am코드의 형태를 4프렛 상승시킨 바레 코드입니다. 코드표를 참고하세요.

⑤ 처음 보는 F#7코드입니다. E7코드의 형태를 2프렛 상승시킨 바레 코드입니다. 코드표를 참고하세요.

⑥ 이 C코드부터는 힘을 쭉 빼고 잔잔하게 연주합니다.

⑦ 잔잔했던 부분이 여기서부터 다시 강한 리듬으로 바뀝니다. 다운 스트로크를 빠르고 강하게 여덟 번 반복합니다.

⑧ **D.S. al Coda** | 앞의 23번째 마디 세뇨 표시(⑨)로 되돌아가라는 뜻입니다.

⑨ 세뇨

⑩ **코다** | 세뇨 표시로 되돌아와서 진행할 때는 여기서 다음 코다 표시(⑪)로 건너뜁니다.

⑪ 코다

⑫ **Fade Out** | 점점 연주의 세기를 줄이면서 노래를 끝내라는 뜻입니다.

벚꽃 엔딩
곡 전체 연주해 보기

guitar

벚꽃 엔딩 _ 버스커버스커

Bm E7 A F#m
오 늘 은 우 리 같 이 걸 어 요 이 거 리 를
그 대 여 우 리 같 이 손 잡 아 요 이 거 리 에
Bm E7 A F#m
밤 에 들 려 오 는 자 장 노 래 어 떤 가 요 오 예 몰 랐 던
마 침 들 려 오 는 자 장 노 래 어 떤 가 요 오 예 사 랑
Bm E7 A F#m
그 대 와 단 둘 이 손 잡 고 알 수
하는 그 대 와 단 둘 이 손 잡 고 알 수
Bm E7 A F#m
없 는 이 떨 림 과 둘 이 걸 어 요 봄 바 람 휘 날 리
없 는 이 거 리 를 둘 이 걸 어 요
Bm E7 A F#m
며 흩 날 리 는 벚 꽃 잎 이 울 려 퍼 질 이 거 리 를

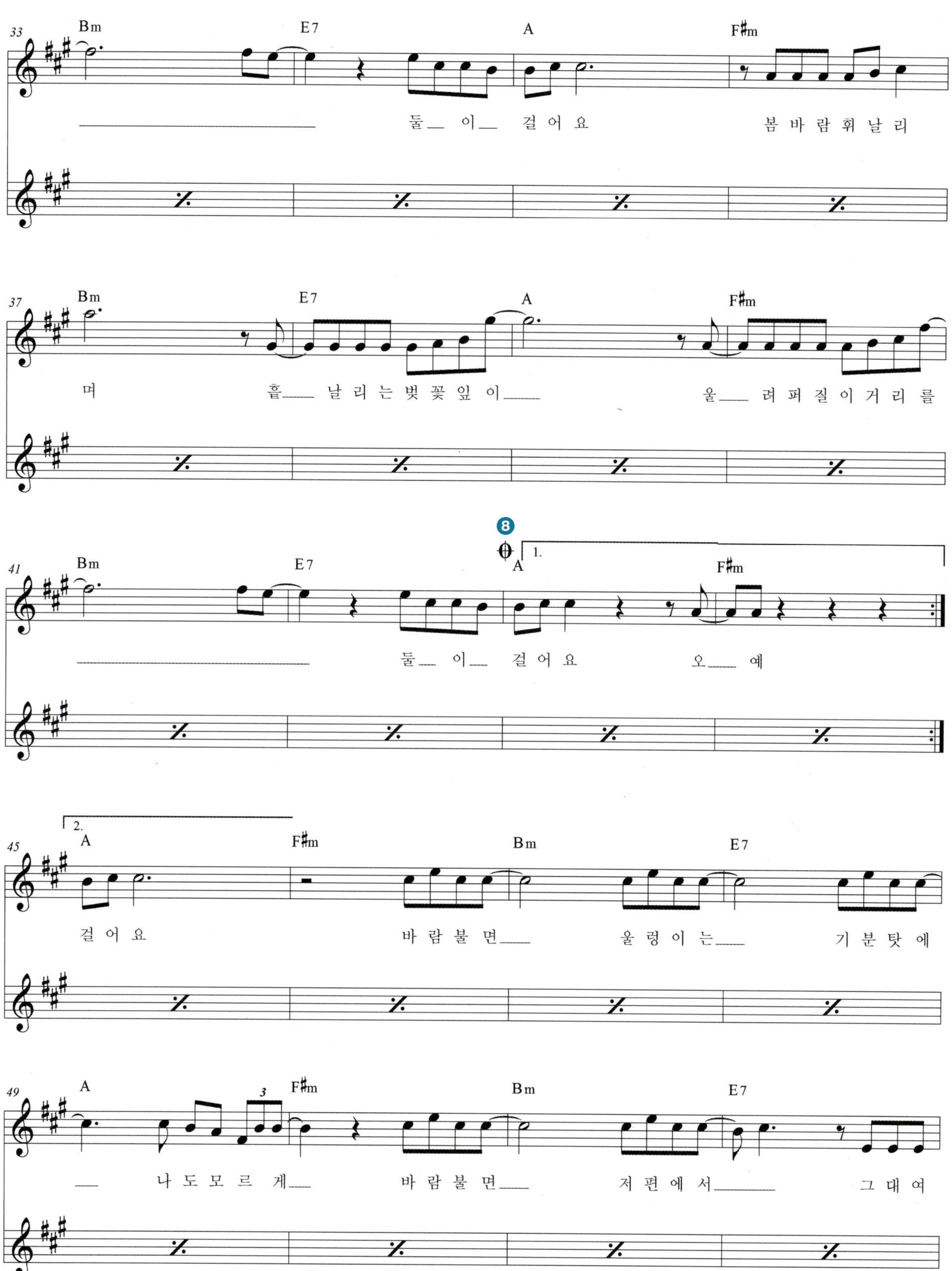
33
Bm E7 A F♯m
둘__ 이__ 걸 어 요 봄 바 람 휘 날 리
37
Bm E7 A F♯m
며 흩__ 날 리 는 벚 꽃 잎 이__ 울__ 려 퍼 질 이 거 리 를
8
41
Bm E7 A F♯m
1.
둘__ 이__ 걸 어 요 오__ 예
45
2.
A F♯m Bm E7
걸 어 요 바 람 불 면__ 울 렁 이 는__ 기 분 탓 에
49
A F♯m Bm E7
3
__ 나 도 모 르 게__ 바 람 불 면__ 저 편 에 서__ 그 대 여

A
F#m
F#7
Bm
E7
니 모 습 이 자 꾸 겹 처
오
또
울 렁 이 는
기 분 탓 에
나 도 모 르 게
바 람 불 면
저 편 에 서
그 대 여
니 모 습 이 자 꾸 겹 처
사 랑 하 는
연 인 들 이 많 군 요
D
알 수 없 는
친 구 들 이 많 아 요
흩 날 리 는
벚 꽃 잎 이 많 군 요
좋 아 요
D.S. al Coda
걸 어 요
오
예
그 대 여

<벚꽃 엔딩>에 나오는 코드표

Bm

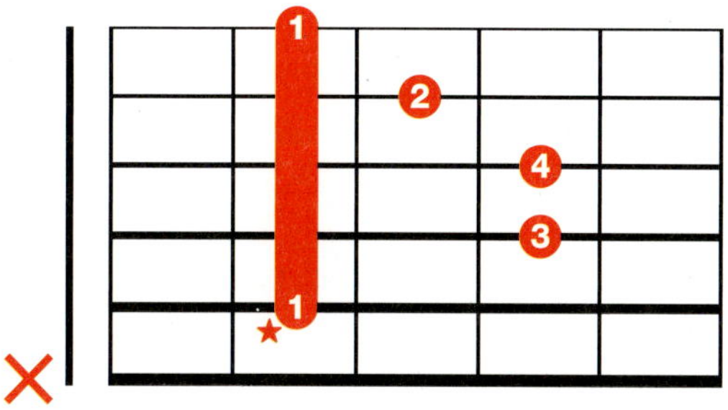

E7

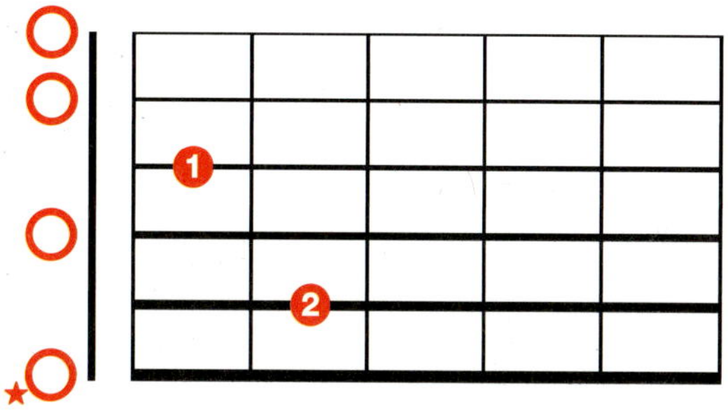

A

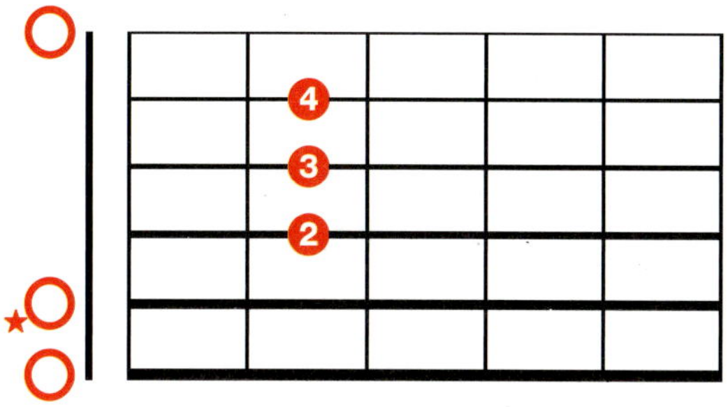

F#m

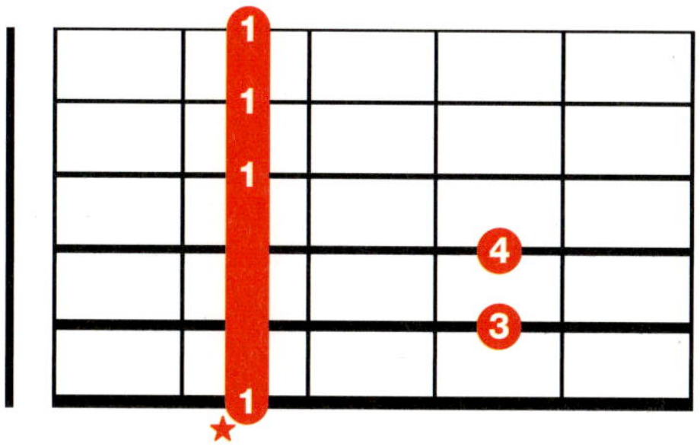

F#7

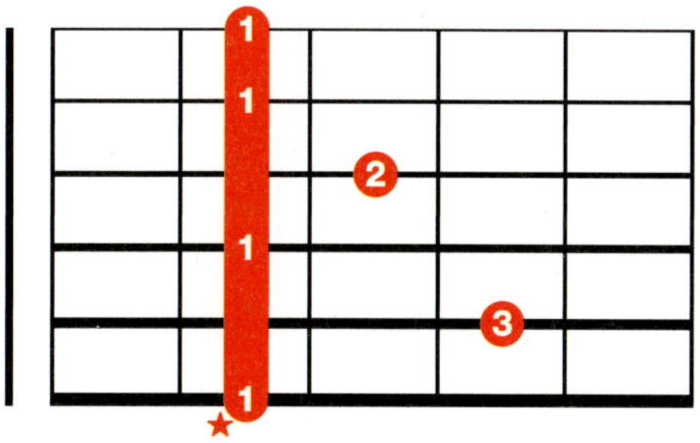

D

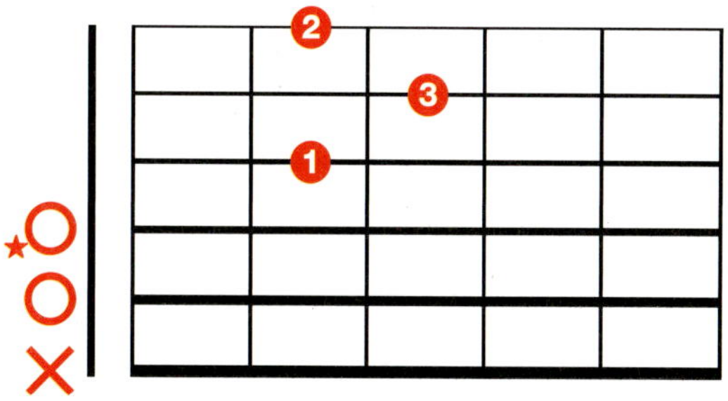

보고 듣고 따라하는 동영상 61 _ 벚꽃엔딩연주.mp4

주법 설명

① 메트로놈으로 121 정도의 빠르기입니다. 원곡의 반주는 변형/확장된 코드들이라 멋스럽긴 하지만 초보자에게는 생소할 수 있어 기본적인 코드들로 바꿨습니다. 한두 군데 변화를 준 것을 제외하고는 Bm-E7-A-F#m의 네 가지 코드가 계속 반복되는데, 그 안에서 이처럼 다채로운 멜로디를 뽑아낸 작곡가의 센스가 대단합니다. 워낙 구성이 단순해서 일단 익숙해지기만 하면 이 연습곡들 중에 가장 쉬운 반주라고 할 수 있습니다.

② 역시 헛피킹을 포함한 스트로크 패턴인데, 이전에 연습했던 것들과는 리듬이 다릅니다. 음표 아래에 3이라는 숫자가 쓰여 있지요? 셋잇단음표를 표시한 것인데, 이와 같은 리듬 패턴을 셔플(shuffle)이라고 합니다. 글로는 설명이 어려우니 원곡과 예제 영상을 참고하세요. 평범한 8분음표의 패턴보다 좀 더 어깨를 들썩거리게 하는 맛이 있습니다.

③ 사선을 긋고 좌우에 점을 하나씩 찍은 이 표시는 앞 마디의 패턴을 계속 반복한다는 뜻입니다. 기타 악보에서 자주 나오는 표시이니 꼭 기억해 두세요.

④ 여기서 리듬이 딱 끊깁니다. 이렇게 끊는 부분에서는 확실히 끊어 주어야 연주가 멋있어집니다.

⑤ 여기서도 쉼표를 정확히 지켰다가 노래의 "오!"라는 감탄사에 딱 맞춰서 업 스트로크를 쳐 주어야 합니다.

⑥ **D.S. al Coda** | 앞의 28번째 마디 세뇨 표시(⑦)로 되돌아가라는 뜻입니다.

⑦ **세뇨** | 되돌아와서 칠 때 첫 마디의 코드는 F#m가 아니라 E7입니다.

⑧ **코다** | 세뇨 표시로 되돌아와서 진행할 때는 여기서 다음 코다 표시(⑨)로 건너뜁니다.

⑨ 코다

너의 의미
곡 전체 연주해 보기

너의 의미 _ 아이유&김창완

❶ ♩= 80

❷ E♭ ❹ Gm/F ❺ B♭ E♭

T A B

❸ T i m a T i m a T i m a ❻ Tima

5

E♭ B♭ A♭ Cm ❽ E♭ B♭

너 의 그 한 마 디 말 도 그웃음도 나에게___ 커 다 란 의 미

❼ T i ma T i ma T i ma T i ma T i ma T i ma T i ma T i ma

E♭
B♭
A♭
Cm
E♭
B♭
너 의 그 작 은 눈 빛 도
쓸쓸한뒷모습도
나에겐___ 힘 겨 운 약 속
9

A♭
E♭
B♭
A♭
E♭
B♭
너의모든것 은 내 게 로 와
풀리지않는 수수께 끼가 되 네
10
T i ma T i ma
T i am T i ma

Cm
A♭
E♭
B♭
슬픔은 간이역 에
코스모스로 피고
스 처 불어온 넌
향긋 한 바람
11

21
Cm
A♭
E♭
B♭
나이제 뭉게구름 위에 성 을 짓고 널 향 해 창 을내 리 바람 드는창을

25
1.
A♭
2.
Cm
A♭
슬픔은 간이역 에 코스모스로 피고 스
T i ma T i ma T i ma T i ma

29
E♭
B♭
Cm
A♭
쳐 불어온 넌 향긋 한 바람 나이제 뭉게구름 위에 성 을 짓고 널

E♭
B♭
E♭
B♭
A♭
향 해 창 을내 리 바람 드는창을
너 의 그 한 마 디 말 도
그웃음도
Tima
Tima
Tima
Tima
12
Cm
E♭
B♭
E♭
B♭
A♭
나에겐__ 커 다 란 의 미
너 의 그 작 은 눈 빛 도
쓸쓸한뒷모습도
Tima
Tima
Tima
Cm
E♭
B♭
A♭
나에겐__ 힘 겨 운 약 속

<너의 의미>에 나오는 코드표

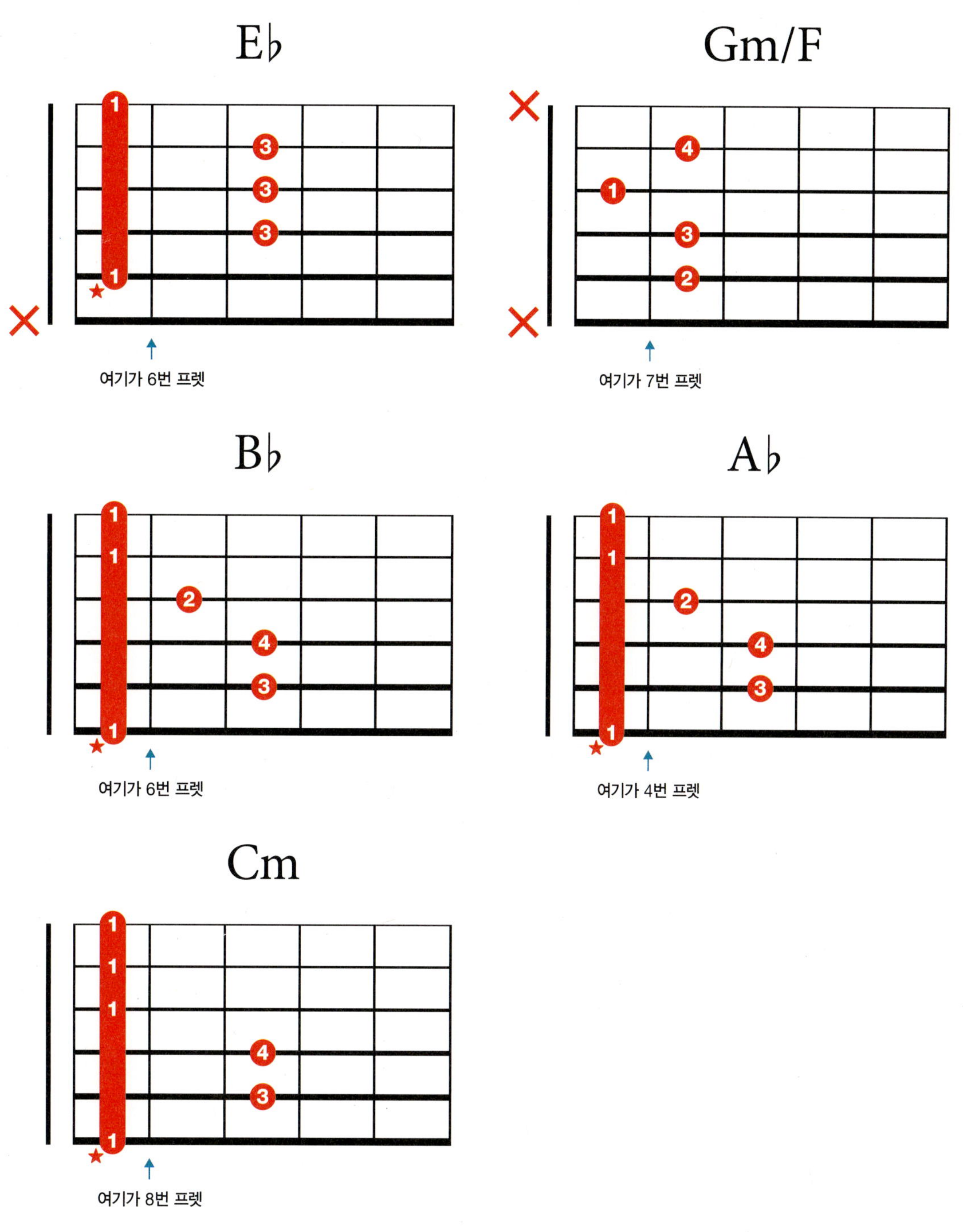

보고 듣고 따라하는 동영상 62 _ 너의의미연주.mp4

주법 설명

① 메트로놈으로 80 정도의 빠르기입니다. 이 곡은 구성만 보면 단순한데, 문제는 처음부터 끝까지 바레 코드로만 이루어져 있다는 점입니다. 아마도 아이유의 음역대에 맞추다 보니 기타로는 반주하기가 까다로운 E♭키로 할 수밖에 없었던 듯합니다. 따라서 애초부터 극한의 '근력 트레이닝'에 도전한다는 각오로 시작하시는 편이 맘 편할 겁니다. 오래된 명곡을 참 아름답게, 그리고 참 연주하기 어렵게 재탄생시킨 아이유를 향한 사랑과 분노를 담아 연주해 봅시다.

② 처음 보는 E♭코드입니다. A코드 형태를 6프렛 상승시킨 바레 코드입니다. 약지를 눕혀서 4번줄, 3번줄, 2번줄을 한 방에 누르는 것이 요점입니다. 손 모양은 코드표와 예제 영상을 참고하세요. 처음엔 까다롭겠지만 기타를 계속 치려면 반드시 정복해야 할 코드 형태입니다.

③ T가 오른손 엄지, i가 검지, m이 중지, a가 약지라는 사실 잊지 않으셨죠?

④ Gm코드의 변형인데 도입부에만 딱 한 번 나옵니다. 코드표의 손가락 번호를 잘 보고 따라 하세요. 실제로 잡아 보면 별로 어렵지 않습니다.

⑤ 처음 보는 B♭코드입니다. E코드 형태를 6프렛 상승시킨 바레 코드입니다.

⑥ T, i, m, a를 동시에 써서 네 개의 줄을 튕깁니다.

⑦ T → i → m+a의 순서로 아르페지오를 연주합니다. 이 패턴을 계속 반복합니다.

⑧ 처음 보는 Cm코드입니다. Em코드 형태를 8프렛 상승시킨 바레 코드입니다.

⑨ 두 마디 앞의 E♭코드와 여기의 E♭코드의 차이가 무엇일까요? 앞에서는 5, 4, 3, 2번 줄의 조합으로 쳤고 여기서는 5, 3, 2, 1번 줄의 조합으로 친다는 점이 다릅니다. 이렇게 같은 코드라도 노래 멜로디의 음높이에 맞춰 다른 조합으로 치는 것이 이 연습곡의 또 다른 과제입니다.

⑩ 다운 스트로크 표시가 있는 부분은 오른손 엄지로 여섯 줄 모두 긁어 내립니다.

⑪ 이번에는 6, 5, 4, 3번 줄의 조합으로 치는 부분입니다. 오른손의 패턴은 계속 T → i → m+a로 동일합니다.

⑫ 여기서도 T, i, m, a를 동시에 써서 네 개의 줄을 튕깁니다. 코드마다 사용하는 줄들의 조합이 달라진다는 점에 주의하세요.

'치고 싶다'는 첫 마음으로 돌아가기

참으로 고생 많았습니다. 그만큼 재미도 있었기를 바랍니다. 짐작하건대, 아마도 굳은 의지로 3부까지는 그럭저럭 따라왔지만 4부의 연습곡들에 이르러 좌절하고야 만 독자들이 많을 겁니다. 당연한 일입니다. 4부의 연습곡들은 절대 만만한 곡들이 아니니까요. 왜 왕초보를 위한 교재에다 어려운 연습곡들을 넣었냐고요? 왜냐하면 기타를 시작하는 분들이 실제로 연주하고 싶어 하는 가요나 팝송의 난이도가 대개 이 정도 수준이기 때문입니다. 매도 먼저 맞는 편이 낫다고, 목표를 높게 잡아야 얻을 수 있는 성과도 커지는 법입니다.

3부까지 소화했다면 이미 기초는 착실히 닦은 겁니다. 4부의 연습곡들은 절대 조급하게 생각하지 말고 몇 달이 걸리든 상관없다는 마음으로 틈날 때마다 붙들고 씨름하세요. 그러라고 듣고 또 들어도 질리지 않는 명곡들로만, 또한 평생의 레퍼토리로 삼을 수 있는 애창곡들로만 엄선했습니다. 일단 이 노래들에 익숙해지면 다른 수많은 노래들이 점점 쉬워 보이는 경험을 하게 될 겁니다.

책을 마치기에 앞서 서두에서 여러분께 했던 질문을 다시 던져 보려 합니다.
당신의 삶 속에서 그 어떤 순간이 '나도 기타를 치고 싶다'는 마음을 갖게 했나요?

바쁘다는 이유로, 생각보다 어렵다는 이유로, 손이 아프다는 이유로, 실력이 늘지 않는 것 같다는 이유로 기타를 포기하고 싶은 마음이 스멀스멀 자라나고 있다면 이 질문을 기억하기 바랍니다. 그리고 기타라는 악기가 마음속에 확 들어오고, 기타를 치는 사람들이 너무나 멋져 보였던 그 순간의 설렘을 다시 떠올리기 바랍니다. 바쁘면 시간 될 때만이라도 연습하면 됩니다. 어려우면 지금 되는 만큼만 연습하면 됩니다. 손이 아프면 쉬어 가며 연습하면 됩니다. 실력은 어느 한순간에 확 늡니다. 오늘까지 안되던 것이 별다른 이유도 없이 내일부터 되기 시작합니다. 기타를 포기하지만 않는다면 말입니다. 포기하지 마세요! 그러면 기타도 마음을 열고 여러분을 진정한 친구로 받아들일 겁니다.

진지하게 기타라는 악기를 파고들고자 하는 분들이 계신다면 이제부터가 시작이라고 할 수 있습니다. 이 책은 기본적인 근력 훈련과 코드 반주에 초점을 맞춰 설명했지만, 각자 선호하는 장르에 따라 무궁무진한 테크닉과 스타일의 신세계가 기다리고 있습니다. 교본이든, 동영상이든, 개인레슨이든, 활용할 수 있는 모든 자원을 총동원해서 기타의 가능성을 만끽하시기 바랍니다. 그리하여 어쭙잖은 실력으로 실컷 잘난 척한 저의 콧대를 머잖은 미래에 확 눌러 주시기를 진심으로 기대합니다.

기타 관리와 기타줄 갈기

4장에서도 이야기했지만, 기타를 관리하는 원칙은 '사람과 똑같이 생각하면 된다'는 것입니다. 그러니 사람에 비유해서 최대한 쉽고 간단하게 설명해 보겠습니다.

1. 스탠드에 보관하자

자세가 바르지 못한 사람이 만성 통증에 시달리기 쉽듯이, 기타도 잘못 세워 두면 점점 넥이 휘어 연주가 불가능한 상태까지 변형될 수 있습니다. 당연히 가장 좋은 보관법은 시중에서 파는 스탠드를 이용하는 것입니다. 기타를 안전하게 얹어 둘 수 있는 받침대 형태의 제품도 있고, 옷걸이에 옷을 걸듯이 헤드를 걸어 매달아 둘 수 있는 벽걸이 형태의 제품도 있습니다. 뭐든 좋습니다. 각자 취향껏 쓰시면 됩니다.

받침대 형태 ©herculesstands.com

벽걸이 형태 ©herculesstands.com

스탠드가 없거나 사용할 수 없는 환경에서는 조심스럽게 벽이나 구석에 잘 기대어 두는 수밖에 없습니다. 이때 주의할 점은 쓰러지지 않도록 균형을 잘 맞추는 것과 기타의 무게가 넥에 실리지 않도록 하는 것입니다. 가능하면 기타의 무게가 넥이 아니라 바디로 분산되게 합니다.

기타의 무게가 넥의 앞면에 크게 실리고 있습니다. 이러면 넥이 변형되기 쉽습니다.

기타의 무게가 넥의 뒷면에 크게 실리고 있습니다. 역시 넥이 변형되기 쉽습니다.

이렇게 바짝 세우면 넥에 걸리는 무게는 줄어들지만 기타가 넘어지기 쉽습니다.

모서리를 이용해 최대한 반듯하게 세우는 편이 제일 낫습니다.

2. 기타줄을 풀어 두자

기타를 연주하고 난 후에는 줄감개를 반~한 바퀴 정도 돌려서 여섯 줄 모두 느슨하게 풀어 줍니다. 사람처럼 기타에게도 휴식을 취할 기회를 주는 겁니다. 느슨하게 풀지 않는다고 해서 꼭 문제가 생기는 것은 아니지만 장기적으로 기타를 좋은 상태로 유지하는 데 도움이 된다고 합니다. 특히 2주 이상 기타를 보관만 할 때는 두 바퀴 정도 돌려서 확 풀어 주는 것이 좋고, 기간이 더 길어진다면 아예 기타줄을 모두 제거한 상태로 보관하는 것이 좋습니다.

3. 온도와 습도는 적당하게

고가의 기타를 여러 대 소장하고 있는 분들은 온도와 습도의 관리에 큰 노력을 기울입니다. 우리나라는 계절마다 날씨의 변화가 심하고 특히 장마라는 극한의 조건까지 찾아오기 때문에 기타뿐 아니라 어떤 악기든 관리가 쉬운 편이 아닙니다.
어쨌든 온도와 습도를 고려할 때도 사람과 똑같다고 생각하면 됩니다. 본인이 너무 덥거나 춥다고 느끼는 장소에 기타를 오래 두지 마세요. 너무 습해서 찝찝함이 사라지지 않는다면 에어컨을 켜거나 환기를 시키고, 너무 건조해서 코가 막히고 피부가 갈라질 정도라면 가습기를 틀거나 젖은 수건을 널어 주세요. 사람이 쾌적하게 느끼는 상태가 기타에게도 최적의 환경입니다. 이 정도면 충분히 괜찮은 환경이라고 생각되는데도 기타에 문제가 생긴다면, 그건 애초부터 그 기타의 내구성에 결함이 있다고 봐야 합니다.

4. 기타줄을 제때 갈자

연주 시간과 습관에 따라 기타줄을 갈아야겠다고 느끼는 시기가 다를 수 있습니다. 평균 잡아 한 달에 한 번씩 갈면 이상적이고 귀찮다면 두세 달에 한 번씩 갈아도 괜찮습니다. 간혹 '기타를 별로 안 치고 보관만 했는데 그래도 갈아야 해요?'라고 묻는 분들이 계신데, 기타줄은 건드리지 않아도 서서히 부식됩니다. 부식된 기타줄을 계속 쓰면 연주감과 음색이 나빠질 뿐만 아니라 프렛의 내구성에도 문제가 생길 수 있습니다.

한 달이든 두 달이든, 미리 날짜를 정해 놓고 기타줄을 주기적으로 교체하는 습관을 들이세요. 기타줄을 갈 때는 줄을 커팅할 수 있는 니퍼와 같은 공구가 꼭 필요하고, 그림과 같은 간단한 도구가 있으면 줄감개를 빨리 돌리거나 브릿지 핀을 뽑는 데 편리합니다. 기타줄 가는 방법은 말로는 설명이 어려워서 동영상으로 대신합니다.

스트링 와인더(string winder)라고도 부르고 그냥 '줄감개'라고도 부릅니다. 확실히 정해진 명칭은 없는 듯합니다. 아주 유용하고 가격도 저렴하니 꼭 구입하시길 권합니다.

보고 듣고 따라하는 동영상 63 _ 기타줄갈기.mp4

5. 기타는 반짝반짝 깨끗하게

사람이 목욕을 하듯이, 기타도 한 번씩 깨끗하게 닦아 줘야 합니다. 시중에 기타용 클리닝 제품들이 많이 나와 있는데, 저는 특별한 상황이 아닌 한 굳이 복잡하게 생각할 필요는 없다고 생각합니다. 필요한 것은 낡은 면티, 헌 칫솔, 그리고 약국에서 파는 소독용 알코올 정도입니다.

기타에 얼룩이 생겼다면 낡아서 버리려고 했던 순면 소재의 티셔츠나 기타를 구입할 때 서비스로 받은 극세사 천에 알코올을 묻혀 닦아 내세요. 얼룩이 없더라도 기타줄을 갈 때마다 기타줄을 모두 제거한 상태에서 구석구석 닦아 주면 한동안 새 기타처럼 예쁘게 반짝거릴 겁니다. 기타줄을 제거한 상태에서 해야 할 일이 또 하나 있습니다. 헌 칫솔로 지판과 프렛, 너트에 낀 먼지들을 싹싹 닦아 주세요. 뭘 번거롭게 그렇게까지 하나 싶겠지만 막상 해 보면 합쳐서 5분도 안 걸립니다. 기타를 진정 사랑한다면 이 정도는 기본입니다.

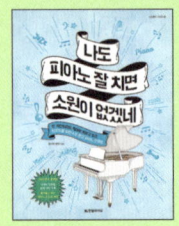

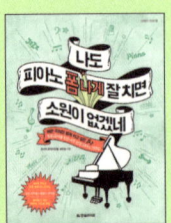

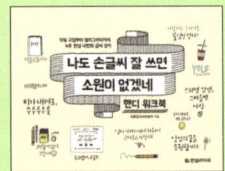

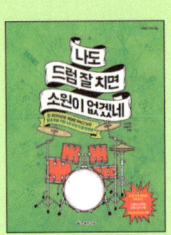

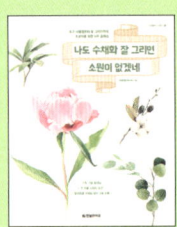

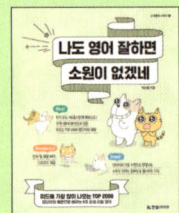

나도 손글씨 바르게 쓰면 소원이 없겠네

악필 교정부터 어른스러운 펜글씨까지
4주 완성 한글 정자체 연습법

유한빈(펜크래프트) 지음 | 160쪽 | 12,000원

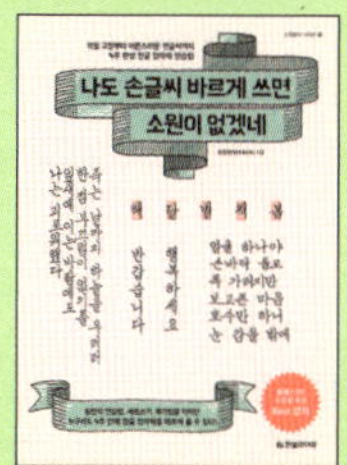

나도 손그림 잘 그리면 소원이 없겠네

작은 그림부터 그림일기까지
4주 완성 일러스트 수업

심다은(오늘의다은) 지음 | 160쪽 | 13,800원

나도 글 좀 잘 쓰면 소원이 없겠네

글 한 줄 쓰기도 버거운 왕초보를 위한
4주 완성 기적의 글쓰기 훈련법

김봉석 지음 | 208쪽 | 14,800원

나도 손글씨 바르게 쓰면 소원이 없겠네 [핸디 워크북]

악필 교정부터 어른스러운 펜글씨까지
4주 완성 한글 정자체 연습법

유한빈(펜크래프트) 지음 | 160쪽 | 8,800원

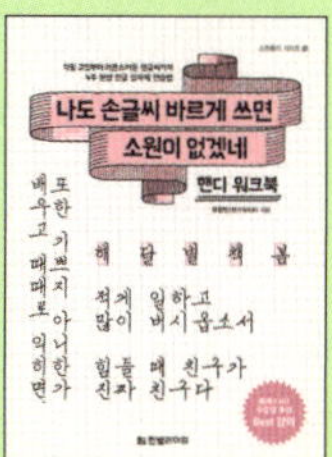

나도 좀 가벼워지면 소원이 없겠네

라인과 통증을 한번에 잡는
4주 완성 스트레칭 수업

강하나 지음 · 양은주 감수 | 176쪽 | 13,800원